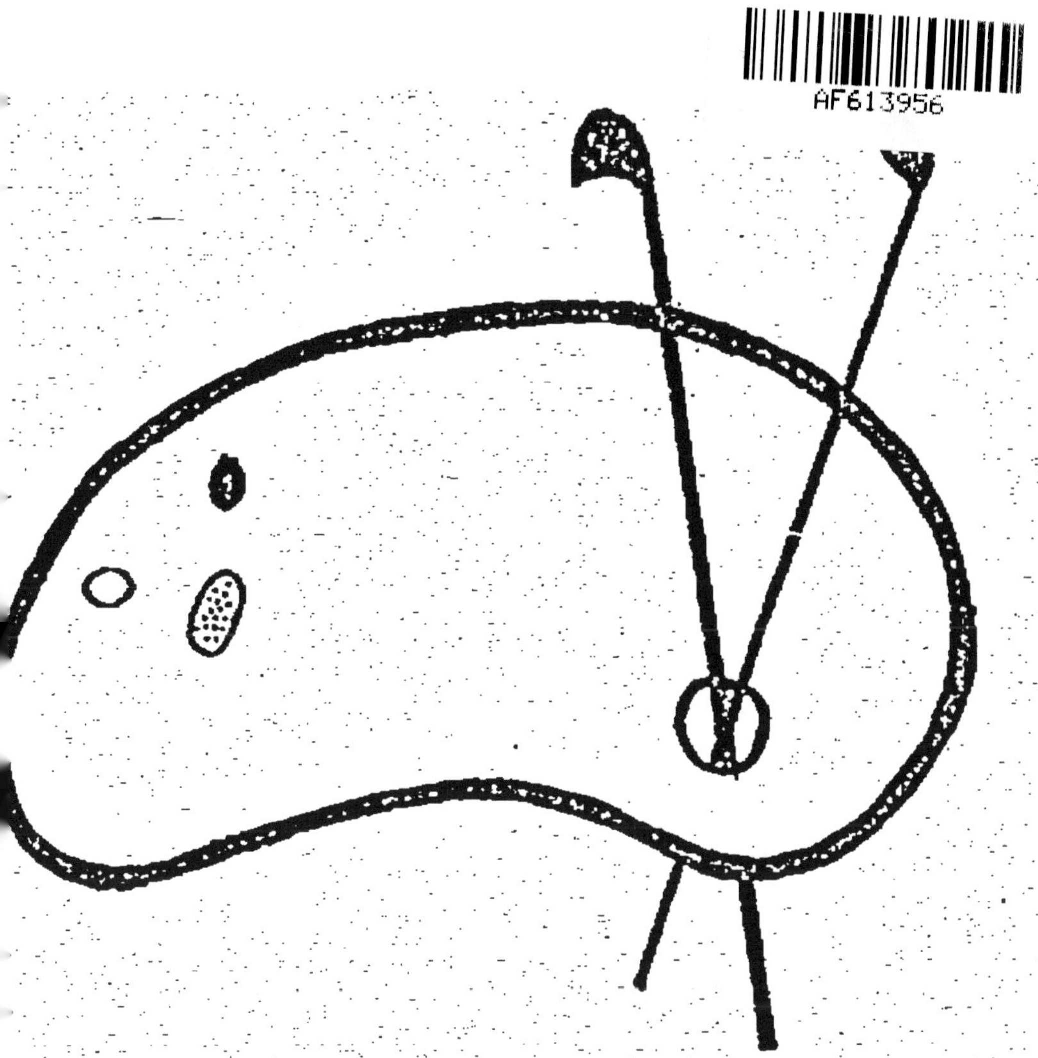

FONTAINES PUBLIQUES.

ANCIENNE ET NOUVELLE

DISTRIBUTION D'EAU

A TOULOUSE,

Par M. Ed. DE PLANET,

Membre de l'Académie impériale des Sciences, Inscriptions et Belles-Lettres de Toulouse.

TOULOUSE,

IMPRIMERIE Ch. DOULADOURE;

ROUGET FRÈRES ET DELAHAUT, SUCCESSEURS,

Rue Saint-Rome, 39.

1866.

FONTAINES PUBLIQUES.

ANCIENNE ET NOUVELLE

DISTRIBUTION D'EAU

A TOULOUSE,

Par M. Ed. DE PLANET,

Membre de l'Académie impériale des Sciences, Inscriptions et Belles-Lettres de Toulouse.

TOULOUSE,
IMPRIMERIE CH. DOULADOURE;
ROUGET FRÈRES ET DELAHAUT, SUCCESSEURS,
rue Saint-Rome, 39.

1866.

Extrait des Mémoires de l'Académie impériale des Sciences, Inscriptions et Belles-Lettres de Toulouse.

6e série, tome IV (1866), page 387.

FONTAINES PUBLIQUES.

ANCIENNE ET NOUVELLE

DISTRIBUTION D'EAU

A TOULOUSE.

« Si vous introduisez de l'eau à bon marché dans la maison du pauvre; si vous la faites parvenir jusqu'aux étages supérieurs où il réside et souffre, vous aurez rendu un service immense à cette partie de la population qui doit le plus exciter votre intérêt. » (Arago.)

« Je lègue à la ville une somme de cinquante mille livres pour y introduire des eaux de la Garonne, pures et claires, et agréables à boire; en un mot, dégagées de toutes saletés, afin que les habitants puissent en boire toute l'année. » (Laganne.)

« Il sera dressé des plans et projets pour donner à la ville de Toulouse un nombre suffisant de fontaines publiques... Il sera pourvu à la dépense, moitié aux frais du Trésor public, moitié aux frais de la ville. »

(Napoléon.) Décret du 27 juillet 1808, rendu à Toulouse.

PREMIÈRE PARTIE.

La nouvelle distribution d'eau, dont les travaux sont en cours d'exécution en ce moment, est l'objet d'une préoccupation qui ne se justifie pas seulement par l'importance de la question dont il s'agit, mais encore, il faut bien le dire, par les craintes qu'ont fait naître dans plusieurs esprits les vives discussions qui ont eu lieu, et les objections diverses qui se sont produites à ce sujet.

Loin de moi la pensée d'ajouter la moindre irritation au

débat animé qu'a soulevé le projet adopté et qui survit à l'exécution même des travaux ; mon but en écrivant ces lignes est de présenter, à titre de simples renseignements, le résultat d'observations toutes personnelles, il est vrai, mais auxquelles trente-cinq années, passées dans l'étude et la pratique des questions hydrauliques, me permettent d'avoir quelque confiance.

Dès longtemps habitué, comme tous ceux qui ont eu à faire l'application des principes de la science pour leur propre compte, à rechercher la meilleure des solutions diverses qui peuvent sortir de ce difficile problème sans cesse posé aux industriels : perfection et économie, je ne saurais faire ici le sacrifice de mes propres appréciations; seulement elles seront ce qu'elles doivent être en matière aussi grave, c'est-à-dire sérieuses, calmes, exclusives de tout parti pris, et dictées par un seul mobile, le désir d'être utile à mes concitoyens en leur exposant ce que je crois être la vérité.

La question qui s'agite étant de celles qui doivent beaucoup être jugées par comparaison, qu'il me soit permis, avant d'aborder mon sujet, de jeter un coup d'œil en arrière, loin de nous et autour de nous dans le passé ; peut-être cet examen nécessaire de faits considérables accomplis autrefois ou en voie de réalisation aujourd'hui en matière de fontaines publiques, contribuera-t-il à rallier toutes les opinions à celle, la seule qui, dans l'état actuel des choses à Toulouse, puisse concilier les diverses exigences d'une situation difficile, et qui, telle qu'elle est, ne saurait se prolonger sans préjudicier gravement aux intérêts de la ville et à ceux de ses habitants.

I.

Ce n'est pas de nos jours seulement que les populations urbaines des grandes cités ont senti le besoin d'une alimentation d'eaux potables ou pouvant servir aux divers usages qu'exigent l'hygiène et la salubrité. Arrivées à un degré de civilisation avancée, leur voisinage des fleuves et des rivières qui presque toujours baignent leur berceau, ne suffit bientôt plus aux besoins de ces grandes agglomérations. Pour satisfaire aux exigences de leur développement et de leur bien-être, une eau limpide et abondante devait se répandre au moyen de nombreuses fontaines dans les divers quartiers, approvisionner régulièrement chaque habitant de l'eau nécessaire à sa consommation, laver les rues, y porter la fraîcheur, la propreté, servir enfin les établissements de bains, toutes choses influant au plus haut point sur la santé publique.

II.

Aqueducs.

Mais pour qu'un semblable résultat fût complétement atteint, il fallait que les eaux pussent être maintenues à un niveau bien supérieur à celui des points les plus élevés du sol des villes à alimenter: or, pour qu'il en fût ainsi, deux moyens seulement étaient offerts; le premier consistait à prendre, à une plus ou moins grande distance, les eaux de sources ou de rivières coulant sur des plateaux ou dans les vallées à un niveau toujours supérieur à celui du sol de la cité, et à les conduire, au moyen d'aqueducs ayant une pente suffisante pour assurer leur facile écoulement, jusqu'à un ou plusieurs réservoirs, qui, mis en communication par des conduites souterraines avec les diverses fontaines, permettaient d'obtenir un jet régulier et continu, proportionnel au volume du liquide affluent.

C'est ainsi qu'étaient alimentées les distributions d'eau d'Aquilée, dont l'origine se perd dans la nuit des temps, d'Athènes, d'Alexandria Troas, d'Evora, d'Arezzo, de Smyrne, de Salone; l'aqueduc de Samos, construit par Eupalinus, architecte, l'an 687 avant J.-C.; celui de Petra, en Mingrélie, élevé, selon Procope, par Chosroès, roi de Perse; l'aqueduc de Tarragone, en Catalogne, construit, selon Pline, du temps de Scipion, et d'une hauteur de 27 mètres; c'est ainsi que, 650 ans avant l'ère chrétienne, les eaux de l'Euphrate, prises au-dessus des rapides de Hit et de Hillah, obéissant aux ordres de Nabuchodonosor, allaient arroser les magnifiques jardins étagés jusqu'à une hauteur de 120 mètres, construits par le royal époux pour la reine Amytis qui, ne trouvant pas à Babylonne les montagnes et les frais ombrages des forêts de sa chère Médie, se mourait de nostalgie; ce sont aussi les points élevés de l'Euphrate qui, au moyen de nombreux canaux et d'écluses, permettaient l'approvisionnement d'eau de la ville et l'irrigation des campagnes, travaux gigantesques et bien dignes de la merveilleuse cité Chaldéenne, dont les imposantes ruines disent encore aujourd'hui la majestueuse grandeur !

Mais c'est seulement en jetant un regard vers la Rome antique qu'il est possible de se faire une juste idée du prix que les populations urbaines de cette époque attachaient à la jouissance d'une abondante alimentation d'eau. Arrêtons un moment notre attention sur ces ouvrages, dont plusieurs, parfaitement conservés, ont traversé les siècles.

Déjà, en l'an 441 de la fondation de Rome, le censeur Appius Claudius Cæcus, sous le consulat de Valérius Maximus et de Décius Murus, faisait construire le premier aqueduc, désigné sous le nom de *Aqua Apia*. Cet aqueduc réunissait les sources éparses des montagnes de Frascati et les conduisait à Rome, dans un espace de sept à huit milles, tantôt par des routes souterraines creusées dans la montagne, tantôt par un canal supporté sur des arcades traversant la campagne jusqu'à Rome, où, près de la porte *Nævia*, se divisant en deux branches, l'une dirigée vers le mont *Testaceus*, l'autre vers le pont *Sublitus*, il pouvait suffire à l'alimentation de vingt châteaux d'eau.

Quarante ans plus tard, le censeur M. Curius Dentatus, sous le consulat de Spurius, employait le produit des dépouilles du roi Pyrrhus à la construction de l'*Anio Vetus*. Cet aqueduc, terminé par Flavius Flaccus, alors grand-maître des eaux, dut son nom à l'*Anio*, aujourd'hui Teverone, qui, dérivé un peu au-dessus de Tivoli, à 30 kilomètres de Rome, traversait la montagne de Vicovaro par un canal de 1 mètre 80 centimètres de haut sur 1 mètre 20 centimètres de largeur, taillé dans le roc vif sur 1 kilomètre et demi de longueur, et continuait son cours sur une suite d'arcades de 360 mètres, élevées dans la campagne de Rome. Souvent troubles, les eaux de cet aqueduc servaient plus particulièrement à laver les rues, arroser les jardins et abreuver les animaux.

Pendant plus d'un siècle, ces deux aqueducs furent les seuls qui alimentèrent la population urbaine; mais, en l'an 608 de la fondation de Rome, leur état de ruine détermina le Sénat, sous les consuls Servius Sulpicius Galba et L. Aurelius Cotta, à en ordonner la restauration. Ce fut le préteur Marcius qui, chargé de cette opération, conduisit les eaux jusqu'au Capitole, et reçut, au dire de Fenestella, 1,142,400 fr. de notre monnaie pour son exécution. Le nouvel aqueduc, appelé Aqua Marcia, du nom du constructeur, prenait les eaux vers le 36ᵉ milliaire de la voie *Valeria* et les conduisait à Rome après avoir parcouru un espace de 61,710 pas romains, ou 91 kilomètres environ (1). Restauré par Urbain VIII, l'aqueduc Marcia alimente aujourd'hui la fontaine de Moïse élevée par Charles Fontana, et distribue 1,027 pouces cubes d'eau par minute à seize fontaines publiques et onze particulières.

Cet aqueduc recevait, près de la porte *Nævia*, aujourd'hui Majeure, un autre aqueduc nommé Aqua Tepula, construit, en 628, par les censeurs S. L. Servilius Cæpio et L. Cass. Longinus, sous le consulat de Plautius. Il prenait ses eaux aux champs de Frascati, au 10ᵉ milliaire de la voie Latine, et après avoir traversé la voie Prenestine, longé le camp des Soldats, arrosé les campagnes avec une partie de ses eaux, pénétrait dans Rome où il fournissait quatorze réservoirs.

Les Trophées de Marius et les Thermes de Dioclétien recevaient les eaux de diverses sources rassemblées dans un grand réservoir situé à 23 kilomètres de Rome, au moyen de l'aque-

(1) Le pas romain, *passus*, pas double ou pas géométrique était de 5 pieds, chaque pied de 0ᵐ.296296.

duc nommé Aqua Julia, du nom de la famille d'Auguste, sous le deuxième Consulat, duquel il fut construit par l'édile M. Agrippa, l'an de Rome 719.

C'est au même Agrippa qu'est due, treize ans plus tard, la construction de l'aqueduc Aqua Virginalis, ainsi nommé de la découverte faite, près de Tusculum, par une jeune fille, de veines d'eau qu'elle indiqua à des soldats qui cherchaient une source. Sa longueur était de 14,105 pas romains (21 kilomètres environ), dont, d'après Frontin, 1 kilomètre environ en arcades, constituées, suivant Pline, par 700 arcs décorés de 400 colonnes et de 300 statues. Arrivé sur le mont Pincius qu'il parcourait, après être passé entre les deux portes Pinciana et Flaminia, il alimentait 708 bassins. Cet aqueduc, restauré par Nicolas V, achevé sous Pie IV, en 1568, fournissait, d'après Vici, directeur des eaux de Rome, 3,289 pouces cubes d'eau par minute (1) à la grande fontaine de Trévi, commencée par Nicolas Salvi, architecte, sous Clément XII, et qu'il n'acheva que sous Benoît XIV.

Aqua Augusta, ainsi appelé du nom d'Auguste, qui le destina à remplir sa naumachie, était un aqueduc qui prenait les eaux au lac d'Alsietina, à 6 kilomètres de Rome. Sur sa longueur de 33 kilomètres environ, une partie longue d'un demi-kilomètre était portée sur des arcades; il pénétrait dans Rome près de la porte Aurelia, aujourd'hui Saint-Pancrace.

De la porte Esquiline aux Thermes de Dioclétien, un autre aqueduc du même nom fut construit par Auguste pour suppléer dans les temps de sécheresse à l'*Aqua Marcia*.

Les anciens conduits de l'Alsietina servirent au pape Paul V pour amener à Rome les eaux d'Arcolo et de Bassano, qui prirent aussi le nom de Paulines.

Erigée en 1694, par Jean Fontana, la grande fontaine de S.-Pietro-in-Montorio, augmentée par Charles Fontana, sous le pontificat de Clément X, des eaux du lac Bracciano, reçoit,

---

(1) Le pouce d'eau ancien équivaut à 19740 litres d'eau par 24 heures. Le pouce métrique en double module représente 20,000 litres dans le même temps.

après avoir servi vingt et une usines établies sur son cours, 4,709 pouces cubes par minute, dont un tiers alimente les fontaines de la place Saint-Pierre et celles du palais pontifical; huit fontaines publiques et vingt-trois particulières utilisent le surplus.

Enfin, C. César Caligula, successeur de Tibère, en l'an de Rome 789, commença mais n'acheva pas les deux dérivations *Aqua Claudia* et *Anio Vetus*, terminées par Claude en 803. L'eau *Claudia*, la plus salubre peut-être de toutes celles qui arrivent dans Rome, est prise vers le 38e milliaire, près la voie *Sublacensis*, aux deux fontaines *Cærulea* et *Curtia*. Soutenue par un grand nombre d'arcades, qui se terminent derrière les jardins de Pallante, elle arrive à la porte *Nævia*, d'où elle se distribue, partie dans les quartiers du mont Cælius, et partie dans ceux des monts Palatin et Aventin.

L'eau *Anio Novus*, dérivée près du 42e milliaire de la même voie, coulait dans le canal supérieur de l'aqueduc *Claudia*, et arrivait à Rome après un cours de près de 80 kilomètres, effectué partie à travers les champs cultivés où elle se chargeait de limon, d'où la nécessité de la recevoir dans une piscine épuratoire.

On reste confondu en présence de ces dérivations grandioses, de ces aqueducs immenses conduisant l'eau à Rome, et dont la longueur totale, d'après Frontin, curateur des eaux sous Néron et Trajan, n'était pas moindre de 418 kilomètres, dont 49 sur arcades, et dont le débit, par jour, était de 1,488,000 mètres cubes, ce qui, en évaluant la population d'alors à 1,200,000 âmes, faisaient jouir chaque habitant de 1,200 litres d'eau. C'était une véritable rivière qui lavait ainsi Rome chaque jour et y répandait la vie, la fraîcheur, la santé. Cette masse d'eau de 17,338 litres, affluant chaque seconde dans la Cité reine du monde, était supérieure à celle versée moyennement par l'Ariége dans la Garonne, et aurait fourni, en supposant qu'elle eût été utilisée avec 5 mètres de chute seulement, une force effective de près de sept cents chevaux vapeur.

Aujourd'hui encore, les trois dérivations qui subsistent, et dont les aqueducs ont été restaurés, exhaussés ou complétés, donnent, à une population de 170,000 habitants, 180,000 mètres cubes, équivalant à 1,060 litres par tête, et à un volume d'eau de 2,083 litres par seconde.

Malgré cette réduction considérable, on peut affirmer qu'aucune autre ville n'a jamais possédé une si riche alimentation en eaux publiques. Mais ce n'était pas seulement la ville des Césars qui jouissait de tels avantages. Ces maîtres du monde en étendaient aussi les bienfaits aux villes conquises, et, de nos jours, de magnifiques restes attestent encore leur sollicitude à cet égard.

Dans la péninsule italienne, on trouvait, à dix-huit milles de Rome, l'antique aqueduc de *Civita Castellana*, dont l'élévation était de 167 pieds (50 mètres environ) d'élévation; l'aqueduc d'*Agrigente*, en Sicile, construit l'an 479 avant J.-C. par le célèbre architecte Phéan; celui de Catane.

En Espagne, les Romains avaient construit l'aqueduc de Ségovie, dans la Vieille-Castille; il était sur deux rangs d'arcades et à une hauteur de 30 mètres; l'aqueduc de Mérida, dans l'Estramadure, haut de 22 mètres et construit par Caricius, lieutenant d'Auguste; enfin celui de Chelves, dans le royaume de Valence, qui fournissait de l'eau aux villes de Sagonte et de Lyria, et sert aujourd'hui de pont.

L'aqueduc de *Valens*, à Constantinople, construit en l'an 358 de l'ère chrétienne, amène encore dans cette ville et ses faubourgs l'eau des sources du mont Hœmus, situées à 24 kilomètres de distance, et dont le produit est évalué à 12 millions de litres par vingt-quatre heures, ou 600 pouces.

Les Gaules, quelque longue et difficile qu'eût été leur conquête, ne furent pas oubliés par leurs vainqueurs; l'aqueduc de Nîmes, dit du Pont-du Gard, construit, croit-on, par *Vipsanius Agrippa*, gendre et favori d'Auguste, pendant le séjour qu'il fit dans cette ville par ordre de l'empereur, est un témoignage des plus grandioses de l'intérêt que prenaient nos anciens maîtres aux provinces conquises. Cet aqueduc, qui a son origine à 18 kilomètres de Nîmes, dans un défilé sauvage, étroit et tortueux, parcouru par le Gardon, conduisait à Nîmes, après un parcours de 41 kilomètres, les eaux des sources d'Aure et d'Airan, qui coulent maintenant dans la vallée d'Uzès. Jeté en travers du Gardon, le pont dit du Gard, dont la partie supérieure continuait l'aqueduc, avait trois rangs étagés de six, onze et trente-cinq arches, formant ensemble une hauteur de 48 mètres 77 centimètres et 6 mètres 56 centimètres de largeur, à la base diminuant jusqu'à la cimaise, au-dessus de laquelle un passage commode était procuré aux piétons. En contemplant ce monument superbe, cette vaste masse, cette puissance de composition, on reconnaît le peuple roi chez qui tout était grand, majestueux, empreint de la puissance du génie et du sentiment de l'art.

L'aqueduc de Lyon, au-dessus de la côte de Fourvière et dans le vallon qui lui est adossé, fut construit sous Claudius Néro, fils de Drusus; il prenait ses eaux aux pieds du mont Pila, et parcourait, jusqu'à Lyon, un espace de seize lieues. On retrouve de nos jours le nom de Tib. Claud. César sur un système de tuyaux de 20 centimètres de diamètre, qui formaient un syphon dans le vallon Soucieux.

Sous les premiers empereurs romains, c'est-à-dire avant l'année 70 de l'ère vulgaire, époque où ils furent expulsés de ces contrées, fut construit l'aqueduc de Metz. Sa longueur totale, depuis le grand réservoir de Gorze, d'où sortant par un canal de 1 mètre 80 centimètres sous voûte et de 60 centimètres de largeur, traversant la Moselle d'Ars à Jouy, il se rendait à Metz, était de 18 kilomètres. D'après les expériences faites en 1767, par M. Lebrun, ingénieur à Metz, le volume d'eau débité par cet aqueduc était considérable; il amenait à la ville 875 pieds cubes d'eau par minute, c'est-à-dire 530 litres par seconde ou 2,300 pouces fontainiers de 20,000 litres. Au temps des Romains, il fournissait les bains, les naumachies et les fontaines publiques.

L'aqueduc d'Arcueil, construit de 292 à 306, par Constance Chlore, collègue de Dioclétien, grand-père de Julien, et dont il ne reste que quelques ruines, est trop connu par la description exacte qu'en a faite M. Dulaure pour le décrire ici. Disons seulement que, situé sur la rivière de Bièvre, à une lieue et demie de la ville, il amenait à Paris les eaux des villages de Louen, Montjean, Chilli et Vuisson.

Dans nos contrées, de nombreux massifs de maçonnerie, trouvés sur le vieux chemin de Cugnaux, ont fait attribuer ces restes à un aqueduc construit par les Romains, et qui existait, dit-on, encore dans le moyen âge, où il était appelé le *Pont* de la *Régine Pedauque*. Cet aqueduc aurait conduit à Toulouse les eaux de diverses sources situées sur le plateau de l'Ardenne, sur la rive gauche de la Garonne, plateau élevé de 13 à 14 mètres au-dessus du niveau du fleuve et de 6 à 7 mètres au-dessus de la partie la plus haute de la ville. Suivant Antoine Soulier, qui écrivait en 1703, l'aqueduc dont il s'agit avait environ 4 kilomètres de longueur, et il était supporté par huit cents arcades, n'amenant qu'un très-faible volume d'eau vaseuse de la Cépière. Quoi qu'il en soit de cette opinion, un semblable ouvrage était loin d'être au-dessus des moyens dont pouvaient disposer les Romains pendant les cinq siècles que dura leur domination à Toulouse.

C'est par de tels travaux entrepris et exécutés en nombre bien plus grand que ceux que nous avons signalés, et cela avec un esprit de suite et d'ensemble qui prouve le prix qu'ils y attachaient, que nos anciens maîtres commandèrent, sinon à l'affection, du moins au respect des peuples qu'ils avaient soumis. Ne voyant que leur but éminemment utile aux grandes agglomérations urbaines dont la richesse et la prospérité seront toujours, quoi qu'on fasse, la véritable expression de la double force morale et matérielle des nations, les dépenses énormes que ces travaux nécessitèrent, les difficultés qu'ils rencontrèrent dans l'exécution ne les arrêtèrent jamais.

Les modèles étaient créés, il n'y avait plus qu'à imiter, et c'est ce qui a été fait en France et ailleurs. Comme le plus grand des monuments de ce genre édifiés en Italie, on cite l'aqueduc de *Caserte* construit, sur les dessins de Van-Vitelli, par ordre de la reine Caroline de Naples ; sa hauteur est de 53 mèt., et fournit 6,366 pouces d'eau ou 1,380 litres par seconde.

En France, l'ancien aqueduc d'Arcueil fut repris par Marie de Médicis, mère de Louis XIII, pour amener des eaux à son palais du Luxembourg, en suppléant par de nouvelles constructions aux lacunes subsistant dans la vallée d'Arcueil et sur diverses parties du parcours. La direction de ce travail fut donnée par la reine, qui en posa la première pierre en 1613, à de Brosse, son architecte, et la construction à un nommé Coing, qui l'entreprit pour la somme de 460,000 fr., et le termina en 1624. Le grand aqueduc dit de Brosse a 3,600 mètres de longueur ; l'élévation de son canal est de 22 mètres ; le cours de l'aqueduc d'Arcueil, à partir du carré de Rungis jusqu'à l'Observatoire, est de 13 kilomètres, et fournit à Paris, en moyenne, 80 pouces d'eau ou 1,600 mètres cubes en 24 heures.

L'aqueduc de Belleville et des Prés-Saint-Gervais, construits, le premier par les moines de l'abbaye de Saint-Martin-des-Champs, et le second par Philippe-Auguste pour réunir les eaux de Romainville et de Ménilmontant, fournissent à Paris 500 mètres cubes seulement ou 25 pouces fontainiers.

L'aqueduc de Maintenon, qui devait amener les eaux de la rivière d'Eure depuis *Pongoin*, situé à 25 mètres au-dessus du sol de la grotte du parc de Versailles où elles étaient reçues après avoir parcouru une distance de près de 80 kilomètres, s'il eût été achevé, aurait surpassé tous les aqueducs modernes. Lahire en avait établi les nivellements, et le célèbre Vauban fut chargé de sa construction, qui commença en 1686. Il n'existe de cet aqueduc, élevé sur trois rangs d'arcades de 60 mètres de hauteur, que quarante-huit arcades qui joignent les deux collines de Maintenon dans un espace de 900 mètres. Il avait coûté déjà 22 millions et, d'après Saint-Simon, exigé le travail de 36,000 soldats, 6,000 chevaux de l'armée et causé une grande mortalité parmi les travailleurs, lorsque la guerre fit suspendre d'abord et puis abandonner entièrement les travaux.

A deux lieues de Versailles on trouve encore l'aqueduc de Bucq, bâti sur un seul rang de dix-neuf arcades de 12 mètres de hauteur. A Bougival, l'aqueduc bien connu de Marly, de 645 mètres de longueur, élevé sur trente-six arcades, dont les premières n'ont pas moins de 20 à 24 mètres de hauteur, et qui était destiné à conduire au premier réservoir, d'où elles descendaient sur Versailles et sur Saint-Cloud, les eaux de la Seine élevées à une hauteur de 160 mètres et poussées jusqu'à 1,300 mètres de distance au moyen de quatorze roues qui mettaient en jeu la célèbre machine de Marly.

Parmi les aqueducs modernes les plus récents, nous devons citer celui de Dijon, construit en 1839, et exécuté d'après le beau projet de M. Darcy, qui consistait à aller chercher les eaux de la source du Rosoir, à trois lieues de la ville, et à l'amener souterrainement par un conduit en maçonnerie avec des pentes successives variant de 1 à 10 millimètres. La longueur totale de cet aqueduc, exécuté du 25 mars au 11 novembre 1839, est de 12,694 mètres 80 centimètres, dont 478 mètres 50 centimètres de parties courbes à 20 mètres de rayon. La pente totale, depuis la source du Rosoir jusqu'au réservoir de la porte Guillaume, est de 53 mètres 30 centimètres, ce qui correspond à une pente de 4 millimètres $\frac{1}{4}$ par mètre. Ses dimensions dans œuvre, sur une longueur de 11,682 mètres 65 centimètres, sont de 60 centimètres de largeur et 90 centimètres de hauteur.

Les constructions diverses qui ont été faites sur le parcours de cet aqueduc ont coûté..............	60,065 fr.	76 c.
L'aqueduc proprement dit, sur un total de 12,038 mètres, c'est-à-dire non compris celle de 386 mètres 70 centimètres pour les viaducs et les ponts, à raison de 24 fr. 97 c. le mètre courant...........	256,916	24
Les réservoirs, les canalisations, les conduites et autres frais généralement quelconques nécessaires à la distribution.	933,018	»
Total.................	1,250,000 fr.	»

D'après M. Darcy, qui a exécuté divers jaugeages successifs pendant plusieurs années et à l'époque des plus grandes sécheresses, le produit minimum de la source du Rosoir, qui d'abord ne dépassait guère 3,000 litres par minute, s'est élevé, après 1840, jusqu'à une moyenne de 4,000 litres, soit 5,760 mètres cubes par jour ou 288 pouces fontainiers, équivalant à 67 litres environ par seconde. La population de Dijon étant de 34,000 habitants, c'est un peu moins de 17 litres par habitant.

La somme de 1,250,000 fr. qu'a coûté ce système hydraulique, représentant un intérêt annuel de 75,000 fr., il s'ensuit que chaque mètre cube d'eau revient à 3 centimes 61. Si l'on eût élevé à 25 mètres de hauteur, au moyen d'une machine à vapeur, une pareille quantité des eaux de l'Ouche, petite rivière dans laquelle, à Dijon, se jette le Suzon, la dépense annuelle, y compris l'intérêt du capital dépensé en machines, bâtiments, etc., en charbon, entretien et autres frais, cette dépense eût été de 94,000 fr. ; soit 4 centimes 52 le mètre cube. Nous aurons occasion plus loin de revenir sur ces divers prix de revient. L'analyse des eaux de la source du Rosoir, faite par M. Sainte-Claire-Deville, a démontré que dix litres de ces eaux contenaient :

Silice....................	150 milligr.
Alumine....................	10
Carbonate de magnésie........	21
Carbonate de chaux..........	2300
Chlorure de magnésie.........	19
Chlorure de sodium..........	7
Sulfate de soude............	27
Carbonate de soude..........	44
Nitrate de potasse..........	27
Total..........	2605

Un des projets de dérivation les plus grandioses qui aient surgi à notre époque est incontestablement celui de M. l'ingénieur en chef Belgrand, attaché à la direction du service municipal des travaux de Paris, et adopté par M. le Préfet de la Seine. Il a pour objet de prendre dans le département de la Marne et de conduire à Paris les eaux de la Somme, de la Soude et autres affluents directs ou indirects de cette rivière.

La ville de Paris est alimentée actuellement par les eaux du canal de l'Ourcq, qui fournit 110,000 mètres cubes par

jour....................................	110,000 m. c.
Celles de l'aqueduc d'Arcueil..........	1,600
Celles de l'aqueduc de Belleville et des prés Saint-Gervais..........................	500
Par l'eau du puits de Grenelle..........	900
Et, enfin, par les eaux de la Seine, élevées par les pompes à feu de Chaillot, du pont d'Austerlitz et du Gros-Caillou, qui ensemble ne donnent que....	20,000
Total...........	133,000 m. c.

par jour, correspondant à 110 litres par habitant, pour une population de 1,200,000 âmes, qui représentent une masse d'eau de 1,540 litres coulant par seconde, et se répartissent sur les divers points de la capitale. Quelque considérable que puisse paraître ce volume d'eau, M. le Préfet de la Seine observait, dans son remarquable rapport, que cette quantité n'était pas suffisante, et qu'elle n'arrivait pas, en général, à l'altitude nécessaire pour atteindre les étages supérieurs des maisons. C'est pourquoi il proposait une augmentation de 100,000 mètres cubes, devant porter le contingent moyen à 200 litres par individu, en l'amenant à 80 mètres au moins au-dessus du niveau de la mer (1).

« Des aqueducs de prise d'eau, dit le rapport, seront cons-
» truits latéralement à la Somme, à la Soude et aux petits af-
» fluents, les ruisseaux du Mont et du Papelet; puis au ruisseau

(1) Le sol de Paris est à 73^{m} au-dessus du niveau de la mer. On aurait donc à Paris une charge de 7^{m}.

» des Vertus, au Sourdon et à la Dhuis, et enfin, selon les » besoins, à la Coole et à la Vaure. Le développement de ces » ouvrages atteindra 70 kilomètres.

» L'aqueduc proprement dit aura, depuis le point où se » réuniront les aqueducs de prise d'eau, jusqu'à son point d'ar- » rivée à Paris sur les hauteurs de Belleville, une longueur de » 183,294 mètres.

» L'aqueduc s'étendra constamment en tranchée ou en sou- » terrain, et enterré d'un mètre au *minimum*. A la traversée » des vallées, il sera porté sur des arcades lorsque la hauteur » de ces arcades ne devra pas excéder 10 mètres. Pour franchir » les vallées plus profondes, on emploiera des siphons.

» A partir de son point de départ, l'aqueduc se dirige, au » nord-ouest, à travers les plateaux crayeux de la Champagne, » dont il perce en souterrain les longues collines, pour aller » joindre les coteaux tertiaires de la Brie, sur le versant gau- » che de la vallée de la Marne, aux environs d'Epernay, après » avoir franchi le col de Cramant par un souterrain de 4,405 » mètres en pleine craie.

» Il traverse ensuite le Cubry par un siphon de 765 mètres, » et reçoit sur l'autre versant les eaux du Sourdon. De ce point » il suit la rive gauche de la Marne à mi-coteau, au-dessus du » chemin de fer de Strasbourg.

» Mais peu après l'entrée de l'aqueduc, dans le départe- » ment de Seine-et-Marne, on rencontre plusieurs promontoi- » res qui obligent à quitter le coteau et à établir plusieurs sou- » terrains. A Chalisert, l'aqueduc traverse la Marne, et suit » le plateau de la rive droite jusqu'à son arrivée au réservoir » de Belleville.

» La longueur totale de l'aqueduc se décompose comme » suit :

» En tranchée...........	141,316m15
» En souterrain.........	28,547 60
» Sur arcades...........	6,123 90
» En siphons............	7,306 20
» Total.......	183,293m85

» Le nombre des souterrains sera de....	30
» Celui des passages sur arcades de.....	13
» Celui des siphons de...............	11
» Celui des ponts de................	17

» De son origine, à Conflans, jusqu'à l'embouchure de la » conduite de la Dhuis, la galerie aura 1m50 de largeur et » 2m10 de hauteur. De ce point à Paris, elle aura une section » circulaire de 2m10 de diamètre. Les siphons se composeront » de deux conduites en fonte de 1m de diamètre dans la partie » supérieure, et 1m06 dans la partie inférieure.

» La pente de l'aqueduc sera de 0m10 par kilomètre.

» La perte de charge pour les siphons est évaluée à 0m66 » par kilomètre.

» Il suit de là que le plan d'eau, qui sera à la cote 186m38 » à Conflans, descendra de 18m06 dans les 175,987m65 d'aque- » duc à air libre, et de 4m82 dans les 7,306m20 de siphons, » ce qui donne une perte de charge totale de 22m88, et une » altitude finale, à l'arrivée au réservoir, de 83m50, dépas- » sant ainsi de 32m le niveau des eaux du canal de l'Ourcq au » bassin de la Villette, et de 8m20 les réservoirs supérieurs » de Passy.

» La dépense de ce grand ouvrage est évaluée à 26 millions » de francs, laquelle comprend pour travaux. 18,824,700 fr.

» Soit environ 104,700 fr. par kilomètre.

» Pour indemnité d'expropriation d'une » zone de 10 mètres, et somme à valoir... 7,175,300 fr.

» Total.... .. 26,000,000 fr.

» Ce chiffre de prévision a été porté à 30,000,000 fr., sur » l'avis du Conseil général des ponts et chaussées.

» Soit, en totalité, 16 fr. 30 le mètre courant;

» Ce qui, au taux de 6 % d'intérêt, y compris l'amortis- » sement, porterait la dépense annuelle à 1,800,000 fr.,

» Et par *jour, à très-peu près,* 5,000 fr »

Si l'on en excepte les dérivations qui constituent le canal de l'Ourcq et celle de la Durance, ce magnifique projet laisse bien loin derrière lui tous ceux dont l'exécution a été entreprise jusqu'à ce jour. Nous avons cru qu'il était intéressant de le faire connaître.

Le canal de l'Ourcq, commencé sous le premier Empire, amène aussi à Paris, d'une distance de 20 lieues, le produit réuni de plusieurs rivières. Ces travaux, qui ont rendu illustre le nom de l'ingénieur Girard, ont coûté 25 millions; leur durée a embrassé une période de 25 ans, après avoir employé près de 50 années en tâtonnements et en études de projets. Ce canal, qui a sa prise d'eau à la rivière de l'Ourcq, à l'extrémité N.-E. du département de Seine-et-Marne, non loin de la forêt de Villers-Cotteret, dans le département de l'Aisne, développe ses nombreuses sinuosités sur un parcours de 96,000 mètres ou 24 lieues. Sa section est un trapèze ayant 8 mètres de largeur à la surface de l'eau, 3m50 au plafond, et 1m50 de profondeur. Afin que ses eaux ne s'altèrent pas au point de devenir impropres au service des fontaines de Paris, leur vitesse a été fixée à 0m35 par seconde, avec une pente moyenne de 0m0001 par mètre, la pente absolue ou différence du niveau entre les deux points extrêmes étant de 10m14.

Dans ces conditions, d'après M. Girard, le canal de l'Ourcq amène à Paris 7,000 pouces pendant l'étiage et 9,000 pouces pendant le reste de l'année; c'est un débit effectif moyen de 2m08 cubes par seconde, ou environ 18,000 mètres cubes d'eau par 24 heures.

Lorsque la magnifique dérivation de la Somme et de la Soude aura été exécutée, l'approvisionnement total de Paris sera de 233,000 mètres cubes par 24 heures, ou 2,700 litres d'eau par seconde, correspondant à 195 litres environ par habitant. Dans cette évaluation ne sont pas comprises les quantités d'eau fournies à la banlieue par les machines à vapeur d'Ivry, de Saint-Ouen d'Auteuil et de Neuilly, qui appartiennent à la Société générale des eaux.

Remarquons, en passant, que la conséquence qui semble résulter du fait de la création de ces usines, c'est qu'une grande ville dont le rayon s'accroît sans cesse ne saurait confier à un seul établissement la distribution de ses eaux potables.

Les ressources hydrauliques de la ville de Paris, où nous trouvons un exemple frappant de cette vérité, se composent d'eau de rivière et d'eau de sources ; environ 228,000 mètres cubes par jour sont en ce moment distribués sans distinction de destination, service public ou service privé, à l'exception de l'eau de la Dhuis, qui est attribuée aux seuls besoins domestiques des principaux quartiers des 17e, 18e, 19e et 20e arrondissements. Cette eau n'a pas besoin d'être filtrée.

Les eaux sont versées en leur état naturel, sans filtrage préalable dans les conduites ; mais l'administration livre, dans des établissements appelés fontaines marchandes (1), de l'eau filtrée mécaniquement, et qui est vendue soit à la voie aux particuliers, soit au tonneau aux porteurs d'eau.

Tout habitant a d'ailleurs généralement recours à de petites fontaines à filtre installées dans chaque ménage.

Le filtrage naturel à travers le gravier des berges de la Seine donne un résultat fâcheux : l'eau qui en provient est chargée de sels de chaux par son mélange avec les nappes souterraines.

Lorsque les dérivations de sources en cours d'exécution seront terminées, on n'utilisera plus les eaux de rivière que pour les services publics, et dès lors les filtres n'auront plus d'objet.

Nous avons dit que les eaux des sources dérivées par des

---

(1) Le prix de cette eau, d'après M. Mary, fixé d'abord à 0f 25 par mètre cube, ou 1,000 litres quand on se servait des appareils de filtrage au charbon de M. Ducommun, s'est réduit, par la concurrence, à 0f 08, sans emploi du charbon, et à 0f 13, en y comprenant l'épuration. En admettant qu'il pût tomber à 0f 05, dans un filtrage en grand, avec des locaux convenablement disposés, les frais seraient, pour 20 mètres cubes par 24 heures ou le pouce fontainier, de 1 fr. par jour. Cette indication répond victorieusement à l'opinion émise en quelque circonstance qu'il était possible à Toulouse d'augmenter, au moyen d'une filtration artificielle, la quantité d'eau potable distribuée dans la ville. En effet, en supposant même ce prix minimum de 1 fr. par pouce, les 200 pouces d'eau de l'ancien château coûteraient annuellement à la ville 73,000 fr.

aqueducs et celles du canal de l'Ourcq arrivent par l'effet de la gravité. Quant aux eaux de Seine et de Marne, elles sont élevées au moyen de pompes qui en général fonctionnent bien. La ville puise à la Seine par 15 machines à vapeur d'une force totale de 1,097 chevaux et de différents systèmes : horizontal, vertical, Wolf, Cornwal, etc., et réparties en 7 établissements.

Sur la Marne, la chute du canal de Saint-Maur fait ou fera mouvoir incessamment 4 turbines et 4 roues-turbines d'une force utile de 400 chevaux. On va créer, sur deux autres points de la Marne, des usines munies de roues-turbines du système Girard, et d'une roue du système Sagebien, qui prend l'eau de côté. D'après M. le directeur du service municipal des travaux publics de la ville de Paris, auquel sont dus les renseignements qui précèdent, ces appareils donnent tous d'excellents résultats.

Nous ajouterons à ces indications quelques renseignements complémentaires, intéressants au point de vue de la question dont il s'agit, et qui émanent de la direction du même service.

Pour les concessions à domicile, les abonnements embrassent en chiffres ronds, 27,000 maisons sur 59,000 ; mais ce nombre tend chaque jour à s'accroître.

Les eaux de sources et de rivière ont une pression suffisante pour s'élever à tous les étages des maisons ; l'eau de l'Ourcq ne peut monter généralement qu'au premier étage. Jusqu'ici, à Paris, les habitudes de la population et les agencements des constructions limitent communément le service au rez-de-chaussée. Cet usage se modifiera sans doute quand les eaux de sources seront à la disposition des abonnés sur un point quelconque de la ville.

Les eaux de Paris sont d'abord emmagasinées dans des réservoirs, d'où partent les conduites de distribution. Les bornes-fontaines, les bouches sous trottoir et les fontaines publiques, sont à écoulement intermittent; les ruisseaux des rues sont tous lavés deux fois par jour au moyen soit des bornes-fontaines, soit de bouches sous trottoir. Le débit normal de ces orifices devrait être de 1 litre 80 centièmes par seconde; mais, en réalité, il est très-variable, parce que, suivant qu'on ouvre toutes les bouches à la fois ou une seule, la perte de charge varie dans des proportions considérables, surtout dans les petites conduites ou en temps de sécheresse.

Telle est l'organisation actuelle des eaux de Paris, fournies, comme on l'a vu, par de nombreux établissements de puisage et de distribution.

Parmi les alimentations d'eau au moyen d'aqueducs que nous ayons visitées, une des plus intéressantes est celle de la ville de Besançon. Elle est due à M. l'inspecteur divisionnaire des ponts et chaussées Mary, qui en avait dressé le projet.

Quoique placée au pied de hautes montagnes qui recèlent des sources abondantes, et enveloppée dans un des vastes replis du Doubs, dont la rive gauche en baigne les contours, Besançon se trouvait très-mal alimentée en eau potable, et de plus exposée à des inondations locales, causées par les eaux d'orage dont l'écoulement n'était pas convenablement assuré, jusques au lit du Doubs, si favorablement placé cependant pour les recevoir. Tant que cette ancienne cité resta simple ville de guerre, ces inconvénients ne parurent pas motiver suffisamment les dépenses à faire pour y remédier ; mais il n'en fut plus de même lorsque l'industrie et le commerce, sous l'influence du génie et de l'activité de ses habitants, ayant pris un accroissement considérable, et développant la richesse dans l'antique métropole de la Sequanaise, eurent fait naître ce besoin d'amélioration matérielle qu'éprouvent les populations que la fortune a favorisées. Il fallut donc songer à se procurer une distribution d'eau abondante ; mais là commencèrent les difficultés, les hésitations. Distribuerait-on les eaux du Doubs, celles de sources jaillissant à son niveau ou plus bas, ou bien irait-on chercher au loin les eaux de sources placées à un niveau élevé ? Les avis étaient, comme toujours, contradictoires. M. Mary, consulté, réussit à faire abandonner les projets de distribution des eaux du Doubs, dont la clarification artificielle aurait annuellement coûté à la ville des sommes considérables, et ceux d'élévation au moyen de moteurs hydrauliques des eaux des sources basses de Billecul et de la Mouillière, et cet habile ingénieur fit adopter le projet auquel il s'était définitivement arrêté, projet qui comprenait :

1° La dérivation des eaux de la source haute dite d'Arcier au moyen d'un aqueduc et de conduites présentant, depuis la grotte où cette source vient sortir du flanc de la montagne, jusqu'à la place du Palais, derrière la cathédrale, à Besançon, un développement de 9,781 mètres ;

2° La construction de deux réservoirs voûtés, l'un sur la place du Palais, l'autre sur l'esplanade du fort Griffon ;

3° L'établissement de deux conduites principales, mettant les réservoirs en communication, et de tous les branchements nécessaires pour alimenter les fontaines monumentales et les bornes-fontaines nécessaires à l'assainissement et à l'embellissement de la ville ;

4° Enfin, l'établissement de deux grands égouts, l'un rue des Granges, l'autre rue Saint-Vincent.

La dépense à faire pour amener les eaux de la grotte d'Arcier à Besançon, devait s'élever à la somme de 540,000 fr., ainsi répartie :

3,850m d'aqueduc exécutés souterrainement dans le rocher à 71 fr. le mètre		273,350f
18m exécutés dans la chaille à 52f		936
318m *id.*	dans la marne à 54f	17,172
3,340m *id.*	en tranchée dans un sol de roche à 26f	86,840
1,725m *id.*	dans un sol non résistant à 41f.	70,725
530m *id.*	de double conduite en tôle bitumée à 70f	37,100
4 regards à l'entrée de l'eau dans les conduites et à la sortie à 1,200f		4,800
Somme à valoir pour cas imprévus		49,077
Total		540,000

Les sources d'Arcier peuvent fournir de 140 à 185 litres d'eau par seconde, équivalant à 6 à 800 pouces, ou, ce qui est la même chose, à un volume de 12 à 16 millions de litres par 24 heures.

Cette quantité d'eau arrive à Besançon avec une hauteur de 42m80. Elle est utilisée en entier pendant le jour; mais le produit de la nuit eût été perdu si l'on n'eût pas construit des réservoirs pour les recueillir en partie. On en a donc établi deux pouvant contenir, en y comprenant la capacité de l'aqueduc d'amenée, un volume d'eau de 5,530 mètres cubes, correspondant à un écoulement de nuit d'une durée de 8 heures.

Le réservoir de la place du Palais, situé sur la rive gauche du Doubs, a une profondeur de 5 mètres, et peut contenir 2,388 mètres cubes. Les fondations en ont été descendues jusque sur le sol vierge, et on leur a donné intérieurement une forme curviligne calculée pour que le mur forme un solide d'égale résistance, et que le plus grand effort à supporter par la maçonnerie n'excède pas 4 kilos par centimètre carré. On comprend quelle doit être la stabilité de ces murs quand on sait que ce maximum d'effort a été souvent porté jusqu'à 8 kil. Le radier repose sur des voûtes d'arête en maçonnerie, soutenues par des piliers de 0m80 sur 1m20. Le bassin tout entier est recouvert de voûtes supportées par des piliers correspondant aux piliers de la fondation. Ils sont disposés concentriquement au mur d'enceinte du réservoir; et, reliés par des arcs doubleaux de 0m35 d'épaisseur, comme les piliers; ils soutiennent avec ces derniers des voûtes annulaires d'une brique d'épaisseur, sur lesquelles est étendue une couche de sable régalée horizontalement. On descend dans le réservoir au moyen d'un escalier à noyau plein en fonte, placé au centre, et servant à l'échappement et à la rentrée de l'air, causée par les oscillations de la masse d'eau. A l'extérieur du réservoir, les angles et les faces des murs se trouvent consolidés par des pilastres, et leur base par un socle; un cordon et un parapet en pierre en forment le couronnement. Le côté qui fait face à la ville a, à l'une de ses extrémités, un escalier permettant de monter sur le réservoir ; une fontaine a été établie à l'extrémité opposée. La construction de ce réservoir a coûté 90,000 fr.

Le réservoir du fort Griffon, placé sur la rive droite du Doubs, au delà du pont de la Madeleine est entièrement enterré au-dessous du sol, et est établi sur le rocher le plus résistant ; il est entièrement et assez solidement voûté pour supporter la circulation. A cet effet, les piliers des voûtes ont 1 mètre de longueur sur 0m35 d'épaisseur, les arcs doubleaux 1m65 d'ouverture, 0m70 d'épaisseur sur 1 mètre de largeur; on a donné aux voûtes en berceaux 2 mètres d'ouverture et 0m25 d'épaisseur. Le tout dans ces conditions ne supporte au maximum que 4 kil. par centimètre carré. Ce réservoir qui a une profondeur de 2m50 et contient 2442 mètres cubes a coûté 62,000 fr., Enfin l'aqueduc lui-même depuis la place du Palais, point d'arrivée, jusqu'à la porte taillée en amont à une distance de 800 mètres, ayant 1 mètre de largeur et 1 mètre de profondeur d'eau contient 800 mètres cubes, ce qui porte à 5530 mètres cubes la réserve d'eau que l'on peut faire en 8 heures.

Les conduites maîtresses qui mettent en communication les deux réservoirs ont 0m325 de diamètre, les conduites secondaires sont d'un diamètre plus faible; quant à celles qui ne font aucun service public, on ne leur a donné que 0m060 de diamètre.

Cette belle distribution d'eau peut fournir à la population de 52,151 habitants que renferme Besançon, de 200 à 300 litres d'eau par tête, suivant que le niveau de la source dans la grotte est plus ou moins élevé; elle a coûté, savoir :

Construction de l'aqueduc d'Arcier et de ses accessoires.......................... ..	540,000 fr.
Établissement des réservoirs de la place du Palais et du fort Griffon.................	152,000
Conduites de distributions...............	320,000
Indemnités, frais de direction et de surveillance des travaux........................	113,000
	1,125,000

Il a été construit en même temps 14,000 mètres d'égouts, de $1^{m}10$ de largeur à 60 fr., — 84,000 fr.; — 450 mètres de $0^{m}80$ de largeur à 55 fr., — 24,750 fr.; — 18 puits de regards à 200 fr., — 3,600 fr.; — 22 bouches à 85 fr., — 1870 fr. Soit au total, avec les frais accessoires, une dépense de 125,000 fr.

Comme complément de ce travail, et après avoir cité pour mémoire les travaux de dérivation exécutés tout récemment dans la ville de Pau, et sur lesquels aucun renseignement n'a encore été publié, qu'il nous soit permis de dire un mot de la dérivation de la Durance.

En 1507, avant qu'il y eût des canaux en France, la maison d'Oppède obtenait de Louis XII, en faveur du territoire de Marseille, des lettres patentes pour une dérivation de la Durance, mais ce fut alors la pensée de ce Canal qui fût seule l'objet des faveurs du monarque. En 1558, et pour une autre partie de la Provence, un Ingénieur, Adam de Craponne, conçut et exécuta le Canal qui porte son nom, et qui va de la Durance (près de Mirandole) à Arles, avec une branche sur Pélissant et Saint-Chamas, et une autre sur Istres sur l'étang de Berre. Ce ne fut qu'en 1660 et en 1747, que la dérivation de la Durance vers Marseille donna lieu à un projet dont l'étude sérieuse n'eut lieu que vers 1818, et n'aboutit qu'en 1827, à la proposition d'un Canal départemental de 50 lieues de longueûr qui devait donner lieu à une dépense de 18 millions, à laquelle le conseil général refusa de s'associer.

Il avait fallu plus de trois siècles pour en arriver là ; c'est qu'en effet, la grandeur de cette entreprise était bien au-dessus des ressources de Marseille à cette époque. Plus tard, un habile Ingénieur, M. de Montricher, présenta un projet moins vaste qui fut adopté en 1836, et sanctionné par une loi du 4 juillet 1838; elle autorisait à prendre dans la Durance une dérivation de $5^{m}75$ par seconde au plus bas étiage, soit 500,000 mètres cubes en 24 heures, ou 25,000 pouces. La dépense qu'une première évaluation portait à 14,500,000 fr., s'est élevée par suite d'augmentations volontaires, ou de difficultés locales tout à fait imprévues, à plus de 22 millions, à laquelle on n'a pu faire face qu'au moyen d'une surtaxe établie sur les farines.

Séparé de la Durance par trois chaînes de montagnes dont les ramifications couvrent la contrée, le territoire de Marseille présentait au tracé des obstacles nombreux et qui ont été heureusement surmontés. Depuis la prise d'eau dans la Durance en amont du canal de Craponne, jusques à l'entrée du bassin de Marseille, sur un développement de 21 lieues, il a fallu percer 46 souterrains, dont la longueur totale est de 16,880 mètres, et 240 ouvrages d'art. Sur le territoire de Marseille, le Canal avec ses dérivations embrasse un parcours de 75,000 mètres (19 lieues), sur lequel on rencontre pour traverser les routes, les cours d'eau, franchir les cours d'eau, 32 souterrains formant 4075 mètres de galeries, plus de 260 ouvrages d'art, consistant en tranchées, levées, ponts, aqueducs ou siphons, constituant 500 ouvrages en maçonnerie, sur un développement total de 40 lieues.

Cette belle dérivation, qui traverse 14 communes et arrose une superficie de 9000 hectares compris entre la mer et la crête des collines qui la dominent, débouche dans le vaste bassin de Marseille, à une hauteur qui n'est pas moindre de 150 mètres. Mais la ville ne reçoit les eaux nécessaires à ses fontaines et à ses usines, par un des sommets les plus rapprochés, qu'à une hauteur de 72 mètres au-dessus du niveau de la mer; cette hauteur suffit largement à tous ses besoins.

Parmi les ouvrages d'art les plus considérables qu'a nécessités le canal de Marseille, on cite les trois souterrains de 3,700 et de 3,500 mètres qui traversent les chaînes de montagnes connues sous le nom *des Taillades*, *de l'Assassin*, et *de Notre-Dame;* le premier, celui des Taillades, a été ouvert dans un massif de calcaire compacte d'une grande dureté, au moyen de 15 puits de 100 mètres de profondeur, lesquels lors de leur creusement donnèrent issue, par toutes les fissures du calcaire, à une masse d'eau tellement abondante, qu'il fallut 5 machines à vapeur de la force de 50 à 100 chevaux, avec des pompes assez puissantes pour permettre d'épuiser 20,000 litres par heure, et de les élever à 45 mètres de hauteur.

Mais les constructions les plus remarquables de cette dérivation sont, sans contredit, le pont-aqueduc de Valmousse sur la Touloubre, et celui de Roquefavour conduisant les eaux de la rive droite à la rive gauche de la vallée de l'Arcq. Le premier est composé d'un seul rang d'arcades de 8 mètres d'ouverture et de 26 mètres de hauteur sur une longueur totale de 170 mètres. Le pont de Roquefavour présente trois rangs d'arcades formant ensemble une hauteur moyenne de 83 mètres depuis l'étiage de la rivière jusqu'à la surface supérieure du parapet, et une longueur de 400 mètres. Cette magnifique construction, vraiment monumentale, qui a été commencée en août 1839 avec un matériel valant 600,000 fr. a occupé pendant sept ans 200 à 300 tailleurs de pierre, contient 6,000 mètres cubes de matériaux, donnant bien une pression maximum de 11 kilogr. par centimètre carré de surface. L'aspect imposant de ce pont-canal, son architecture gracieuse et élégante, en font un des plus beaux monuments de ce genre, de l'époque moderne.

On comprend pour Marseille, dont le territoire était presque partout frappé de stérilité, l'importance de travaux qui font jouir ces contrées aux plus basses eaux de 5,000 litres d'eau par seconde ou 50 millions de litres en moyenne par 24 heures équivalant à 25,000 pouces. Mais, et c'est là le seul côté regrettable de cette œuvre grandiose, malgré d'énormes dépenses employées à l'établissement d'appareils de filtration que l'on pourrait appeler gigantesques, Marseille n'a pas encore réussi à clarifier convenablement les eaux de la Durance.

Ce n'est pas seulement la partie civilisée de l'ancien monde qui pourvoit ainsi et dans de si larges proportions aux besoins des populations urbaines; l'Amérique et surtout dans ce pays, les Etats-Unis ont doté les villes importantes de belles distributions d'eau. La ville de New-Yorck entre toutes, dont le nombre des habitants s'est élevé, dans l'espace de 83 ans, de 33 mille à 450 mille, a su dériver les eaux claires du

Croton, et les faire arriver dans ses divers quartiers et ses faubourgs, au moyen d'un aqueduc qui n'a pas moins de 72 kilomètres de longueur. Philadelphie, sur la Delaware et le Schuylkill, dans l'Etat de Pensylvanie, a assuré à ses 250,000 habitants une alimentation d'eau pure et abondante.

Enfin, il y a à peine une vingtaine d'années dans la baie de Port-Phillip, capitale de la colonie Victoria, partie de la Nouvelle-Galles méridionale, au sud de cette vaste et jeune partie du monde, nommée l'Australie, naissait une ville nommée Melbourne. Mise en communication aujourd'hui avec Sydney, par un chemin de fer, la population de 100,000 habitants, et si rapidement accrue de cette cité nouvelle, n'a pas tardé à éprouver le besoin d'une alimentation d'eau potable, et voici en quels termes le *Melbourne Age*, journal de la localité, raconte comment il y a été pourvu : « A neuf lieues de Melbourne, on a construit un barrage imperméable et colossal à l'extrémité supérieure d'une haute vallée ; là on a recueilli les eaux potables, qui sont maintenant à près de 200 mètres au-dessus du niveau des plus hautes eaux. Dans ce réservoir on a fait affluer les eaux de la rivière Planty (l'Abondance). Par un souterrain creusé de main d'homme et qui traverse une montagne, ces eaux versent dans le lac artificiel, si grandement préparé, 32 millions de mètres cubes d'eau. Un développement de 122 kilomètres de tuyaux en fonte, sert de conduite au liquide, et l'eau par ce moyen, et la charge dont on dispose, atteint le sommet des maisons les plus hautes des quartiers les plus élevés. Cette œuvre qui n'a point de rivale, a été exécutée malgré l'obstacle d'une main-d'œuvre tour à tour triple et quadruple du prix des mains-d'œuvre européennes les plus dispendieuses. »

Les 32 millions de mètres cubes d'eau fournis ainsi à Melbourne, représentent 160,000 pouces pour une population de 100,000 habitants ! Jamais aussi large approvisionnement d'eau potable n'a existé au monde. Cet exemple récent démontre, sans qu'il soit nécessaire d'insister, quel prix à notre époque, comme autrefois, on attache à ce moyen puissant de bien-être et de salubrité, que les dérivations au moyen d'aqueducs ou de canaux peuvent seules procurer dans de si larges proportions.

III.

Application des machines aux fontaines publiques.

Quelque simple et avantageux que soit le mode d'alimentation dû au moyen des aqueducs de dérivation, on a cependant reproché à ce système de présenter, dans certains cas, de graves inconvénients, celui, entre autres, de livrer l'approvisionnement en eau potable d'une ville à toutes les éventualités résultant de la guerre ou des révolutions; de ne permettre de disposer le plus souvent que de faibles quantités d'eau pure et limpide, hors de proportion avec les besoins à satisfaire; de les obtenir à une altitude, et par conséquent avec une pression presque toujours insuffisante, à moins d'aller à des distances considérables chercher les sources et les rivières sur les plateaux les plus élevés, ce qui, indépendamment de la perte de charge due à l'emploi des siphons qui traversent les vallées, et la pente nécessaire à un écoulement facile, présente des difficultés de plus d'un genre dans l'exécution.

Il est incontestable que la première objection a une certaine force quand on considère quel a été généralement le sort des divers aqueducs construits par les Romains chez eux et dans diverses contrées. Les dangers que courent ces sortes d'ouvrages sont attestés par les magnifiques ruines de l'aqueduc de Nîmes, détruit en partie en 407 par les Vandales, et ensuite en 412 par les Visigoths revenant chargés des dépouilles de l'Italie et s'acharnant à la dévastation des monuments du génie de Rome.

Les Normands ne respectèrent pas davantage l'aqueduc d'Arcueil abandonné après leurs ravages, pendant plus de 800 ans. A Rome, le nombre et la grandeur de ces sortes d'ouvrages construits avec tout l'or de l'ancien monde ont pu braver le génie de la destruction, et plusieurs ont pu être utilisés après avoir été toutefois restaurés ou transformés à grands frais ; mais dans le reste de l'Italie, en Espagne, etc., il ne reste de la plupart que des vestiges. L'emploi de ce système n'a donc sa raison d'être au point de vue de plusieurs ingénieurs et hydrauliciens que dans quelques circonstances exceptionnelles ; dans la plupart des cas, il faut lui préférer les machines.

D'autres, au contraire, trouvent à l'emploi des machines hydrauliques de très-graves inconvénients, et préfèrent le système des aqueducs comme beaucoup plus simple et moins coûteux ; de ce nombre est M. le Préfet de la Seine qui s'exprime ainsi à l'occasion de l'alimentation d'eau de Paris :

« On avait proposé l'emploi des turbines d'abord en établissant un barrage spécial en Seine, puis en utilisant le barrage de la Monnaie. Ce système est repoussé par le motif que le travail moteur de ces turbines serait presque nul pendant les crues, et qu'il serait nécessaire, pour assurer la distribution, d'organiser, en outre, un service de machines à vapeur, pouvant au besoin élever la masse d'eau demandée au fleuve.

» Les machines à vapeur sont également écartées, en prenant pour exemples les nouvelles machines de Chaillot, où des accidents nombreux ont failli bien souvent interrompre le service. On serait conduit, pour être à l'abri de ces accidents, à avoir un nombre de machines au moins double de celui dont le travail incessant est indispensable. Pour élever les 100,000 mètres cubes aujourd'hui nécessaires, il faudrait neuf machines de cent chevaux, qui devraient être doublées par une seconde ligne de neuf autres machines ou même par une troisième ligne semblable, si comme à Chelsea, on jugeait utile de tripler le nombre des appareils.

» Le second inconvénient qu'on oppose aux appareils élévatoires à vapeur, c'est d'exiger une dépense journalière très-considérable.

» Lorsqu'une nation, une grande cité, dit M. le Prefet, » veut pourvoir à l'un de ces besoins publics qui sont également impérieux dans toutes les vicissitudes de sa destinée, » dans la prospérité comme dans les revers, s'il se présente » deux moyens praticables, l'un réclamant tout d'abord des » frais élevés et un puissant effort, mais ne chargeant l'avenir lointain que d'une faible dépense d'entretien et d'une » médiocre sollicitude ; l'autre, moins dispendieux au début, » mais grevant chaque année, chaque jour, d'un lourd fardeau financier et de soins multipliés et attentifs : cette nation ou cette cité ne peut hésiter à préférer le premier » moyen, pour peu qu'elle ait la conviction de sa propre » durée, le souci de sa gloire et le sentiment de ses devoirs » envers les générations à venir.

» Outre les inconvénients particuliers à l'un ou à l'autre » système des machines, l'eau de la Seine, même en amont » du confluent de la Marne, ne réunirait pas les qualités qui » paraissent essentielles, et qu'on ne saurait lui donner ; le » filtrage, en effet, rendrait à l'eau sa limpidité, mais il ne » la dégagerait pas des substances hétérogènes qui y sont » dissoutes, et il n'en pourrait changer la température. »

M. le Préfet s'arête donc au système de dérivation des sources par un aqueduc, système qui a servi de base au projet définitif de M. l'ingénieur en chef Belgrand, projet que nous avons fait connaître succinctement plus haut.

Ces considérations qui déterminent le choix de M. le Préfet de la Seine, pour un système de dérivation des sources, sont d'une extrême justesse, surtout en ce qui concerne Paris, où la Seine, ainsi que le fait observer M. Laurent (1), joue aujourd'hui le rôle d'un grand égout collecteur, chargé de transporter hors de la capitale des eaux de toute provenance chargées des immondices et des balayures impures de la ville. On comprend donc avec un peu de réflexion que cette eau ne

(1) Notice sur les eaux de Paris, publiée dans l'Annuaire de 1858, par la Société des anciens élèves des écoles impériales d'Arts et Métiers.

se boive qu'avec dégoût, surtout si elle est prise à Chaillot. Si on la filtre, bien qu'elle devienne claire, il ne faut pas croire qu'elle soit pour cela très-propre.

C'est ainsi qu'à Rome, l'insalubrité des eaux du Tibre, imposa aux anciens Romains les premiers aqueducs, système qu'ils appliquèrent ensuite indistinctement chez tous les peuples soumis à leur domination.

Mais ce moyen, excellent sans doute, ne saurait être exclusif de l'emploi des machines hydrauliques très-peu connues autrefois, et dont les avantages sont incontestables, surtout depuis que la force de la vapeur est venue s'ajouter à celle, tout aussi précieuse, que l'on pouvait tirer des cours d'eau dans le voisinage desquels se trouvent situés les grands centres de population. Avec les machines, disent leurs partisans, plus de crainte pour des ouvrages qui ne vont plus puiser à de grandes distances un des éléments essentiels de la vie des cités; plus de ces conduits à fleur de terre ou de ces immenses arcades qui se prêtent si facilement à un coup de main et se réparent ensuite avec tant de difficulté, qui gênent parfois la circulation ou l'agriculture; en employant les machines on a tout sous la main, et la hauteur à laquelle on peut élever les eaux pour les répandre ensuite en fontaines, en jets d'eau ou les faire monter jusqu'aux étages les plus élevés des habitations, n'a d'autre limite que celle de la force même dont on peut disposer.

Tout cela est vrai, mais non d'une manière absolue; comme en toutes choses chaque système a ses avantages et ses inconvénients. Sans donc partager les craintes exagérées des uns, ni les préférences exclusives des autres, nous dirons que la question ici est toute dans celle du choix du système qui satisfait le mieux aux exigences locales, très-variables d'ailleurs, suivant les lieux, partant exigeant l'emploi de moyens divers.

Ces considérations serviront de justification à l'examen rapide qui va suivre, de quelques-unes des machines hydrauliques dont la pratique a jusqu'à ce jour démontré les avantages. Nous commencerons par une des plus renommées, mais peut-être les moins généralement connues.

Remarquable pour l'époque et très-célèbre, l'appareil hydraulique de Marly présentait cependant, au point de vue d'une bonne cinématique, un ensemble on ne peut plus défectueux. Le plus bizarre assemblage d'une incroyable quantité de tringles en fer, de chaînes, de balanciers, de manivelles grinçant bruyamment en suivant la rampe de la montagne, étaient mus par 14 roues hydrauliques placées dans la Seine et actionnaient successivement :

1° Un premier jeu de 64 pompes qui aspiraient l'eau du fond de la rivière à 3 ou 4 mètres et la refoulaient à une distance de 200 mètres dans un puisard situé à une première hauteur de 50 mètres au-dessus des coursiers et à mi-côte.

2° Un second jeu de 79 pompes prenait l'eau dans ce puisard et la poussait dans le puisard supérieur éloigné de celui de mi-côte de 148 mètres et placé à 50 mètres plus haut.

3° Enfin un troisième jeu de 89 pompes puisait l'eau dans ce second réservoir et la refoulait définitivement à 580 mètres plus loin et à 60 mètres plus haut, et jusqu'à la plate-forme de la cuvette surmontant la grande tour qui précède le long et superbe aqueduc de 645 mètres de longueur dont nous avons déjà parlé et dont la belle perspective se fait remarquer à de grandes distances.

Ainsi les 14 roues hydrauliques ébranlaient avec une force égale à 1,000 ou 1,200 chevaux ce singulier mécanisme ; l'eau était poussée par une série de refoulements et d'écoulements à une distance de 1,300 mètres du point de départ et à 160 mètres de hauteur. De là elle était conduite par deux tuyaux en fer de 0m50 de diamètre jusqu'aux réservoirs de Marly, de Louvecienne, de Chenais, de Roquencourt, de Chèvreloup et de Trianon.

Malgré cette énorme force dépensée, on montait à peine, dans l'origine, 5,000 mètres cubes d'eau par 24 heures, soit environ 250 pouces d'eau, puis plus tard, par suite de l'augmentation du frottement et du mauvais état de la plus grande partie des pièces mobiles, cette quantité descendit à 3,000 puis à 2,000 mètres cubes, et enfin bien au-dessous. On se préoccupait peu de cette diminution depuis que pour recueillir les eaux de pluie et autres entre Saint-Cyr et Rambouillet, on avait établi au-dessus de la butte Gobert, point culminant de Versailles, d'immenses réservoirs d'eau d'une superficie de plus de 1,200 hectares et pouvant contenir environ 8 millions de mètres cubes d'eau qui au moyen d'un bassin de distribution alimentaient les jets et les pièces d'eau du parc.

En 1803, Napoléon Ier comprit qu'un tel système avait fait son temps, et c'est à son initiative secondée par un entrepreneur intelligent, M. Brunet, que l'on doit d'avoir pu faire monter l'eau directement et d'un seul jet à la cuvette de la tour. Plus tard, une machine à vapeur, qui existe encore, fut, quelque anormal que cela puisse paraître, à côté d'une force disponible si considérable, ajoutée à l'appareil. D'une puissance effective de 64 chevaux, cette machine à basse pression et à double effet de Watt fut disposée pour faire mouvoir une grosse pompe nourricière et 8 pompes de refoulement; elle pouvait élever de 15 à 1800 mètres cubes au plus par 24 heures avec une dépense de combustible de 10 à 12,000 kilogr. par 24 heures, consommation qui, avec les frais d'entretien et de réparation, portait la dépense totale à près de 100,000 fr. par année, somme énorme comparativement au faible résultat obtenu. Aussi ne la faisait-on fonctionner que pour compléter l'insuffisance des deux roues conservées.

En 1854, plusieurs commissions nommées par M. A. Fould, alors ministre de la maison de l'Empereur, furent chargées de s'occuper de l'amélioration de l'établissement de Marly. Elles eurent à examiner dix à douze projets présentés par M. Dufrayer, de 1847 à 1849. Deux de ces projets qui avaient pour objet, l'un l'emploi des turbines, et l'autre celui des roues verticales comme moteurs, furent distingués entre tous. Mais la commission chargée de l'examen de ces deux projets objectant, par l'organe de son rapporteur, M. Regnault, membre de l'Institut, professeur au collége de France, que les turbines étaient plus compliquées, par suite, d'un entretien plus difficile et plus dispendieux, qu'elles exigeaient des engrenages d'angle pour transmettre le mouvement aux pompes et retarder la vitesse des pistons qui, dans le cas d'une si forte pression, celle de 16 atmosphères, devait être très-faible, il y avait lieu, le volume d'eau disponible étant considérable, de tenir moins compte du rendement que des avantages présentés par les roues verticales d'un mécanisme plus simple, d'un faible entretien, faciles à réparer et supprimant complétement les engrenages, et que dès lors ces dernières devaient être adoptées, c'est ce qui eut lieu.

En conséquence, aujourd'hui, trois roues hydrauliques, du système de M. Dufrayer, et 12 corps de pompes, exécutés par M. Feray d'Essonne, pour le prix de 450,000 fr., élèvent ou peuvent élever d'un seul jet jusqu'à la cuvette de la tour, située, ainsi que nous l'avons dit, à une hauteur de 160 mètres au-dessus du niveau de la Seine, au moyen d'un tuyau de 1,300 mètres de longueur et $0^{m}20$ de diamètre seulement, un volume d'eau de 8,000 à 8,500 mètres cubes, soit 400 à 425 pouces par 24 heures, en employant une force brute de 318 chevaux vapeur réduits à 171 chevaux, c'est-à-dire aux 0,522 de la première, par suite des frottements et des résistances passives.

Ces roues rendent donc un peu plus de la moitié de la force brute; c'est un résultat digne d'attention, et qui justifie pleinement les prévisions et le choix de la commission dont M. Regnault était le rapporteur. Nous ferons remarquer en passant, ayant à y revenir plus tard, qu'on n'a pas hésité, pour élever l'eau jusqu'à la cuvette, à conserver l'ancienne double ligne de tuyaux d'ascension de la machine à vapeur qui n'ont que $20^{m}0$ de diamètre, et 1300 mètres de longueur, dans lesquels, sous une pression de plus de 15 atmosphères, l'eau devait circuler avec une vitesse de près de $3^{m}90$ par seconde, pour élever 92 litres d'eau à 160 mètres de hauteur dans le même temps, ou ce qui est la même chose, 8 millions de litres en 24 heures. Ces tuyaux ont parfaitement résisté, seulement ils nécessitent un surcroît de force que l'on peut évaluer à 40 ou 50 chevaux-vapeur, mais on a économisé aussi une somme assez considérable jusqu'au jour où le système complet qui doit être de six roues, de 24 pompes, et devra élever de 12 à 16,000 mètres cubes d'eau aura été exécuté; quant aux dépenses annuelles d'entretien, qui s'élèvent à 100,000 fr., avec la machine à vapeur, l'emploi des nouvelles roues hydrauliques les a réduites à des proportions relativement insignifiantes. Telles sont les dispositions actuelles de l'établissement de Marly, que la science moderne à su dégager des complications qui avaient fait sa célébrité.

Parmi les autres distributions d'eau les plus importantes dont les moteurs sont fournis par les forces hydrauliques, je citerai celle de Rochepinard, élevant l'eau du Cher, rivière qui se jette dans la Loire, rive gauche, et approvisionne la ville de Tours. L'usine de Rochepinard, dirigée par M. Chauveau, architecte, doit sa chute au barrage éclusé, exécuté par l'État sur le Cher pour la navigation de cette rivière. Un canal de dérivation conduit les eaux à deux turbines-Fontaine de 3m325 de diamètre extérieur, mettant en action les pompes d'alimentation, et celles de refoulement pouvant élever 5 millions de litres d'eau en 24 heures à 25 mètres de hauteur, soit 260 pouces d'eau, ce qui pour une population de 41,061 habitants donne 122 litres environ par habitant. La dépense occasionnée par la construction de l'usine, en y comprenant la canalisation, l'achat des terrains, la construction des bâtiments, des filtres, des canaux d'amenée et de fuite, les machines, turbines et accessoires, la canalisation, y compris 21,530 mètres de tuyaux (1) variant depuis 0m30 les plus forts, jusqu'à 42 millimètres les plus faibles, 14 robinets vannes, 63 robinets en bronze, et 42 bornes-fontaines, s'est élevée à 424,417f47.

L'intérêt de cette somme à 6 % et l'amortissement représentent une dépense annuelle de 25,464 fr.; or, l'établissement

(1) 450 mètres de ces tuyaux seulement sont en fonte, le reste en tôle bitumée, système Chamerol.

ne fonctionnant que 10 heures sur 24, et la quantité d'eau élevée n'étant plus que de 2160 mètres cubes, il s'ensuit que le mètre cube d'eau élevé revient à un peu plus de 3^c 1/3. En ajoutant à cette dépense celle relative à l'entretien des machines et des conduits, aux réparations, au personnel nécessaire pour le service général et la surveillance, et qui peut être estimé à 2^c 2/3 environ, on trouve que le mètre cube d'eau élevé et distribué coûte 6 centimes. Avec un moteur à vapeur, le prix du mètre cube n'aurait pas dépassé de beaucoup 3 centimes.

Il est à remarquer que l'eau ici, par des raisons d'économie, au lieu d'être envoyée dans un réservoir spécial assez élevé pour pouvoir alimenter les points culminants de la ville, est refoulée directement dans les tuyaux de conduite. Ce système n'a pas seulement l'inconvénient d'exiger une force motrice plus considérable, mais encore de se priver d'un approvisionnement d'eau, on ne peut plus précieux dans diverses circonstances telles que les dérangements des appareils, les crues considérables, les incendies. En bonne administration, il est donc indispensable d'établir en prévision de ces éventualités, des réservoirs de grande capacité; c'est à la vérité un surcroît de dépense, mais qui est d'une incontestable utilité, et impérieusement commandé par un service qui ne saurait jamais souffrir d'interruption.

A Hanovre, capitale du royaume de ce nom, ainsi que dans quelques autres villes en France, le moteur préféré a été une roue hydraulique verticale. L'établissement situé sur la Leine, rivière qui par le Weser fait communiquer cette ville avec Brême, fournit à une population de 161,852 habitants, une partie de l'eau nécessaire à sa consommation; le volume puisé dans la rivière est d'environ 4 millions de litres par 24 heures; il est élevé dans un réservoir situé à 14^m48 de hauteur verticale, mis en communication avec les conduites de distribution. Cette quantité, qui équivaut à 200 pouces par 24 heures, fournit à peine 25 litres d'eau à chaque habitant. Nous bornerons à ces quelques exemples ce que nous avions à dire sur ces sortes d'établissements, bien que nous eussions pu citer avec avantage les distributions d'eau établies par divers constructeurs de Toulouse; notamment celles de Salies et de Saint-Lizier, par MM. Cardailhac et fils; celles de Beziers et de Limoux, par MM. Bonnet frères, et enfin la distribution d'eau de Saint-Gaudens, par MM. Dubois et compagnie, établissements qui donnent les meilleurs résultats.

IV.

Mais l'emploi des moteurs hydrauliques n'est pas possible partout, aussi voyons-nous un grand nombre de villes en France et à l'étranger, ne pas hésiter à employer les machines à vapeur à leurs distributions d'eau, quelque considérable que soit la dépense annuelle, dont leur consommation et leur entretien grève les budgets municipaux.

Indépendamment, en effet, des motifs impérieux qui font que dans un grand nombre de circonstances, les grands centres de population doivent à tout prix s'approvisionner d'eaux potables ou nécessaires au lavage des rues, il en est un autre qui à notre époque a grandement contribué à faire avec plus de confiance et d'empressement adopter ces précieux moteurs; c'est l'économie considérable que des perfectionnements récents et très-remarquables ont pu permettre de réaliser dans la dépense de combustible, à laquelle il n'est pas possible de se soustraire.

Ayant principalement en vue, dans ces préliminaires, de poser des points de comparaison qui auront, je l'espère, leur incontestable utilité, quand il s'agira d'émettre une opinion raisonnée et de conclure au sujet de la question qui intéresse en ce moment notre ville, je vais aussi succintement que possible mentionner ici quelques-unes des alimentations d'eau les plus importantes effectuées par des machines à vapeur.

Je citerai d'abord la machine à élever les eaux établie près du pont d'Ivry; elle fait mouvoir deux pompes foulantes élévatoires de 0m40 de diamètre intérieur, actionnées directement par le balancier au moyen d'une manivelle et une pompe nourricière mue par l'arbre du volant. La quantité d'eau élevée par heure, est de 161 mètres cubes. Ce volume d'eau, puisé dans la Seine par la pompe nourricière au moyen d'un tuyau d'aspiration de 35 mètres de longueur, est élevé d'abord à 6 mètres, puis refoulé par les pompes élévatoires dans une conduite de 0^m40 de diamètre, et de 6400 mètres de longueur, communiquant avec le réservoir de Charonne, placé à 48 mètres de hauteur verticale au-dessus de l'étiage de la rivière.

Cette machine poussant dans le réservoir 161 mètres cubes d'eau par heure, pourrait donc élever en 24 heures 3,864,000 litres d'eau ou 193 pouces; et comme sa dépense en combustible et en eau montée, est de 2^k63 par heure et par force de cheval, on a pour une force utile de 32 chevaux 28 une consommation de 2037 kil. de charbon par 24 heures, qui à 28 fr. les 100 kilog., représentent une dépense de 57 fr., par jour ou 1 centime ½ par mètre cube d'eau. En admettant un chiffre égal pour l'intérêt du capital engagé dans l'achat des machines, pour leur entretien, le graissage, les frais du personnel, mécanicien, chauffeur, on a pour le coût total 3 centimes par mètre cube d'eau élevée à 48 mètres de hauteur, ou une dépense de 42,000 fr. environ. Chaque pouce fontainier de 20,000 litres coûte donc par an, pour être élevé à 48 mètres, 0,60 centimes, ce qui revient à 0^f0125 le pouce élevé à 1 mètre; ce même pouce élevé à 1 mètre en 24 heures, a coûté en frais d'établissement et des appareils 44 fr. 50, ou 2176 fr. pour son élévation à 48 mètres.

Saint-Ouen possède également une distribution d'eau desservie par un moteur à vapeur de la force de 60 chevaux, dont une partie seulement est utilisée pour la mise en jeu des pompes élévatoires. Les corps de pompes ont 0^m45 de diamètre. La surface de leur piston étant de 1590 centimètres carrés sur chacun desquels est exercée une pression de 6^k542, et la vitesse de ce dernier avec 0^m800 de course et 14 coups doubles par minute étant de 0^m373 par seconde, il s'ensuit que le travail de la machine est représenté par une force effective de 54 chevaux 25.

La quantité d'eau élevée ou qui pourrait être élevée, puisée directement dans la Seine, sans l'intermédiaire d'une pompe nourricière, est de 59 litres, 4 par seconde, soit 5132 mètres cubes par 24 heures correspondant à 256 pouces fontainiers ; le réservoir qui reçoit ce volume d'eau est situé à 65 mètres de hauteur verticale, et comme la perte de charge est de 6 mètres s'ajoutant aux 65 mètres ci-dessus, il s'ensuit que la force nécessaire à ce travail est de 56 chevaux 23. La dépense de cette machine n'est pas exactement connue.

La ville de Niort (Deux-Sèvres) située sur le penchant de deux collines au pied desquelles coule la Sèvre Niortaise, possède également, depuis 1856, une très-belle distribution d'eau par machines à vapeur.

Le système se compose de deux machines actionnant chacune deux pompes, de 5 chaudières cylindriques de 0m90 de diamètre et de 8 mètres de longueur, additionnées d'un tube réchauffeur de 5m50 de longueur et de 0m60 de diamètre.

Il résulte des expériences faites par M. Grillet, Ingénieur en chef des Ponts et chaussées, que l'une des machines élevait au réservoir placé à 41m50 de hauteur verticale, un volume d'eau de 2914 mètres cubes en 24 heures, et l'autre machine 2940 mètres cubes dans le même temps, soit un volume total de 5854 mètres cubes, ou environ 293 pouces fontainiers, représentant 68 litres par seconde.

D'après le même expérimentateur, chaque mètre cube d'eau élevé au réservoir exigeait un poids de charbon de 0k370 gr. 5 et pour les 5854 mètres cubes, 2170 kilogr. En admettant le prix de 30 fr. pour les 1000 kilog, on a une dépense en charbon de 65 fr. 10 par jour, et de 23,761 fr. 50 par an, ce qui établit le prix du mètre cube d'eau élevé à une hauteur de 41m50 à 1 centime 11 par jour, et à 2c 1/4 avec l'intérêt du capital consacré à l'acquisition des appareils et les frais d'entretien annuels.

La force utile moyenne pour chaque machine étant de 18 chevaux 75, il s'ensuit que les 37 chevaux 53 des deux moteurs employant 2170 kil. de charbon par 24 heures, chaque cheval consomme par heure 2k408 gr., par conséquent 1 kilog de houille élève 2698 litres d'eau à 41m50 ou 110,967 litres à 1 mètre. Le rapport de l'effet utile à l'effet théorique ayant été constaté être de 0,66, ces machines ne dépenseraient que 1k70 par force de cheval et par heure, c'est-là un résultat très-remarquable.

L'alimentation d'eau de la ville d'Angers est encore une de celles qui ont emprunté à la vapeur leur moteur. Bien que située sur la Mayenne qui la divise en trois parties, l'antique cité des *Amegaves* est allée puiser ses eaux dans la Loire. La machine à vapeur construite par M. Farcot, a été établie aux Ponts-de-Cé, petite ville qui s'élève sur des îles jointes entre elles, communique avec les deux rives de la Loire par une suite de ponts et de chaussées de 3000 mètres de longueur et est distante d'Angers de 4 kilomètres.

La machine à vapeur des Ponts-de-Cé est à cylindre vertical; la tige du piston prolongée à la partie inférieure traverse le fond du cylindre et actionne directement le piston de la pompe élévatoire. Cette pompe dont le corps a 0,364 de diamètre, élève d'abord l'eau à une hauteur moyenne de 7m70 au-dessus des galeries, et puis la refoule avec une pression correspondante à celle d'une colonne d'eau de 47m46. La hauteur totale et moyenne de l'ascension est ainsi de 55m16.

La quantité d'eau élevée à cette hauteur est en moyenne de 54 litres par seconde, ou 4664 mètres cubes en 24 heures; environ 233 pouces. La force effective nécessaire à ce travail est de 39 chevaux 67; celle théorique étant de 45 chevaux, et la machine consommant en 24 heures 1272 kilog., par conséquent l'eau élevée à 55m16 de hauteur par chaque kilogr. de charbon brûlé, est de 3666 litres, ou ce qui est la même chose, de 202,216 litres élevés à 1 mètre avec le même poids de combustible.

Si ces résultats donnés par M. Farcot sont exacts, la machine dont il s'agit ne consommerait que 1k33 par heure, et par force de cheval effectif et 1k18 par cheval théorique. Dans ce cas, le mètre cube d'eau élevé à 55m16 de hauteur, ne coûterait en combustible que 0f 818, et en admettant une dépense égale pour l'intérêt du prix d'achat des machines, entretien et autres-frais, on aurait 1 centime 63.

La machine à vapeur de Marly, dont nous avons déjà parlé, puisant dans la Seine, élève, au moyen de huit pompes foulantes à simple effet, 1700 mètres cubes d'eau (85 pouces) en 24 heures à 160 mètres de hauteur, avec une consommation de houille de 9000 kilog, d'où il résulte que chaque kilog. de houille brulé n'élève que 188 litres à 160 mètres ou 30,080 litres à 1 mètre. La force de la machine étant de 64 chevaux, et celle utilisée de 39 chevaux, il s'ensuit que 25 chevaux sont absorbés par le mouvement des huit pompes et le frottement de l'eau dans les tuyaux de 1300 mètres de longueur et de trop faible section qui conduisent l'eau au réservoir supérieur; la machine consomme donc 9k64 de charbon par cheval effectif et par heure, et 5k83 par cheval théorique, ce qui porte le prix du mètre cube d'eau élevé à 15 centimes ½ pour le combustible seulement. Il est vrai que la hauteur de l'ascension est considérable et la dimension des tuyaux trop faible; nécessairement donc le fonctionnement de cette machine est relativement très-dispendieux; aussi n'a-t-il lieu que rarement.

La ville de Nantes possède, depuis 1854, une alimentation d'eau, qui lui est fournie par deux machines à vapeur jumelles. Ces machines sont placées à l'extrémité amont, et puisent l'eau dans la Loire, au moyen de quatre pompes aspirantes et foulantes, dont le diamètre intérieur est de 0m382. La quantité d'eau à élever, d'après le traité, est de 6000 mètres cubes en 18 heures, soit 8000 mètres cubes en 24 heures, et la hauteur totale de l'ascension, y compris celle de 4m62 correspondant aux frottements dus à une longueur de 1753 mètres de tuyaux de 0m209 de diamètre, est de 37m10. Ces machines étant placées à 45 mètres de la Loire, les tuyaux d'aspiration en tôle bitumée de Chameroi, ont au moins cette longueur.

Il résulte des expériences qui ont eu lieu successivement sur les deux machines, le 23 décembre 1856, que le volume d'eau total qu'elles peuvent élever en 24 heures, à une hauteur moyenne de 35 mètres, est de 114 litres par seconde correspondant à 9862 mètres cubes ou 493 pouces fontainiers, en 24 heures, avec une consommation de combustible de 1685 kilog., ce qui établit une dépense annuelle de 18,450 fr. Chaque kilogr. de charbon brûlé élève donc 5852 litres d'eau à 35 mètres, ou ce qui est la même chose, en force dépensée 204,234 litres à 1 mètre.

La force produite par les deux machines en eau élevée est de 57 chevaux environ, soit 1k23 par heure et par force de cheval, et un peu plus d'un demi-centime par mètre cube d'eau élevé. En admettant une dépense égale pour l'intérêt du prix d'achat des machines et leur entretien, le mètre cube d'eau élevé ne coûterait guère au-delà de 1 centime. Cette dépense, il faut le reconnaître, est bien faible eu égard au résultat obtenu. La population de Nantes étant d'environ 114,000 habitants, chaque habitant pourrait disposer de 86 litres si les machines marchaient pendant 24 heures, mais leur fonctionnement n'ayant lieu que pendant 18 heures, cette quantité se trouve réduite à 65 litres.

Une des plus belles distributions d'eau par machine à vapeur dont il nous reste à parler, est celle de Berlin, établie sur les bords de la Sprée. Le système hydraulique complet doit comprendre 12 appareils, dont 8 seulement sont installés; quatre de ces machines sont de 120 chevaux et servent à alimenter de magnifiques bassins de filtrage; les quatre autres, de la force de 150 chevaux, refoulent l'eau dans le réservoir supérieur. Ces huit machines ont donc ensemble une force totale de 1080 chevaux.

Chacune des machines de 120 chevaux met en jeu deux pompes, l'une nourricière, l'autre élévatoire. Les quatre machines de 150 chevaux actionnent huit pompes ayant pour unique objet le refoulement de l'eau des bassins de clarification dans le réservoir supérieur.

Le volume d'eau élevé de la Sprée en 12 heures par les quatre pompes nourricières, mues par les machines de 120 chevaux, le seul, par conséquent qui constitue l'alimentation de la ville, et qui est refoulé dans le réservoir supérieur, placé à 21m35 de hauteur verticale, est de 606 litres par seconde, 26,173 mètres cubes par journée de 12 heures ou 1,309 pouces. Cette quantité serait insuffisante pour alimenter les huit pompes élévatoires, qui, toutes ensemble, peuvent fournir 32,867 mètres cubes d'eau environ dans le même temps ; mais une partie de ces dernières est supplémentaire, et ne fonctionne qu'en cas de réparation de quelques-unes de celles en action.

La population de Berlin étant de 420,000 âmes, ce volume de 26,173 mètres cubes par journée de 12 heures, est de 62 litres environ par habitant ; il serait le double si les machines fonctionnaient pendant 24 heures.

Tout est grandiose dans cet important établissement hydraulique : le bâtiment des chaudières a 47 mètres de longueur et 14 mètres de largeur ; il contient 12 chaudières de 9m14 de longueur et de 1m524 de diamètre. La cheminée de service, de forme octogonale extérieurement, a 2m133 de diamètre intérieur et 26m50 de hauteur.

Le bâtiment des machines a 30m de longueur et 9m140 de largeur. Tous les cylindres de ces machines sont verticaux ; celui des machines de 120 chevaux a 0m914 de diamètre, et le piston 1m219 de course ; celui des machines de 150 chevaux a 1m155 de diamètre, et la course du piston est de 1m524. Les corps des pompes nourricières ont 0m965 de diamètre intérieur, et ceux des pompes de refoulement 0m540 seulement, et tous deux sont élargis à la partie inférieure pour recevoir les soupapes, de telle sorte qu'à ce point le premier a 1m168 de diamètre, et le second 0m787. Le diamètre des pistons plongeurs n'est que les 7 dixièmes environ de celui des corps de pompe. Cette disposition a pour but de ne refouler dans les conduites qu'une partie de l'eau aspirée ; l'expérience a démontré qu'il en résultait un écoulement plus régulier.

La vitesse normale des pompes est de 16 coups de piston par minute, et la course de ces derniers de 0m813 pour les pompes nourricières, et de 0m914 dans les pompes de refoulement. Les réservoirs à air dans lesquels passe l'eau refoulée ont 1m014 de diamètre et 3m656 de hauteur. Un raccord à trois branches relie ces deux réservoirs avec un tuyau de 0m457 de diamètre, qui augmente progressivement en passant près du réservoir d'air des autres machines avec lesquelles il est mis en communication, de telle sorte que, près de la dernière, lorsqu'il se raccorde avec la conduite d'ascension, son diamètre est égal à celui de celle-ci, c'est-à-dire à 1m0665. Quelles colossales proportions ! Elles n'étonnent pas cependant lorsqu'on connaît la puissance des moyens et la hardiesse du génie industriel prussien.

Des renseignements exacts manquent sur le prix d'achat, les frais d'entretien et la consommation de combustible de cette magnifique distribution d'eau, la plus considérable qui existe en ce genre, mais qui n'est pas encore complétement achevée.

La ville de Bordeaux, elle aussi, emploie les moteurs à vapeur pour sa distribution d'eau potable.

Il y a une quarantaine d'années, un ministre disait de Bordeaux que sans la rivière, ses porteurs d'eau et ses puits particuliers, les habitants de cette ville seraient souvent réduits à ne boire que du vin pur. Les choses sont bien changées aujourd'hui : une distribution d'eau pure et abondante abreuve la population ou lave les rues de cette grande cité.

La ville de Bordeaux emploie des eaux de sources d'une grande pureté, et n'exigeant aucun filtrage. Plusieurs de ces sources étaient dès longtemps utilisées, notamment celles d'Arlac, du Tondut et de la Font-de-l'Or. Quatre puits publics, celui de la place Canteloup, de Saint-Michel, de la rue du pont de la Mousque, et les deux du grand marché en face de l'Hôtel-de-Ville, fournissaient, en outre, une assez grande quantité d'eau.

Maintenant, l'eau de ces diverses sources et de celles que l'on y a ajoutées sont élevées au moyen de pompes mises en jeu par deux machines à vapeur jumelles, à grande détente, de la force nominale de 50 chevaux chacune, du système Farcot.

Ces machines ont donné de très-bons résultats. Ainsi, en employant du charbon anglais de Newcastle, avec des fourneaux disposés d'une manière particulière, la consommation du combustible a été réduite jusqu'à 1 kil. 280 gr. par force de cheval et par heure, tandis que, avec les fourneaux Farcot, la consommation flotte entre 1,80 et 2 kil. Si l'on admet 1^k 900 en moyenne, la quantité de charbon employée dans le premier cas, pour cent chevaux, est de 3,072 kil. en 24 heures, et de 4,560 kil. dans le second cas. Les fourneaux dont il vient d'être parlé économisent donc 1,488 kil. de houille par 24 heures, ou, à raison de 35 fr. la tonne, environ 19,000 fr. par an.

En supposant que la quantité d'eau élevée à différentes hauteurs par chaque cheval-vapeur des machines de Bordeaux, soit de 5 pouces ou 100,000 litres en 24 heures, l'approvisionnement de la ville serait dans ce cas de 500 pouces ou de 1,000 mètres cubes en 24 heures, soit 10 millions de litres. L'élévation et la distribution de chaque pouce de 20,000 litres coûterait par conséquent $0^f46,4$.

Bordeaux possédait, au 31 décembre 1865, 2,991 concessions particulières; au mois de juillet de la présente année 1866, ce chiffre est monté à 3,254 concessions, et il y a lieu d'espérer que la plupart des 23,000 maisons de Bordeaux se pourvoiront de concessions.

Pendant plusieurs années, le nombre des concessions nouvelles s'est maintenu aux environs de 300 par an, la moyenne s'est élevée, et il en est fait aujourd'hui 500 environ annuellement.

Les grands réservoirs ont été disposés de manière à ce que le service fût divisé en quatre étages différents.

Le premier est alimenté directement par les sources;

Le second se compose des basses vallées qui traversent la ville:

Le troisième, qui comporte trois grands réservoirs, comprend la majeure partie du territoire;

Le quatrième, enfin, dessert un quartier restreint, plus élevé.

En outre de ce service ordinaire, il se fait toutes les nuits un service surélevé, qui permet de remplir les bassins particuliers placés dans les combles des maisons les plus élevées. A ce moment, une manœuvre de robinets isole les conduits des réservoirs et les met sous la pression de la tour, et du réservoir surélevé qui la surmonte.

A l'exception des grandes concessions industrielles, jaugées par compteur, toutes les autres concessions, peuvent être desservies par des bassins surélevés, se remplissant la nuit, sans aucune augmentation de l'abonnement. Les concessions jaugées qui jouissent d'un prix de faveur ne sont pas admises à profiter des eaux surélevées.

Il résulte de ce qui précède, que l'usage des réservoirs est facultatif pour les particuliers. Quant aux bornes-fontaines, elles sont toujours en charge, mais l'écoulement ne s'y fait que sous la pression d'un repoussoir, qui est jour et nuit à la disposition du public.

Mille bouches environ versent l'eau deux fois par jour, pendant 30 minutes chaque fois dans les ruisseaux des rues; chaque bouche dépense 10 mètres cubes d'eau par jour; c'est au total 10,000 mètres cubes ou 500 pouces qui sont ainsi employés au lavage des rues; et chaque bouche versant 5,000 litres en 30 minutes, son débit, pendant ce temps, est de 2 litres 8 dixièmes par seconde. On comprend l'efficacité d'un tel lavage effectué deux fois dans un jour, et obtenu au moyen d'une vaste réserve d'eau et du jet intermittent des bornes-fontaines.

Cette belle et intelligente distribution procure à la ville de Bordeaux, au point de vue de la salubrité, des avantages inappréciables, et par suite des concessions, un revenu qui figure au budget de 1866, pour une somme de 200,000 francs. Il est même probable que cette recette sera largement dépassée, car les nouvelles concessions faites depuis le 1er janvier, assurent à la ville une augmentation de revenu de 12,000 fr.

Disons, pour compléter ces renseignements, que le service hydraulique de Bordeaux a inventé et fabrique un ingénieux système de compteurs qui lui rendent de grands services, et qui peuvent être appliqués à toutes les concessions, domestiques ou non.

V.

Nous pourrions encore ajouter à cette longue liste des divers sytèmes de distribution d'eau que nous venons d'examiner; mais nous croyons en avoir dit assez pour démontrer que tous ces systémes se valent, et que le choix à faire parmi eux dépend des convenances de chaque localité, de la situation des lieux et des ressources pécuniaires dont on peut disposer.

Au reste, le prix de revient des eaux puisées ou dérivées, et distribuées est très-variable, on le comprend; le tableau suivant résume ceux de ces prix qui sont relatifs aux diverses villes dont nous avons parlé, et aux différents modes de distribution qu'elles ont adopté.

NOMS DES VILLES.	QUANTITÉ D'EAU élevée en pouces.	HAUTEUR de l'eau élevée	PRIX de revient du pouce de 20,000 litres par jour.
Aqueducs.			
Dijon	288 pouces.	" mètres.	0f 72
Paris (sous maisons) ci.	5,000	7	1 "
Besançon	600	42	0 30
Marseille	25,000	"	1 25
Roues hydrauliques.			
Tours	200 pouces.	25 mètres.	0f 30
Hanovre	200	24	0 30
Toulouse (ancienne distribut.).	200	24	0 90
Id. Nouvelle distribution (dépense supposée, 3,000,000)	1,000	34	0 05
Machines à vapeur.			
Paris (pont d'Ivry)	193 pouces.	48 mètres.	0f 58.5
Id. (Saint-Ouen)	256	65	0 45
Niort	293	41,5	0 45
Angers	233	55	0 35
Marly	85	160	0 35
Nantes	302	35	0 35

Il semble résulter du rapprochement de ces divers prix que les distributions d'eau au moyen de machines à vapeur, si perfectionnées de nos jours, ne seraient pas les plus dispendieuses; mais, nous le répétons, les évaluations qui précèdent sont loin d'être absolues; elles ne sont d'ailleurs qu'approximatives, sauf toutefois celle qui concerne l'ancienne distribution d'eau de Toulouse qui est à très-peu près exacte.

Les différences considérables que l'on remarque entre les prix de revient du pouce fontainier de 20,000 litres par 24 heures qu'accusent notre tableau, feront comprendre combien il importe de bien choisir le mode d'alimentation d'eau propre à chaque localité. Et à ce sujet qu'il nous soit permis d'exprimer un vœu, c'est que chaque ville comprenne, dans l'intérêt général, la nécessité de publier les résultats qu'elle aura obtenus chez elle de l'application de tel ou tel système. Un travail de cette nature et complet, indépendamment qu'il peut être intéressant à divers points de vue, serait certainement très-utile aux villes qui voudraient se donner une distribution d'eau potable ou non.

VI.

Concessions d'eau.

Nous terminerons cette première partie par quelques documents sur les divers systèmes de concession d'eau, fournis par M. Terme, ancien maire de Lyon ; ils sont dignes d'intérêt à plus d'un titre. Nous résumons ses appréciations.

On a estimé qu'à Lyon la perte annuelle ressentie par chaque pauvre ménage pour aller aux fontaines publiques est de 38 fr. Dans ce système, l'eau apportée à la maison prend donc une valeur réelle par les peines qu'elle a dû coûter. On l'économise ; on la boit chaude en été, quoique cet état la rende indigeste ; on évite de la prodiguer pour les mesures de propreté les plus essentielles. Enfin c'est un luxe dont il n'est pas donné à chacun de jouir que d'avoir de l'eau fraîche au moment des repas.

Aussi lord Brougham, à propos de la distribution de l'eau dans la ville de Londres, qualifie-t-il de *système grossier et prodigue*, appartenant à des *temps anciens d'ignorance et de misère*, celui qui consiste à aller chercher hors de sa demeure l'eau dont a on besoin.

Dans toutes les villes importantes d'Angleterre l'eau est élevée à tous les étages des maisons et distribuée dans les intérieurs; cette introduction des eaux au sein des appartements n'occasionne aucun inconvénient, grâce à l'expérience et à l'esprit de soin et d'observation des habitants.

En Italie, les quantités d'eau distribuée aux particuliers sont peut-être plus importantes qu'en Angleterre ; mais en général on n'y rencontre l'eau dans les maisons qu'à l'état de fontaines disposées dans les jardins, les cours et les vestibules.

Au temps de l'antique civilisation romaine, l'eau était considérée tellement comme un luxe nécessaire, que partout où il y a eu une ville, on retrouve les traces de grands aqueducs. Toulouse, ainsi que nous le verrons bientôt, semblerait avoir été assez bien partagée sous ce rapport. Mais aujourd'hui, après quinze siècles d'interruption ou d'alimentation incomplète, le système *grossier et prodigue* des fontaines de la ville ne tardera pas à faire place au système de distribution d'un filet d'eau à chaque maison, et la population ne fera que recouvrer une richesse perdue, ou verra s'augmenter celle qui ne suffit plus à ses besoins.

Les choses commodes ne sont bien appréciées que par ceux qui les voient et s'en servent. Partout où l'eau de source a été mise à la disposition des particuliers, l'usage s'en est tellement répandu que rarement le volume fourni a pu suffire. Le besoin croissant ainsi par l'usage a justifié cet axiome, que plus on a d'eau, plus il en faut.

Ces principes, mieux connus en général des spéculateurs que des municipalités, ont fait souvent la fortune des premiers au détriment des particuliers qui ont été rançonnés faute de prévoyance.

La quantité d'eau distribuée varie d'une ville à l'autre, plutôt selon les difficultés matérielles des localités et des ressources financières, que d'après une appréciation arithmétique du volume nécessaire par chaque tête. Les différences sont énormes ; mais nulle part l'excès d'eau ne l'a dépréciée. L'eau de rivière n'a jamais eu un succès remarquable ; cela ne tient pas seulement à ce que le goût, la température et la limpidité lui font défaut selon les saisons, et à l'absence des sels utiles pour l'eau potable ; le haut prix du revient définitif en est encore une cause importante.

A Londres, on fait une distribution intermittente d'eau de rivière à raison de 38 fr. par an pour chaque maison. Mais pour leur repas les habitants achètent en outre des eaux de puits ou de sources.

A Manchester, le prix de l'eau, réglé sur celui des locations, est de 4 1/2 pour cent sur le loyer des maisons d'habitation, et de 7 1/2 pour cent sur celui des industries.

A Rome, ainsi que nous l'avons dit, trois sources amenées de loin par des aqueducs fournissent journellement 150,000 mètres cubes d'eau, soit environ un mètre cube ou 1000 litres par jour pour chaque individu. Il n'y a presque pas de maisons dans cette ville qui ne soient pourvues de fontaines abondantes et fraîches. Les filets d'eau sont la propriété des particuliers qui en disposent à leur gré ; et comme une des sources l'*acqua vergine* passe pour être de meilleure qualité, elle se vend moitié plus cher.

A Gênes, où l'été réduit considérablement le produit des sources, l'aqueduc ne fournit, en temps de basses eaux, que 10,000 mètres cubes par jour, soit 120 litres par tête. Mais les filets d'eau ayant été dans l'origine achetés par les habitants les plus riches, ne desservent encore, quoique subdivisés, qu'un millier de maisons sur 4,500 ; — 30,000 individus jouissent presque seuls des concessions. Des conduites d'eau ont été prolongées dans la campagne jusqu'à 28 kilom. de Gênes. On vend environ 4000 fr. un filet (bronzino) produisant jusqu'à 20 mètres cubes d'eau par jour (un pouce). Ce prix est considérable, en ce que l'aqueduc de Gênes n'étant pas couvert, fournit en été de l'eau chaude, qu'il faut faire rafraîchir dans des citernes.

A Barcelonne, les personnes riches ont de l'eau dans tous les étages de leurs maisons. Lorsque, il y a quarante ans, on vendit dans cette ville l'eau de source que l'on venait d'y amener dans ce but, on prit pour module des concessions, un jet de la grosseur d'une plume d'oie. Les *plumes d'oie*, au nombre de 2000, valurent d'abord 750 fr. l'une; elles valaient 1000 fr. en 1843.

A Edimbourg, le prix de l'eau est annuellement le vingtième du prix du loyer. Il est débattu pour chaque industrie. Comme l'eau d'Edimbourg provient de bonnes sources, le besoin s'en est développé d'une manière remarquable. En effet, en 1681, les magistrats font venir l'eau suffisante pour la population. En 1722, au premier tuyau on en ajoute un second; en 1787, un troisième; en 1790 un quatrième. Mais en 1810 des plaintes s'élevant contre l'insuffisance de l'approvisionnement, une *Compagnie* fut autorisée à établir une nouvelle dérivation dont le revenu annuel est de 400,000 à 450,000 fr. On sait que cette grande et belle ville, métropole de l'Écosse, a une population de 195,000 habitants. Chaque habitant reçoit moyennement 61 litres 1/2 par jour, et le volume des eaux par jour est d'environ 8000 mètres cubes ou de 400 pouces.

A Clermont-Ferrand, une des villes de France les mieux pourvues d'eau, la commune a fait, à différentes époques plus ou moins éloignées, des concessions à un assez grand nombre d'habitants dont les fontaines particulières reçoivent l'eau par les mêmes conduits généraux que les fontaines publiques. L'ensemble de ces concessions s'élève à 711 mètres cubes ou 35 pouces 1/2. Dans cette ville, dont la population est de 34,427 habitants, les droits des particuliers à l'eau dérivée des sept sources qui jaillissent du fond de la jolie grotte de Royas, alimentent son bassin, roulent ensuite dans le ruisseau de Fontana, au milieu d'un site admirable, et arrivent à la ville par des conduits souterrains; ces droits ont fait, dans le temps, l'objet de quelques échanges entre certains habitants et la ville ; quelquefois aussi ils leur ont été concédés très-anciennement, à titre rémunératoire. Mais pour le plus grand nombre, ils ont été acquis à prix d'argent. Ils ne sont nullement personnels, mais bien transmissibles et inaliénables comme en matière de propriété immobilière. La jouissance des eaux appartenant aux particuliers, est d'ailleurs constante, non interrompue, et il n'existe pas une seule concession temporaire.

Les dernières aliénations ou concessions d'eau qui ont eu lieu à Clermont datent de la fin du siècle dernier. Elles ont été faites à perpétuité sur soumissions préalables, par actes administratifs, à raison de 3000 à 4000 fr. le pouce fontainier qui se vend aujourd'hui 20,000 à 25,000 fr, Ce haut prix provient de ce que le filet primitif a été subdivisé à l'infini.

A Dijon, dont j'ai fait connaître la dérivation de la source du Rosoir, fournissant aux plus basses eaux environ 5000 mètres cubes par jour, les particuliers ont la faculté de prendre des dérivations pour leurs maisons. La ville n'aliène pas l'eau. Pour avoir journellement un volume de deux hectol. il faut payer 20 fr. par an.

A Besançon, pour la même somme de 20 fr. par an, la ville donne au moins 400 litres d'eau par jour à chaque maison, et cette quantité sera augmentée encore. Mais il faut dire que par leur abondance sur le sol de Franche-Comté, les bonnes eaux sont dans ce pays, comme l'air, le domaine de tous. L'ancien Besançon n'admettait pas que sur son territoire, une source intarissable pût être une propriété particulière. Ce sentiment s'est si peu effacé aujourd'hui qu'en déterminant les indemnités à payer aux familles propriétaires des eaux d'Arcier, le jury d'expropriation et les personnes expropriées ne se sont préoccupés que des usines et des terrains dont le sort devait suivre celui de la source ; mais la pensée n'est venue à personne de prendre pour base d'indemnité le prix du litre d'eau fourni par le sol.

On sait qu'à Toulouse les concessions *de jour*, comprenant une prise minimum de 2 hectol. par 24 heures, se payent 20 francs par an et par hectol. Les concessions de nuit annuelles, l'écoulement durant 12 heures, avec un minimum de 10 hectol. coûtent 10 fr. par hectol. Les concessions mensuelles de 50 hectol. au moins sont consenties au prix de 1 fr. par hectol. Les frais d'établissement sont à la charge des concessionnaires. Il est à croire que lorsque la nouvelle distribution d'eau sera terminée, des meilleures conditions pourront et devront même être admises ; car il ne faut pas perdre de vue que la condition certaine du succès, pour une distribution d'eau à domicile, est que le jet ne tarisse pas un moment ; qu'il soit assez abondant pour suffire, l'été contre l'élévation de la température, l'hiver contre la gelée.

A Lyon, la ville emploie l'eau du Rhône, obtenue par infiltration naturelle, dans des galeries forées à 3m00 en contrebas de l'étiage, sur la rive droite en amont de Lyon.

L'eau est élevée au moyen de pompes mues par cinq machines à vapeur, construites au Creuzot. L'ensemble est installé depuis onze ans, et donne les meilleurs résultats.

Le nombre de concessions faites aux particuliers est réparti ainsi :

Industriels....................	1122
Ménages........................	1428

Ces abonnements progressent tous les ans. L'importance de cette progression a été, ces dernières années, de 40,000 fr. par an. Ils s'élèvent aujourd'hui à 485,396 fr. 25 c., abonnement de la ville non compris, lequel est de 229,060 fr. 04 c.

Les réservoirs ont été établis de manière à alimenter tous les étages des immeubles. Les abonnements donnés ci-dessus ne sont pas classés par étages.

La distribution des eaux est faite au moyen de trois réservoirs. Les fontaines sont à écoulement intermittent.

Le lavage des ruisseaux et l'arrosage de la voie publique sont opérés au moyen de bouches ayant un débit de 200 litres par minute, ou 3 litres 33 par seconde.

Pour le lavage des ruisseaux, on ne les ouvre qu'à moitié, ce qui réduit le débit à 100 litres; chacune est ouverte dix minutes le matin et dix minutes le soir.

Pour l'arrosage on se sert de lances adaptées aux bouches, au moyen de raccords. Le débit est aussi réduit à 100 litres par minute, et la durée du service est de six minutes le matin et de six minutes le soir. Le nombre de bouches est actuellement de 1,084.

Ainsi qu'on l'a vu plus haut, la ville de Lyon n'a pas exécuté elle-même sa distribution d'eau, elle a traité, le 8 août 1853, avec la *Compagnie générale des eaux*. Il résulte de l'art. 33 du traité passé entre la ville et cette Compagnie, que l'eau pourra être vendue au prix maximum ci-après calculé, par jour :

Aux particuliers, l'hectolitre. 0 fr. 06 c.
A l'industrie, *id*..... 0 fr. 03 c.

Sont réputées consommations industrielles et tarifées comme telles, toutes celles qui seront d'au moins *deux mètres cubes* par jour.

La Compagnie est tenue de satisfaire à toute demande d'eau d'un volume de *cent litres* au moins par jour et pour un an d'abonnement qui lui serait adressée pour le service d'une ou de plusieurs maisons entièrement construites.

Des abonnements à robinet libre sont consentis par la Compagnie; savoir :

Au prix de 30 fr. pour un appartement occupé par une à trois personnes.

Au prix de 40 fr. pour un appartement occupé par quatre à six personnes.

Au prix de 50 fr. pour un appartement occupé par sept à dix personnes.

Ces prix sont augmentés de 6, 8 et 10 fr. lorsque les branchements principaux sont établis aux frais de la Compe (1).

---

(1) Les consommations d'eau pour chevaux, écuries, remises, cours et jardins, ne font pas partie de l'abonnement domestique à robinet libre; elles sont livrées aux conditions débattues de gré à gré entre l'abonné et la Compagnie.

Les abonnements domestiques *jaugés*, sont réglés à raison de 0 fr. 06 c. pour chaque hectolitre fourni. La fourniture doit être d'au moins un hectolitre par jour.

La Compagnie consent à l'industrie des abonnements pour des quantités d'eau variant de 1 à 100 mètres cubes par jour, pour un an ; dans ce cas, le prix d'un mètre cube est de 110 fr. et celui de 100 mètres cubes ou cinq pouces, de 3,400 fr.

Les quartiers de Fourvières, Saint-Irénée, Saint-Just et la banlieue de Lyon sont soumis pour les abonnements domestiques ou industriels à un tarif spécial de 110 fr. pour un mètre cube, 180 fr. pour 2 mètres, 240 fr. pour 3 mèt., 300 fr. pour 4 mètres cubes, et de 70 fr. pour chaque mètre en sus.

A Nantes, les eaux employées pour le service public, sont les eaux du fleuve ; une partie de ces eaux, celle affectée notamment aux besoins des particuliers, est filtrée au moyen de filtres artificiels.

On compte environ deux mille concessions, et les abonnements continuent toujours à se produire.

L'élévation des réservoirs permet d'alimenter, à peu d'exceptions près, tous les étages supérieurs des maisons. On peut évaluer que les concessions qui alimentent les étages placés au-dessus du rez-de-chaussée sont dans la proportion des 4/5es de la totalité des concessions, c'est-à-dire de 1,600 environ.

Les réservoirs sont placés sur les points culminants de la ville ; ils peuvent emmagasiner 6,000 mètres cubes d'eau.

L'écoulement des bornes-fontaines a lieu d'une manière continue et pendant une durée de trois heures et demie chaque jour.

Le service public comprend 300 appareils d'écoulement, dont 225 bouches sous trottoirs et 75 bornes fontaines ; tous ces appareils servent au lavage des ruisseaux ; le débit de chacun est d'environ 40 litres à la minute, ou 0 litres 666 par seconde.

Nous terminerons ici ces renseignements sur les concessions d'eau faites aux particuliers, en faisant remarquer quel prix l'on attache à Nantes, comme ailleurs, à jouir des eaux publiques à tous les étages des habitations. Les administrateurs d'une grande ville qui prennent souci du bien-être de ses habitants, ne peuvent pas vouloir, à une époque où le travail des machines se substitue généralement au travail de l'homme, imposer à la population d'aller chercher son eau dans les rues et de la charrier péniblement jusqu'à des étages élevés parfois de 10 à 20 mèt. au-dessus du sol de la voie publique. C'est là un travail dynamique abrutissant, et une perte de temps des plus onéreuses, pour les classes pauvres surtout. C'est donc leur rendre un service immense, ainsi que l'a dit l'immortel Arago, dans ce passage de ses écrits que nous avons pris pour épigraphe en tête de ce travail, que de faire parvenir l'eau à bon marché dans les étages où elles résident et souffrent.

Et puis, quel avantage lorsqu'on possède une pression bien supérieure à celle des maisons les plus élevées, de pouvoir, en cas d'incendie, porter immédiatement des secours qui, quel que soit le zèle et le dévouement habituel des agents du service public des pompes, se font toujours trop attendre.

Il faut donc considérer comme une excellente disposition, celle du nouveau château d'eau de la ville de Toulouse, qui permettra de faire jaillir les eaux à une hauteur de 35 mètres au moins, c'est-à-dire à 16 mètres au-dessus du sol de la place Rouaix, point le plus élevé de la cité. Nous avons vu qu'ailleurs, les eaux publiques étaient élevées, à Charonne, à 48 mètres; à Saint-Ouen, à 65 mètres; à Niort, à 41^{m}50; à Angers, à 47^{m}46; à Nantes, à 33 mètres; à Bordeaux, à Lyon, à Paris, à une hauteur plus grande encore. Toulouse ne pouvait donc pas rester en arrière des autres grandes cités, et pour l'avoir compris, l'administration de M. de Campaigno a droit à la reconnaissance publique.

SECONDE PARTIE.

I.

Alimentation d'eau de la ville de Toulouse.

Si la ville de Toulouse n'a pas été une des dernières à jouir des bienfaits d'une alimentation d'eaux publiques, c'est du moins une de celles qui ont le plus longuement et le plus laborieusement résolu les questions diverses que soulève presque toujours son établissement.

Les Romains, si prodigues de ces gigantesques travaux qui avaient pour but d'aller chercher au loin les eaux pures et limpides des sources pour en faire jouir les grandes cités, avaient peu fait pour Toulouse, à moins qu'on ne leur attribue le pont de la Régine-Pédauque, que l'on supposait conduire à Toulouse les eaux de la Cépière; et les aqueducs ramifiées du coteau de Guilleméry, qui s'étendant jusqu'à Montaudran, réunissaient les diverses sources existant sur son parcours et les conduisaient jusqu'à la fontaine jaillissante de la place Saint-Etienne, appelée le *Griffoul.*

Mais les traditions, sur ce point, sont fort obscures, et quant aux restes de ces monuments, ils n'apprennent par eux-mêmes absolument rien sur leur origine. Ce qui est bien plus certain, en ce qui concerne le griffoul, c'est qu'en 1433 le prévôt du chapitre de Saint-Etienne fit réparer cette fontaine, ainsi qu'en existe la preuve dans un acte trouvé postérieurement dans les archives de la ville (1).

---

(1) Cet acte est ainsi conçu : « L'an de la Natibitat de Nostre-Seignor millo » quatre cents trento-tres, et le second jour de genier, le Reverent Pairé en » Dius Mounsun Bernard de Rouerga, et Mounsun Jouan Deltil, fegon far » la reparacion del griffoul de St-Estienné, en la forma que sieg.

» Premièroment, feron curar las vadas et potzés devre St-Salvador, et

C'est là, on peut le dire, le seul établissement hydraulique qu'ait possédé Toulouse pendant plus de quatre siècles. On y avait, à diverses époques, soit pour les fouilles nécessitées par les recherches d'aqueducs dont la direction était perdue, soit pour les réparations qu'ils nécessitaient sans cesse, et celles de la fontaine elle-même, dépensé au moins deux millions de notre monnaie, et tout cela pour obtenir à peine deux à trois pouces ou 40 à 60,000 litres en vingt-quatre heures; quantité qui diminuait encore de moitié en été. Indépendamment de ces dépenses, une preuve cependant de l'intérêt qu'on y attachait se trouve dans les vives discussions qui existèrent à son sujet entre le chapitre de Saint-Etienne et la ville, et qui donnèrent lieu, en 1533, à l'arrêt du Parlement, ordonnant que le griffoul serait construit sur la place aux frais de la ville, et servirait à l'usage des deux parties. L'exécution, par les capitouls, de cet arrêt, n'eut lieu qu'en 1545. En 1649, après une longue interruption dans son écoulement, elle fut rebâtie et mise dans l'état où on la voit aujourd'hui. En 1719, les eaux se perdirent ou furent détournées de nouveau; c'est alors qu'encore on rouvrit, on visita et répara les aqueducs souterrains de Guilleméry, dont on avait perdu tout souvenir. Ils apparurent, disent les Annales de cette année, comme une merveille de l'antiquité: les capitouls en firent lever le plan, qui fut exposé en public.

Ces travaux n'augmentèrent pas la quantité d'eau. Ce fut, une fois de plus, sans un meilleur résultat, qu'en 1769 le roi ayant fait à la ville une remise de 53,443 livres 10 sous, à la charge de l'employer à des fontaines, cette somme fut entièrement affectée à celle de Saint-Etienne.

» feron remendar et sendar les canals, ço queron necessarias : — troberen » una premiera peira debers en Guilhem, que curbissia un solemne potz, en » qual feron intrar tres homés d'amb'entorches.....

» Item ledit lavari se continuec, trabersan toujoun; may per la grande » frajor et la grande espaven que homès abian dedins lesdits potzés, non au- » seguem anar plus aban; et sapias que en tal maniera foç fait, que tota la » cieutat, las festas et les autres jors venian vezé ladito reparciou, tant era » de grando admiraciou. »

En 1827, lorsqu'elle reçut les eaux du château d'eau, de nouvelles sommes y avaient été dépensées, notamment 6000 f. en 1823, et depuis un an cette fontaine ne coulait plus. Tel avait été, en définitive, le sort de la plus belle de nos fontaines dont l'histoire nous ait conservé le souvenir. Aujourd'hui, tous ces aqueducs qui l'alimentaient, établis à grands frais, restent enfouis et sans aucune utilité.

Quelques fontaines furent encore tentées à Toulouse au moyen d'aqueducs. Celle établie sur l'emplacement aujourd'hui occupé par la place Dupuy, fut alimentée pendant quelque temps par un fragment d'aqueduc découvert en 1780, toujours dans le coteau de Guilleméry. Au pied du même coteau, mais dans son prolongement sud, les sources bien connues de la Béarnaise et de la Barraquette, furent, en 1508, conduites par les capitouls auprès de la porte Montgaillard, où fut, à grands frais, élevée une fontaine qui, en 1658, ne coulait plus, dit Lafaille. En 1783 le Conseil de ville voulut de nouveau utiliser les eaux de la Béarnaise pour l'esplanade de Montgaillard et Montoulieu : les travaux à exécuter devaient coûter 45,000 fr. Ils furent ajournés.

On trouve dans nos Annales les indications d'une autre fontaine établie à Matabiau en 1600, qui n'existait déjà plus en 1750 ; c'est à peine si l'on peut donner le nom de fontaine à celle des Trois-Canelles à Saint-Cyprien et celle de Saint-Michel, qui, vu leur grande profondeur au-dessous du sol, ne pouvaient servir qu'à des lavoirs publics.

II.

Il n'est pas nécessaire de faire ressortir le triste état de nos fontaines publiques à cette époque. Les magistrats de la cité se préoccupèrent de cette situation, que rendait plus sensible l'accroissement de la population. Les mécomptes qu'avaient fait éprouver les anciens aqueducs firent se demander s'il n'existait pas d'autres moyens de se procurer une alimentation d'eau plus certaine. Déjà, en 1612, un italien avait proposé, mais vainement, d'élever les eaux de la Garonne au moyen de machines. En 1750, un flamand, nommé Brossard, avait presque réussi à faire accepter son projet, qui consistait à établir une usine hydraulique sur l'emplacement occupé aujourd'hui par la fonderie de canons, à élever et à filtrer les eaux de la Garonne et à les distribuer ensuite dans la ville à sept fontaines. Les travaux devaient coûter 133,180 fr. Ils ne furent pas exécutés, et Brossard reçut 600 fr. à titre de gratification pour ses études.

Onze ans plus tard, l'Administration recevait également des propositions du Frère cordelier François Lefèvre, étranger à la ville et très-versé dans la connaissance des questions hydrauliques. Il plaçait, comme Brossard, son établissement sur le canal de fuite du moulin du château Narbonnais, au point où était située l'usine Mather, autrefois magasin et la fonderie de canons. Son projet comprenait la filtration et l'élévation de 147 pouces, 2,940,000 litres d'eau à 18 mètres environ de hauteur verticale. Son exécution devait coûter 446,680 fr. On objecta contre ce projet la saleté fréquente des eaux de la Garonne, l'insuffisance des moyens de clarification proposés. Il fut repoussé.

Le Frère Lefèvre ne se rebuta pas, mais tourna ailleurs ses idées; il effectua d'abord le jaugeage des sources de l'Ardenne, leur nivellement, et proposa de conduire leur volume, de 72 pouces ou 1,440,000 litres, qu'il réunissait à la Cépière, jusqu'à la place d'Assezat, pour la distribuer ensuite à 47 fontaines. Les ouvrages à faire, non compris l'achat des sources et les indemnités pour le terrain, devaient coûter 558,272 fr. Mais une grande ville exige un plus large approvisionnement, et les eaux de l'Ardenne furent trouvées insuffisantes par l'auteur lui-même. Les propriétaires, d'ailleurs, céderaient-ils les sources, et puis n'arriverait-il pas ce qui était arrivé à la fontaine de Saint-Etienne et à tous ces aqueducs qui autrefois avaient conduit l'eau à Toulouse ? Ces considérations et ces craintes déterminèrent l'auteur à user d'un double moyen. D'abord, celui de conduire les eaux de l'Ardenne, par de simples canaux, jusqu'au pied des tours du Pont, d'où une machine hydraulique les élèverait dans une cuvette placée à la partie supérieure de l'une de ces tours. L'autre tour aurait reçu également une cuvette, dans laquelle la même machine aurait élevé les eaux de la Garonne. Les eaux de l'Ardenne auraient alimenté quarante-trois fontaines, et celles de la Garonne des réservoirs d'eau sur cinq de nos places publiques. La prise d'eau, effectuée au moyen d'un canal d'amenée au-dessus de la digue de Braqueville, à près de 6 kilomètres de distance dans la Garonne, permettait d'utiliser une chute de 3m30 environ. Une Compagnie, présentée par le Frère Lefèvre, offrait d'effectuer ce projet pour la somme de 421,166 fr. Il n'y fut donné aucune suite.

III.

Ces divers projets, bien qu'avortés, étaient loin cependant d'être sans mérite, mais ils ne donnaient pas une complète satisfaction aux besoins que la situation d'alors et celle pressentie rendait de plus en plus impérieux. L'Académie des Sciences qui, de tout temps, a mis ses lumières et son dévouement au service des grandes solutions d'intérêt public, proposa, en 1780, pour 1783, un prix de 1000 fr., auquel l'Administration municipale ajouta 2,400 fr. à décerner à l'auteur qui aurait résolu la question ainsi posée : « Déterminer les moyens les plus avantageux de conduire, dans » la ville de Toulouse, une quantité d'eau suffisante soit de » sources éparses dans le territoire de la ville, soit du fleuve » qui baigne ses murs, pour fournir en tout temps, dans les » différents quartiers, aux besoins domestiques, aux incendies, à l'arrosement des rues, des places, des quais et des » promenades. »

IV.

La question était admirablement posée, mais elle ne fut pas résolue ; elle ne le fut pas davantage après une prorogation du terme du concours jusqu'en 1785. M. Garipuy, l'un des juges du concours, et directeur de la province, voyant l'insuccès de ces tentatives, proposa de conduire à Toulouse les eaux dérivées de l'Ariége à 12 kilomètres en amont de la ville, de leur faire traverser le coteau de Pech-David dans une galerie souterraine débouchant près de Saint-Agne. Là elles auraient parcouru un canal sur le flanc du coteau aboutissant à un aqueduc supporté par des arcades qui les aurait amenées à un château d'eau élevé au centre de l'Esplanade. On ne donna aucune suite à cette proposition, qui avait cependant pour objet la réalisation d'une idée bien simple, pas plus qu'à quelques autres du même auteur, ayant une très-grande analogie, quant aux moyens d'exécution, avec les projets du cordelier Lefèvre.

La question des fontaines restait donc à résoudre, et Toulouse en eût été privée pendant bien longtemps encore peut-être, si un ancien capitoul, M. Laganne, homme intelligent et ardemment dévoué aux intérêts de la cité, n'eût compris qu'un stimulant énergique, et qui manque rarement son effet, était nécessaire pour féconder des intentions excellentes sans doute, mais qui demeuraient stériles. En affectant une partie de sa fortune à la création de fontaines publiques à Toulouse, M. Laganne pressentait quels seraient les résultats de cette initiative ; il n'hésita pas, et les motifs de sa généreuse résolution sont écrits en termes trop remarquables dans l'expression qu'il a laissée de ses dernières volontés pour ne pas être reproduite une fois de plus :

« Il régna chez les Romains, dit M. Laganne, un usage » aussi heureux qu'utile : des citoyens inspirés par leur zèle, » léguaient à leurs municipes des sommes qu'ils affectaient à

» des objets d'utilité publique... De même, lorsqu'il s'est » agi d'accélérer la construction de notre magnifique Pont, » des citoyens firent des libéralités à la ville, entre autres » M. d'Aufreri, un des parents de mon épouse : par son testa- » ment de 1515, il affecta à cet objet une somme équivalente » à 60,000 fr. d'à-présent. Peut-être qu'en suivant un tel » exemple, on parviendra à obtenir plus facilement de l'Ad- » ministration, qu'elle fasse entreprendre les travaux qui doi- » vent procurer les eaux si désirées des citoyens... En consé- » quence, je lègue à la ville une somme de cinquante mille » livres pour y introduire des eaux de la Garonne, pures, » claires et agréables à boire; en un mot, dégagées de toutes » saletés, afin que les habitants puissent en boire toute l'an- » née. Mais si cela ne se peut, la somme ci-dessus servira » à y conduire les eaux des fontaines voisines. Je ne répon- » drais pas à tous les mouvements de mon zèle, si je n'in- » vitais mes concitoyens, au nom de la patrie, à contribuer » de même à la dépense d'une entreprise si essentielle... à » un objet qui intéresse la commodité et la santé des habi- » tants, et qui, autant par sa grande importance que par son » utilité et sa nécessité, mérite d'être exécuté avant tout autre » ouvrage... Ce legs, fait à la ville, ne sera exigible qu'après » le décès de mon héritière (mon épouse)... Mais si, dix ans » après sa mort, les Administrateurs n'ont pas entièrement » terminé la conduite des eaux dans la ville, je révoque » le legs, que mon héritier pourra répéter, s'il a été ac- » quitté. »

M. Laganne meurt en 1789. La révolution éclate. Pendant quatorze ans les fontaines sont oubliées; mais un nouvel ordre administratif était établi, et le Conseil municipal de Toulouse, appelé à délibérer sur le legs fait à la commune, l'accepta dans sa séance du 10 janvier 1803. Le 31 mars suivant, cette délibération était sanctionnée par un arrêté du gouvernement de la République, et un décret du 20 janvier 1807 donna les autorisations nécessaires à l'érection d'une fontaine au centre de la ville.

Enfin, le 27 juillet 1808, l'Empereur étant à Toulouse, et voulant marquer son passage par un de ces bienfaits qui vont au cœur des populations, rendit un décret dont l'art. 5 est ainsi conçu : « Il sera dressé des plans et projets pour don- » ner à la ville de Toulouse un nombre suffisant de fontaines » publiques... Il sera pourvu à la dépense moitié aux frais du » Trésor public, moitié aux frais de la ville.

V.

Les grands événements qui survinrent postérieurement, empêchèrent la réalisation de ces généreuses promesses, et un Mémoire de M. Laupies, ingénieur en chef de la Haute-Garonne, ayant pour objet l'étude de la dérivation des eaux de l'Ariége, déjà proposée par M. Garipuy, et un second de M. Virebent, sur les sources de l'Ardenne, furent les seuls travaux auxquels donna lieu le décret précité.

Les choses en étaient là, lorsque, en 1812, M. Abadie proposa son premier projet ; on hésite pendant cinq ans en présence de l'imperfection de ce projet. Mais en 1817, Mme Laganne meurt, et aux termes de son testament, c'est dix ans après cette mort qu'expire le délai après lequel les droits de la ville sur le legs de 50,000 fr. tombent en déchéance. M. de Villèle, alors maire de Toulouse, se préoccupe de cette situation, et le 2 avril 1817, il est décidé qu'on s'occupera sans délai de l'établissement d'une première fontaine. Une Commission, dite *des Fontaines*, dont faisait partie notre illustre ingénieur M. d'Aubuisson, est chargée d'examiner les moyens les plus convenables de faire cet établissement.

VI.

Il y avait trois points à examiner : 1° le volume d'eau à se procurer ; 2° le système hydraulique à employer : 3° le choix de l'emplacement.

Relativement au premier point, on considéra qu'à Londres on comptait par individu 80 litres d'eau; à Manchester, 44 litres; à Liverpool, 28 litres; à Glascow, 100 litres; à Edimbourg, 62 litres, et qu'il convenait pour Toulouse, dont la population était de 50,000 habitants y compris les faubourgs, de fixer cette quantité au moins à 80 litres par individu, soit 200 pouces ou 4 millions de litres par vingt-quatre heures.

L'examen du second point donna lieu à plus de difficultés; on rejeta, non sans raison, le projet de prise d'eau dans le Canal du Midi à Montgiscard, où le niveau des eaux est à dix mètres au-dessus du sol de la ville; la mauvaise qualité de l'eau, l'interruption du service en furent les motifs. Il aurait pu être ajouté que pour les usines en aval de Montgiscard, on eût diminué d'un cinquième le volume d'eau débité par ce canal, lequel est à peine de 250 litres par seconde, soit 1,030 pouces, ou 21,600,000 litres en vingt-quatre heures. En temps de sécheresse, cette diminution eût été très-sensible. On écarta également la prise d'eau à Naurouse, celles dans les petits cours d'eau de Lhers, de la Saune, de la Marcassonne et du Girou. La dérivation de l'Ariége, proposée par M. Laupies à une distance de 31 kilomètres, fut examinée de nouveau, mais elle fit place à la proposition de M. Magués, qui comprenait la dérivation à Muret des eaux de la Garonne; ces dernières, conduites dans un canal par le plateau de l'Ardenne jusqu'à l'embouchure du Touch, étaient reçues à la Patte-d'Oie, située à 6 mètres au-dessus de la place Rouaix, d'où 200 pouces étaient conduits aux tours du Pont par des tuyaux en fonte de 3,500 mètres de longueur. La dépense devait s'élever à 1,500,000 fr. Ce projet ne fut pas adopté.

Il en fut de même de celui de M. Virebent, revenant une fois de plus aux sources de l'Ardenne hautes et basses. Il prenait les eaux des premières, entre Monbourg et la Cépière, et les menait à concurrence de 60 pouces à un château d'eau qui aurait été élevé place du Pont. Des eaux basses de Parpan évaluées à 33 pouces, il prenait 10 pouces pour les conduire et les verser place du Chairedon à Saint-Cyprien ; la dépense devait s'élever à 705,936 fr.

Seul, le projet de M. Abadie, soutenu par M. d'Aubuisson, eut quelque chance de succès, non sans avoir soulevé, au sein de la Commission, des objections et des oppositions nombreuses contre l'emploi des machines. Sur le rapport de la Commission, entendu avec un vif intérêt par le Conseil, ce dernier en adopta à l'unanimité toutes les propositions. En conséquence, l'Administration municipale, pour plus de garanties, mit au concours la question relative au système hydraulique à adopter pour élever avec deux équipages distincts, au moins 200 pouces à une hauteur de 20 mètres.

Le terme du concours, fixé d'abord au 1er janvier 1818, fut prorogé jusqu'au 1er juillet suivant.

Huit projets furent présentés, celui de M. Abadie put seul satisfaire aux conditions du programme et, sur l'avis de l'Académie, consultée par la Commission municipale, il fut adopté.

Restait la troisième question, celle relative au choix de l'emplacement; il y eut là encore de grandes hésitations. Trois années s'écoulèrent sans qu'on eût rien décidé, bien que la Commission des fontaines eût été renforcée de sept membres, tous ingénieurs d'un mérite et d'un savoir incontestables. On proposa successivement de placer le château d'eau au-dessous de la Fonderie des canons, puis en amont du Moulin du Château, sur la rive droite de la Garonne, ensuite sur la rive gauche près des tours du Pont, pour revenir de nouveau au Moulin du Château, que la Commission abandonna définitivement à une majorité de dix voix contre une, en se fondant sur l'instabilité des divers barrages qui procurent l'eau à cette usine, et qui étaient loin d'offrir la solidité de la chaussée du Bazacle, sur laquelle la Commission crut devoir faire reposer la sécurité que réclamaient les moteurs de l'établissement dont il s'agissait. Cela admis, sur quel point s'établirait-on pour utiliser la chute du Bazacle? Il n'y en avait évidemment que deux qui fussent assez rapprochés de la ville, c'étaient les deux alluvions qui s'étendent de la porte de Muret au Pont, et la seconde, de l'écluse Saint-Pierre à l'Embouchure, car là seulement il était possible de trouver réunies la force motrice, et par une filtration naturelle, des eaux potables, saines et abondantes. Mais la première situation nécessitait un long canal de fuite pour les eaux motrices, et la seconde une presque aussi grande longueur de tuyaux-maîtres en fonte, pour amener dans la ville les eaux filtrées. De ces deux inconvénients, et après de longues discussions, on choisit celui qui parut être le moindre, et l'on arrêta définitivement que le château d'eau à construire serait placé dans l'angle compris entre la rampe du pont et le mur du Cours Dillon, où on le voit aujourd'hui.

Mais lorsqu'il fallut passer à l'exécution du projet dans son entier, de nouvelles et sérieuses difficultés surgirent; certains membres adoptant le fond du projet, demandaient que le château d'eau fût placé sur la rive droite, et non sur la rive gauche de la Garonne.

Enfin cependant, le 26 août 1820, après un premier vote, où les voix se trouvèrent partagées en nombre égal pour et contre sur la question de savoir si l'on délibérerait de suite sur le projet de la Commission, le Conseil vota à une majorité qui eut besoin pour se former, de la voix prépondérante de M. le baron de Bellegarde, alors maire de Toulouse, l'adoption du projet présenté. Les oppositions qu'il suscita à Paris, lorsqu'il fallut obtenir l'approbation de l'autorité supérieure, ne furent pas moins opiniâtres. Les intrigues des sept concurrents de M. Abadie, dont les projets avaient été repoussés et qui représentaient comme très-mauvais le système proposé par ce dernier, firent hésiter l'autorité, et il ne fallut rien moins que la persistance et l'activité de M. de Bellegarde pour triompher des obstacles de tout genre que des intérêts ou des amours-propres froissés lui suscitaient, et obtenir l'autorisation ministérielle, qui fut rendue le 26 juin 1821, quatre ans après la mort de Mme Laganne. C'était peu, si l'on songe que depuis près de deux siècles on étudiait à Toulouse les moyens d'avoir des fontaines publiques. Il en a été de même pour les villes de Dijon, de Besançon et bien d'autres encore; et à Paris, il y a quelques années à peine, la question du choix à faire entre une alimentation au moyen d'aqueducs ou par des machines à vapeur était encore indécise.

VII.

De telles lenteurs, ces indécisions qui font ajourner sans cesse les solutions, ne doivent pas étonner; elles tiennent essentiellement aux grands intérêts qui sont en cause, à la succession de pouvoirs auxquels leur courte durée ne permet guère d'accomplir des projets qui demandent d'ordinaire de longues études préparatoires, et à l'exécution desquels l'insuffisance des ressources pécuniaires des villes, ne saurait généralement permettre que des allocations annuelles restreintes, et encore à la diversité des opinions qui constitue l'essence des assemblées délibérantes.

Peut-être ne faut-il pas trop se plaindre de ces empêchements, de ces lenteurs dus en grande partie à notre organisation administrative, et que beaucoup de personnes considèrent comme un obstacle à l'accomplissement de très-bonnes choses, car très-souvent aussi on leur a dû d'éviter de graves erreurs.

Les travaux nécessités par l'établissement des galeries de filtration, la construction du château d'eau, du canal de fuite et la distribution des eaux dans la ville, ont duré huit années, à partir de 1819, et ce n'est guère que vers 1830 que le projet dans son entier avait reçu sa complète exécution. Mais déjà, le 25 mai 1825, jour du sacre de Charles X, une des deux machines était montée, mise en jeu, et l'eau était versée en cascades du haut des fenêtres du château, au grand étonnement de la foule accourue à ce spectacle inattendu et nouveau pour elle.

VIII.

Château d'eau d'Aubuisson et Abadie.

Le système hydraulique qui depuis près de quarante ans alimente d'eau potable la ville de Toulouse est, à part quelques erreurs regrettables, un des plus simples et des plus parfaits qui existent pour l'époque. Il se compose : 1° des filtres ; 2° des canaux d'amenée et de fuite ; 3° du château d'eau et des machines ; 4° de la distribution des eaux dans la ville. Un rapide examen de cet établissement ne sera pas inutile ici.

Filtres.

Les filtres de Toulouse sont des filtres naturels, par conséquent les plus simples et les meilleurs. Ils sont établis dans la grande alluvion, située sur la rive gauche de la Garonne, en amont du Pont et le long du cours Dillon. La plus grande longueur de ce dépôt converti en prairie est de 535 mètres, sa plus grande largeur de 170 mètres, son périmètre courbe mouillé, d'environ 700 mètres, et sa surface de près de 45,000 mètres carrés. La partie du fleuve qui baigne les contours de cette prairie, présente une surface de 280,000 mètres carrés sur une profondeur d'eau maxima de 4^{m}15, et moyenne de 2^{m}50.

Les bassins ou galeries qui reçoivent les eaux filtrées sont désignés sous le nom de 1er, 2e et 3e filtres.

Le premier filtre est situé à 50 mètres environ du fleuve, à 60 mètres du mur du cours Dillon, et à 130 mètres de distance de la prise d'eau motrice ; il consiste en un bassin de forme elliptique, dont le fond a 108 mètres de longueur et 10 mètres de largeur, soit 1080 mètres carrés de superficie. Le milieu se trouve occupé par une galerie longitudinale bâtie en briques superposées, sans mortier, dont le seuil est placé au niveau de la cote 0^{m}77 du garonomètre du Pont, dont le zéro est à

130^{m}10 au-dessus du niveau de la mer, et comme le niveau de la Garonne à l'étiage du Pont, correspond à la cote, 2 mèt. de l'échelle, ou 132^{m}10 au-dessus de la mer, il s'ensuit que la charge de la Garonne au-dessus du seuil de cette galerie est de 1^{m}23 à l'étiage. La longueur totale de la galerie de filtration est d'environ 100 mètres; elle amène les eaux dans une cale avec laquelle communique un tuyau en fonte de fer qui se dirige vers le mur du cours Dillon, le longe sur une longueur de 50 mètres et débouche ensuite dans un aqueduc maçonné qui traverse la promenade à angle droit, et à sa sortie se continue jusqu'au château d'eau, dans les puisards duquel sont versées ses eaux. Le bassin elliptique qui constitue le premier filtre est rempli dans le fond, autour et au-dessus de la galerie jusqu'à une hauteur de 10 mètres avec de gros cailloux bien lavés, au-dessus desquels on a mis une couche de plus petits, puis du gravier, qui lui-même est recouvert par une couche de terre végétale de 2 mètres de hauteur, semée de gazon. Ce filtre, qui coûta 44,672 fr., fournit environ cent pouces d'eau.

Le deuxième filtre est situé en aval du premier, à 10 mètres environ de la rivière; il consiste en onze puits en briques sans mortier, qui s'élèvent jusqu'à 1^{m}25 environ au-dessous de la surface du sol. Ils sont fermés par des plaques de fonte recouvertes de gravier; leur base est jointe par des tuyaux qui les font communiquer entre eux, et puis, au pied du mur du quai, avec une cale où ses eaux sont reçues pour de là être dirigées aux puisards par la conduite posée dans le canal de prise d'eau, ou bien par l'aqueduc du premier filtre à volonté.

Le deuxième filtre qui coûta 27,055 fr., n'a jamais, d'après M. d'Aubuisson, donné qu'une très-faible quantité d'eau de médiocre qualité et chargée d'oxyde de fer provenant des tuyaux immergés.

Le troisième filtre, le plus considérable, a été établi à 80 mètres environ en amont du premier filtre. L'extrémité inférieure de la galerie qui le constitue est située à 40 mètres de la rivière, et en se dirigeant vers l'amont, cette galerie de

150 mètres de longueur s'en rapproche jusqu'à une distance de 20 mètres. Les eaux de ce filtre sont conduites par un aqueduc filtrant pareil au premier, de 140 mètres de longueur jusqu'au mur du cours Dillon qu'elles longent dans un aqueduc maçonné sur une longueur de 80 mètres, traversant le cours Dillon et se rendant ensuite, par le même aqueduc continué jusqu'aux puisards du château d'eau. Le radier de cette galerie a été établi à 1^{m}20 au-dessous de la cote 1^{m}80 du garonomètre ou des basses eaux, et par conséquent à 130^{m}70 au-dessus du niveau de la mer, et 17 centimètres plus haut par conséquent que le radier des premiers filtres (1), placé, avons-nous dit, au niveau de la cote 0^{m}77 de l'échelle. Le produit du troisième filtre, qui a coûté 60,000 fr., est supposé être de 150 pouces.

Tel est l'appareil de filtration du château d'eau d'Aubuisson et Abadie, dont le produit dépasse plutôt qu'il n'est inférieur à 250 pouces, et qui a donné lieu dans son ensemble à une dépense de 131,727 francs. L'eau de ces filtres, à l'exception du deuxième, est d'excellente qualité ; elle est pure, limpide, et sa température, sensiblement la même en été et en hiver, la rend très-agréable à boire et ajoute à sa salubrité.

IX.

Canaux d'amenée et de fuite.

Le canal d'amenée des eaux motrices s'ouvre à l'extrémité aval du banc alluvial appelé la Prairie des Filtres. Les eaux de la Garonne qu'il reçoit traversent le cours Dillon au moyen d'un aqueduc souterrain de 2 mètres environ de largeur; ce dernier débouche à l'intérieur du château d'eau, dans un bassin de 3 mètres de longueur sur 2^{m}30 de largeur, où il se divise en deux branches alimentant chacune une roue hydraulique verticale de 1^{m}51 de largeur et de 6^{m}50 de diamètre

(1) Cette hauteur est la hauteur moyenne; celle maximum est 0^{m}30.

extérieur. Après avoir agi snr les roues, les eaux viennent de nouveau se réunir dans un canal souterrain commun, désigné sous le nom de canal de fuite. Il consiste en un aqueduc de 2 mètres de large, haut de 0m78 à la naissance de la voûte qui est en plein cintre; sa hauteur totale sous la clé est de 1m78. Ce canal, à sa sortie du château d'eau, se dirige vers la grande rue Bonaparte, dont il suit l'axe jusqu'à la place du Chairedon. Arrivé à ce point, il se détourne vers la droite, suit les rues de l'Estrapade et Réclusane. A l'extrémité de cette dernière, il passe sous l'allée de Garonne, dont il longe le côté gauche jusqu'à la hauteur de l'Abattoir; il se détourne ici encore à gauche, abandonne l'allée et débouche dans un canal découvert qui conduit les eaux à la Garonne, après avoir mis en jeu le moulin Abadie. La partie couverte de ce canal, depuis le château d'eau jusqu'au canal découvert, a 750 mètres de longueur, et celle du canal découvert est de 370 mètres. Total : 1,120 mètres.

D'après M. d'Aubuisson, la chute totale de la Garonne, de l'amont en aval, au-dessous du moulin Abadie dans la rivière, lorsque son niveau atteint la cote de 1m80 du garonomètre du Pont, est de 5m47.

Sur cette chute on a pris :

Pour la pente du canal couvert de 1 ½ millim. par mètre sur 750 mètres........................	1m13
Pour la pente du canal découvert de 370 mètres à 1 millim. par mètre........................	0 37
Pour la chute sur les roues hydrauliques......	2 20
Pour un ressaut ménagé au-dessous des roues hydrauliques........................	0 70
Pour l'usine Abadie....	1 07
Total.................	5 47

Cette répartition de la chute a été une faute grave et qui réagit aujourd'hui d'uue manière fâcheuse sur la situation de nos fontaines et surtout de nos finances.

Il est, en effet, élémentaire en matière d'usines que lorsqu'on crée un établissement de ce genre mû par un cours d'eau, on cherche à se procurer sur ce point la plus grande somme de force possible, afin de pourvoir non-seulement aux exigences du moment, mais encore aux besoins de l'avenir. Cela était facile ici. Il suffisait : 1° d'établir une pente uniforme pour le canal de fuite, de lui conserver la largeur primitivement adoptée de 2ᵐ30 et de porter la hauteur des pieds-droits à 2 mètres ; 2° de réserver au château d'eau toute la chute dont il pouvait disposer et qui était la chute totale de 5ᵐ47. moins la perte de 1ᵐ50 due à la pente, c'est-à-dire 4 mètres ou tout au moins 3ᵐ50, et cela en abaissant le radier du canal de fuite ainsi qu'il était nécessaire ; 3° en portant la largeur des roues hydrauliques à 3 mètres. En agissant ainsi et en admettant que pour échapper aux engorgements des roues, on ne se fût réservé qu'une chute de 3ᵐ50, ou pouvait dépenser 4 mètres cubes d'eau ou l'équivalent d'une force de 100 chevaux vapeur pouvant élever 864 pouces d'eau ou 17,280,000 litres par 24 heures à 35 mètres de hauteur, c'est-à-dire au-dessus des étages les plus élevés des habitations, et ce résultat eût été obtenu en ne calculant le rendement effectif de la chute d'eau qu'à la moitié de sa puissance théorique. C'eût été pour la population actuelle, évaluée à 100,000 âmes, 172 litres par tête. Au lieu d'agir ainsi, on a barré le canal de fuite par une usine improductive pour la ville pendant cinquante années, qui lui a enlevé les 70 centièmes de sa force motrice et qui, à l'expiration de la concession, ne représentera pas la cinquantième partie de ce qu'elle aura coûté.

M. de Prony, le savant rapporteur de la Commission chargée de l'examen du projet, avait manifesté son étonnement de ce que sur une chute de 5ᵐ47, on ne prît que 1ᵐ82 (plus tard on a été jusqu'à 2ᵐ20) pour les machines. L'observation de M. de Prony était parfaitement juste, et la raison donnée par M. d'Aubuisson que les roues eussent été engorgées si on les eût descendues plus bas, tombe devant ce fait bien constaté, que les chômages complets pour cette cause ne se produisent que chaque quatre ou cinq ans et durent à peine un ou deux jours. Dans ce cas même, avec sa chute restreinte, le château d'eau actuel est réduit à l'inaction.

Aucun autre motif que celui qui précède n'ayant été donné pour justifier le système adopté, on doit grandement regretter qu'il n'ait pas été tenu compte de l'observation de M. de Prony. On n'aurait pas épouvé plus tard les difficultés qui ont surgi, qui ne sont pas encore résolues, et on aurait épargné à la ville des dépenses considérables, lorsque l'accroissement de la population aurait exigé l'extension inévitable de nos fontaines. On ne s'était donc que très-peu préoccupé de l'avenir, et ce fut là, il faut le dire, le côté vraiment défectueux du projet. Quoi qu'il en soit, ce canal de fuite et le canal d'amenée ont coûté en paiements faits aux entrepreneurs, perte pour la ville et supportée par elle, achats de terrains petits travaux etc., 169,753 fr.

X.

Machines hydrauliques.

Le système de machines qui fut adopté pour l'ancien château d'eau, consiste en deux roues verticales de 6^{m}50 de diamètre extérieur et de 1^{m}51 de largeur; elles portent 32 aubes. Le coursier circulaire est établi de manière à emboîter constamment six aubes. La vitesse de régime de ces roues est de six tours et demi par minute. La hauteur du seuil des vannes de prise d'eau est à 1^{m}45 au-dessus du point le plus bas des roues, et l'eau se tient de 0^{m}50 à 0^{m}90 au-dessus de ce seuil, suivant le plus ou moins d'élévation du niveau du fleuve. L'épaisseur de la lame d'eau déversée sur les roues n'étant habituellement que de 20 à 30 centimètres, et le débit n'ayant pas lieu par un orifice en déversoir, mais avec charge, il s'ensuit que l'on ne peut appliquer à ces roues, dans toute l'acception du mot, le nom de roues de côté Breast Wheel des Anglais. C'est un système mixte sur lequel l'eau agit à la fois et par le choc et par son poids. Ce genre de roue, simple, facile à réparer, et qui donne de bons résultats, en eût donné de bien meilleurs, si on les eût faites plus larges, augmenté d'un quart le nombre des aubes et supprimé le jeu de 45 millimètres qui existe entre les bords latéraux des aubes et les parois verticales du coursier. Mais, pour l'époque et avec les vues restreintes qui avaient cours alors chéz nos devanciers, on peut les considérer comme parfaitement convenables à leur objet.

Chacune des deux roues, au moyen de deux excentriques fixés à l'extrémité de son arbre, de deux bielles et de deux balanciers, met en jeu quatre pompes aspirantes et foulantes constituant un appareil complet et distinct, pouvant fonctionner isolément et indépendamment de l'autre appareil qui lui est en tout point semblable. Le systéme hydraulique du château d'eau est donc composé de deux roues hydrauliques et de huit pompes. Au moyen de tuyaux d'aspiration plongeant dans l'eau des puisards en communication avec les galeries des filtres, cette eau est d'abord aspirée par les pistons dans leur course ascendante jusqu'à la hauteur d'une bâche commune à deux pompes, et puis, lorsque les pistons descendent, cette même eau est refoulée dans un tuyau d'ascension occupant le milieu de chaque bâche et s'élevant jusqu'à la hauteur de la cuvette de distribution, placée à 24 mètres environ de hauteur au-dessus du fond des puisards (1), et à 146^{m}10 au-dessus du niveau de la mer. En admettant que le niveau habituel de la rivière corresponde à deux mètres, il s'ensuit que le sol de la place Rouaix serait à 14 mètres au-dessus de ce point et le niveau de la rivière à 132^{m}10 au-dessus de la mer. M. d'Aubuisson avait admis dans ses calculs 129^{m}90 pour l'élévation des deux zéros de l'échelle de Saint-Pierre et du garonomètre du Pont. C'était une erreur; les ingénieurs ont reconnu aujourd'hui que ces deux points

(1) La hauteur de la cuvette du château d'eau correspond à celle de 7^{m}50 environ au-dessus du sol de la place Rouaix, lequel est à 16 mètres au-dessus du zéro de l'échelle de l'écluse de Saint-Pierre.

étaient à 130m10 au-dessus de la mer. Mais l'erreur étant commune à tous les niveaux, les rapports restent les mêmes.

Il y a ainsi huit corps de pompes de 0m30 de diamètre et de 1m50 de longueur dans lesquels jouent des pistons de 0m2710 de diamètre et de 1m70 de hauteur, quatre bâches de section carrée de 0m30 de côté et quatre tuyaux d'ascension de 0m27 de diamètre intérieur s'embranchant deux à deux à 8m90 au-dessus des bâches au moyen d'une culotte en fonte de 0m305 de diamètre et de 12m20 de hauteur, sur un tuyau unique aboutissant à la cuvette.

Versée dans la cuvette par ces deux tuyaux, réunissant le produit des huit pompes, et diamétralement opposés, l'eau descend par deux autres tuyaux, placés à côté l'un de l'autre, de 0m27 de diamètre, jusqu'à une hauteur de 12m90 au-dessous de la cuvette, et se dirigent ensuite horizontalement de ce point vers le cours Dillon, qu'ils traversent obliquement dans une galerie, pour aller se joindre aux deux conduites principales de distribution, placées sous le trottoir du Pont.

Indépendamment des deux tuyaux d'ascension et des deux tuyaux de descente, un cinquième tuyau est adapté à la cuvette, et a pour destination de recevoir le trop plein des eaux pouvant accidentellement déborder cette dernière, et de les conduire à volonté dans le canal de fuite, où elles se perdent, ou de les ramener dans les puisards, où elles sont reprises et reportées à la cuvette.

Le diamètre de la section moyenne des pistons étant de 0,2710, leur course de 1m156, et le nombre de levées par minute de 6 1/2, égal au nombre des tours de roues, chaque pompe, dont la capacité est de 66 litres 68, élève en une minute dans la cuvette 433 litres d'eau, soit pour les huit pompes 3,467 litres, ou environ cinq millions de litres par 24 heures, c'est-à-dire 57 litres 75 par seconde, ou 250 pouces fontainiers, sauf toutefois les pertes qui peuvent résulter du défaut d'ajustement plus ou moins grand des clapets.

Si l'on admet les données de M. d'Aubuisson, l'effort dynamique exigé par ce travail des machines serait de 24 chevaux vapeur, tandis qu'il ne devrait être, en réalité, que de 17 chevaux 1/2 pour élever en une seconde 57 litres 3/4 environ à 24 mètres de hauteur. Les frottements dus au jeu des divers organes absorberaient donc ici une force de 6 chevaux 1/2. D'un autre côté, il résulterait des expériences du 12 aout 1829, faites par M. Castel, contrôleur de la ville, et habile hydraulicien, qu'à cette date, le volume d'eau moteur dépensé par les deux roues était de 1^m473 cubes, dépense qui, avec la chute totale de 1^m97, représente une force théorique de 38 chevaux 3/4; d'où il faudrait conclure que le rendement du moteur serait de 62 pour cent. Ce résultat semble inadmissible, si l'on se rappelle que le maximum d'effet utile d'une roue hydraulique verticale correspond à une vitesse à sa circonférence égale à la moitié environ de celle de l'eau. Or ici, le 12 août 1829, la hauteur de l'eau, au-dessus des seuils des vannes, était de 0^m52, l'épaisseur de la lame d'eau 0^m20, et la vitesse correspondante, due à la charge, 0^m42 au-dessus du centre de l'orifice, de 2^m87, soit 1^m435 à la circonférence de la roue par seconde. Cette dernière faisait 6 tours 1/2 en une minute; et son diamètre étant 6^m50, on avait à la circonférence une vitesse par seconde de 2^m21, c'est-à-dire qu'elle marchait à plus des trois quarts, au lieu de la moitié de la vitesse de l'eau. Avec une pareille vitesse, je le répète, le rendement de 0^m62 est inadmissible. Au reste, les difficultés que l'on a dû éprouver de tout temps à jauger exactement le volume d'eau élevé dans la cuvette et celui du courant moteur, difficultés auxquelles s'ajoutant l'impossibilité de mesurer au frein la force de ces roues et les variations fréquentes du niveau de la rivière, en amont, laissent très-incertaine la solution de cette double et on ne peut plus intéressante question relativement à chacun des niveaux si variables de notre fleuve.

Les roues hydrauliques, avec leurs arbres en fonte coulés à la fonderie de Vienne (Isère), les machines, la cuvette, munie d'un appareil de jauge, ont coûté 92,047 fr.

XI.

Château d'eau.

Toutes ces machines sont contenues dans un bâtiment de forme cylindrique, à deux étages, surmontés d'une lanterne. Le premier étage, qui contient les machines, a 14^{m}50 de hauteur, dont 6 mètres environ au-dessus du sol de la rue. Son diamètre extérieur est de 14 mètres. Le deuxième étage, où sont placés les tuyaux d'ascension, de descente, de trop plein et la cuvette, et au centre duquel est établi l'escalier, a une hauteur de 14^{m}30, au-dessus de la galerie du premier étage. Cette partie de l'édifice, un peu conique, est consolidée par 8 contre-forts, qui portent son diamètre moyen extérieur à 8^{m}50. La lanterne et le dôme qui la recouvre s'élève à 6^{m}50 au-dessus du plancher de la deuxième galerie, de telle sorte que le bâtiment tout entier présente une hauteur totale d'environ 35^{m}30 au-dessus du tuf sur lequel il est fondé, et de 26^{m}80 au-dessus du pavé de la rue. Les voûtes sphériques en berceau et d'arête qui recouvrent les machines et supportent la partie centrale de la construction, sont d'une conception habile et d'une perfection d'exécution remarquable. Les plans de ce château d'eau, dus à M. Raynaud, architecte de la ville, furent exécutés par M. Maurel, entrepreneur intelligent auquel la ville doit de très-bons travaux. Cette construction, en y comprenant l'arceau qui la relie avec le cours Dillon et la porte d'entrée sur cette promenade, a coûté 100,736 fr.

La partie architecturale de ce monument hydraulique a été vivement critiquée. Il est possible qu'elle prête à cette critique; mais, au point de vue technique, relativement au système employé et eu égard à l'emplacement choisi, aucun autre ne pouvait mieux convenir à son objet. Le seul défaut capital que présente cet édifice tient essentiellement à son exiguïté; mais ce défaut, disons-le, est celui que présente le système tout entier de notre alimentation d'eau. Complet, achevé et parfait dans son principe, il a été généralement exécuté dans des proportions qui semblent exclusives de toute idée d'accroissement de la population. Il n'est aujourd'hui personne quelque peu familiarisée avec les questions hydrauliques qui ne comprenne que le château d'eau que nous possédons, établi sur des bases un peu plus larges et avec une double cuvette, ne pût fournir à la ville une quantité d'eau plus que quadruple, c'est-à-dire près de 1,000 pouces, avec une charge de 35 mètres, au lieu de 24 mètres. Il est vrai que la dépense aurait été un peu plus forte ; mais quelle somme énorme n'aurait-on pas économisée, surtout à la ville ainsi approvisionnée d'eau en quelque sorte pour des siècles ; car on peut certainement trouver dans la prairie des Filtres, comme nous le démontrerons, même une quantité d'eau filtrée supérieure à 1,000 pouces.

XII.

Conduites d'eau.

La distribution, dans les divers quartiers de la ville, des eaux élevées dans la cuvette du château d'eau a lieu au moyen de deux conduites principales qui sont la continuation des deux tuyaux de descente dont j'ai parlé, et qui s'alimentent dans cette même cuvette. Ces deux conduites, de 0,27 de diamètre et de 605 mètres de longueur chacune, cheminant ensemble et parallèlement, passent sous le pont et aboutissent, en traversant la place d'Assézat et la rue des Marchands, sous la place de la Trinité, à une cuvette de distribution à sept tubulures. La conduite de droite, par des tuyaux de 5 centimètres, suit les rues de la Dalbade, de Tounis et de la Fonderie; celle de gauche, la rue Peyrolières et la rue du Lycée. Un peu plus loin, et à l'extrémité de la rue des Marchands, deux autres branches portent les eaux à la rue des Paradoux et à la rue de la Bourse.

De la cuvette de distribution de la place de la Trinité part une première double conduite, dont les tuyaux ont 0,16 de diamètre et 287 mètres de longueur; elle se dirige, par la rue des Filatiers, jusqu'au centre de la place des Carmes, point où s'embranchent trois conduites de 8 centimètres, aboutissant, la première à la place Saint-Michel par la rue Pharaon et la place du Salin; la seconde à la rue Perchepinte par les rues du Vieux-Raisin, la place Saint-Barthélemi, la rue Nazareth, et la troisième au Boulingrin par les rues du Canard, Merlane, Fermat, place Sainte-Scarbes, rue Ninau et Montoulieu.

La seconde double conduite adaptée à deux des sept tubulures de la cuve de distribution de la Trinité, passe par la rue des Changes, Saint-Rome, et aboutit à la place du Capitole. Chacun des deux tuyaux a 0,12 de diamètre et 437 mètres de longueur. Sur son trajet, cette double conduite dessert les rues dont elle suit le cours, ainsi que les rues Peyras, du Musée, des Gestes, etc.

Sur la place du Capitole, et à l'extrémité de la rue Saint-Rome, est disposée une cuve de distribution fournissant l'eau à plusieurs conduites, branches et sous-branches dans diverses directions, savoir : 1° à une conduite de 8 centimètres et de 381 mètres de longueur, longeant la façade opposée au Capitole, suivant la rue du Taur, les places Saint-Sernin et Saint-Raymond, la rue Royale, et aboutissant à la place Arnaud-Bernard. De la rue Royale, une branche de cette conduite alimente la rue Saint-Charles, etc.

2° La conduite qui suit la rue du Taur, avant de quitter la place du Capitole envoie une branche de 8 centimètres dans la rue Romiguière; le diamètre de cette dernière est réduit à 5 centimètres dans les rues Deville, Pargaminières, place Saint-Pierre, quai Saint-Pierre, allée de Brienne et rue des Amidonniers.

3° De la place du Capitole part une autre conduite de 16 centimètres, réduite à 8 dans la rue et place Louis-Napoléon, et à 5 centimètres dans la rue Matabiau, la place de la Visitation et le quartier Matabiau. La septième tubulure de la cuve de distribution de la place de la Trinité sert à la conduite de 16 centimètres de diamètre, réduits à 12 centimètres dans la rue Saint-Etienne, la place Saint-Etienne, la rue Riguepels, la rue du faubourg Saint-Etienne et la place Dupuy. Sur cette conduite s'embranchent les tuyaux de 5 centimètres de la rue des Tourneurs et de la place Rouaix, ceux de même diamètre de la rue Tolosane et de la rue des Arts, celui de 9 centimètres de la rue Boulbonne, de la place Saint-Georges, réduit à 5 centimètres dans les rues d'Astorg, Saint-Antoine du T, des Pénitents-Noirs, etc.

La cuve de distribution de la place du Capitole envoie une conduite de 8 centimètres jusqu'à la rue de la Pomme, dont elle suit le cours jusqu'à son extrémité, après avoir envoyé une branche de 5 centimètres dans l'intérieur du Capitole, desservi la place Saint-Pantaléon par la rue de la Pomme et la rue Fourbastard.

XIII.

Tel est l'ensemble des conduites qui portent l'eau dans les divers quartiers de la ville. Sauf quelques changements, additions de tuyaux et de bornes-fontaines, ce système est resté dans les conditions de son premier établissement par M. d'Aubuisson. Disons que le savant ingénieur auquel nous devons cette belle distribution, ne craint pas d'avouer que la plus large part du succès qu'il a obtenu appartient à M. Gérard, qui, le premier, en France, avait tracé un grand plan de distribution de quatre mille pouces d'eau à prendre dans le canal de l'Ourcq; à M. l'ingénieur Mallet, directeur du service des nouvelles eaux de Paris, dont il obtint les documents les plus précieux, et enfin, à M. Egault, ingénieur, attaché au même service, dont les leçons lui furent de la plus grande utilité. Ce noble et franc aveu est un des traits de caractère de l'homme qui a si glorieusement attaché son nom à nos fontaines.

Cette distribution se complète par les galeries renfermant

sous le pavé des rues nos doubles conduites : elles ont dans œuvre, de large, 1m20, et sous clef, 1m70. Leur longueur est, pour la 1re, du Pont au point de partage,. 275m30

2e De ce point à la place des Carmes....... 278m40

3e Du même point à la place du Capitole..... 433m20

Une quatrième de 0,80 de large, conduisant l'eau sous le milieu de la place de la Trinité, où se trouve une chambre de 7 mètres de diamètre... 27m

Total.............. 1013m90

Les deux chambres qui, à l'entrée de la place du Capitole et à la place des Carmes, reçoivent les cuves de distribution, ont 2m20 de diamètre et 1m80 de haut.

On a encore disposé, pour recevoir l'eau qui tombe des chambres et des galeries, trois petits aqueducs de vidange; le plus considérable allant depuis la galerie qui aboutit à la place du Capitole jusqu'à l'égout de la rue Louis-Napoléon, a 307 mètres de longueur; celui qui aboutit à la rue de la Dalbade 200 mètres, et enfin, celui qui débouche sous la halle au poisson, a 39m40, soit, en tout, une longueur de 547 mètres sur 30 centimètres de largeur et 50 centimètres de hauteur. M. d'Aubuisson reconnaît qu'il a commis une faute en ne donnant pas à ces petits aqueducs au moins 58 centimètres de largeur sur 0m80 de hauteur pour permettre le passage d'un jeune garçon.

XIV.

Toute cette distribution, y compris les tuyaux, les galeries, les aqueducs, les tranchées, les fontaines de la place de la Trinité, du Capitole, d'Assezat, Saint-Georges, Rouaix, gerbe du Boulingrin, les *diverses* gerbes d'eau, 86 bornes-fontaines dont le nombre est aujourd'hui de 135, huit abreuvoirs, la robinetterie et les frais d'administration, avait coûté à la ville, jusqu'au 15 avril 1830, 1,022,533 fr. Si l'on ajoute à cette somme les 60,000 fr. votés pour le troisième filtre, et 30,000 pour l'achèvement des fontaines dont les plans étaient adoptés, on a pour la dépense totale 1,112,533 f. En admettant, pour l'intérêt de ce capital et l'entretien annuel des fontaines une somme de 60,000 fr. pour une quantité d'eau moyenne de 200 pouces élevée à 23m70 ou 4000 mètres cubes par vingt-quatre heures, on trouve que le mètre cube d'eau élevé à un mètre, coûte environ 1 centime 3/4. Ce prix est un des moindres que nous ayons eu à examiner dans ce travail.

Nous pouvons ajouter que, depuis son achèvement, notre établissement hydraulique a toujours fonctionné avec la plus satisfaisante régularité.

Confié aux soins d'un simple concierge, qui n'est ni mécanicien, ni ouvrier, le château d'eau de Toulouse offre l'exemple unique d'une usine de ce genre dont les frais d'entretien se bornent à ceux du graissage de ses divers organes. Si l'on y a constaté quelques rares accidents, ils ont toujours été dus aux brusques variations du niveau au-dessous des roues, causées par la présence du moulin Abadie sur le canal de fuite.

Supposons, en effet, que les meules de ce moulin soient arrêtées et que l'on ait oublié d'ouvrir la vanne de décharge pour laisser écouler le trop plein des eaux affluentes, leur niveau s'élève dans le canal, elles refluent sous les roues du château d'eau, et le mouvement de celles-ci s'en trouverait ralenti si l'on ne levait leur vanne motrice de manière à maintenir à 6 tours 1/2 leur vitesse de régime; cette manœuvre est donc exécutée. Mais, les choses en cet état, si les meules du moulin Abadie sont mises en mouvement, les roues du château d'eau, subitement dégorgées, prennent une vitesse anormale de 7 à 8 tours. Alors les chaînes de suspension des pistons éprouvent des trépidations, des secousses qui peuvent avoir pour conséquence leur rupture, celle des bielles, et, par suite, la chute des pistons sur les clapets, ainsi exposés à être écrasés ou plus ou moins détériorés.

Il eût été, au reste, facile de prévenir, ce cas se produisant, le choc violent des pistons contre les clapets; il est regrettable qu'on ne l'ait pas fait. A part ces accidents, qui se sont produits une ou deux fois sans néanmoins interrompre complétement le service, et qui peuvent très-bien être évités, la marche du château d'eau d'Aubuisson et Abadie a toujours été parfaite, et c'est cette circonstance qui fait encore plus vivement regretter la malheureuse combinaison qui, lors de la construction, lui fit enlever la plus grande partie de sa force motrice au profit d'une usine qui resta longtemps stérile et sera improductive pour la ville jusqu'à l'expiration des cinquante années que doit durer la concession faite à M. Abadie ou à ses ayants cause. C'est incontestablement la situation qui est résultée plus tard pour la ville du partage de la chute d'eau destinée à l'ancien château avec un concessionnaire, qui a fait la nécessité du nouvel établissement dont nous allons parler. Telle est la vérité; nous serons bien à regret forcés de le redire souvent.

TROISIÈME PARTIE.

NOUVEAU CHATEAU D'EAU.

I.

A peine la distribution d'eau, que la ville de Toulouse devait à la généreuse initiative de M. Laganne, venait-elle d'être complétement terminée, que l'insuffisance de ses proportions, eu égard à l'accroissement du nombre de ses habitants, à l'extension de la cité, ne tarda pas à se révéler. Si, au point de vue de l'alimentation, les 200 ou 240 pouces d'eau distribués dans la ville pouvaient donner, jusqu'à un certain point, satisfaction aux besoins d'une partie de la population presque doublée depuis vingt cinq ans, de quelques établissements publics et remplaçait très-avantageusement le service si coûteux et si défectueux des porteurs d'eau potable, il n'en était pas de même en ce qui concerne le lavage de plus de 500 rues ou places, la consommation de 8000 maisons, l'arrosage des promenades, etc. Il fallait donc songer à pourvoir à de nouveaux besoins. Un premier projet de nouvelle distribution d'eau fut présenté au Conseil municipal le 10 juin 1851. Il avait pour objet l'élévation et la distribution dans la ville de 300 pouces d'eau pris immédiatement dans la Garonne, et la construction de machines qui devaient être établies dans les bâtiments de Saint-Joseph de la Grave. Le devis des maçonneries fut dressé par M. Delor, architecte des hospices; celui des turbines et des machines par M. de Saint-Guilhem, ingénieur en chef des ponts et chaussées, et enfin le devis des conduites, partie en tuyaux Chameroy, et partie en fonte, par M. Cloosterman, ingénieur des eaux de la ville La dépense totale devait s'élever à 155,815 fr. La Commission nommée par le Conseil concluait, par l'organe de son éminent rapporteur, M. Caze, à l'adoption du projet. La délibération proposée le 14 juin 1851 fixait la distribution des 300 pouces de la manière suivante ;

Art. 1er. — Les projets, plans et devis annexés à la présente délibération, et relatifs à la prise de 300 pouces d'eau dans le lit de la Garonne, en amont de la chaussée du Bazacle, pour être élevée à l'aide de machines hydrauliques et portées dans différents quartiers de la ville, sont approuvés.

« Art 2. — La distribution de cette eau sera faite suivant l'état général ci-annexé, ainsi qu'il suit :

» 30 pouces d'eau seront conduits, en traversant les locaux de l'hospice, à la place Saint-Cyprien. A ce point une cuvette de distribution portera partie de ces eaux aux abattoirs, partie vers le Fer-à-cheval de la barrière de Muret; une autre partie, enfin, vers l'avenue de la Patte-d'Oie

» 20 poucés d'eau seront affectés à l'arrosage et à l'embellissement de la promenade du Cours Dillon.

» 250 pouces d'eau seront dirigés dans la ville par une conduite en fonte de forte dimension, qui traversera le fleuve dans la galerie inoccupée qui existe sous le trottoir du côté nord du Pont, pour pénétrer de là dans la galerie déjà existante sous la place contiguë et sous la rue des Marchands, pour arriver jusqu'à la place de la Trinité, où sera établie une cuvette de distribution.

» Des 250 pouces d'eau ainsi parvenus à ce point culminant, 170 seront amenés à la place du Capitole pour alimenter les fontaines monumentales qui orneront cette place et servir à l'embellissement de la place Lafayette (1), ainsi qu'aux besoins et à l'arrosage des quartiers Matabiau, des Minimes et Saint-Aubin, dont les deux places sont le centre.

» Les 80 pouces d'eau restants, sauf la quantité nécessaire pour la place de la Trinité, se dirigeront de la cuvette établie en cet endroit vers la place de la République (2), l'allée Saint-Michel, le Grand-Rond et le Jardin des plantes, pour se répandre ensuite, par des tuyaux secondaires, vers les extrémités de la ville du côté des rue des Trente-six-Ponts, Montaudran, des Récollets, de manière à étendre successivement le bienfait de ces eaux aux nombreuses habitations, industries et jardins qui occupent ce faubourg.

» Art. 3. — A l'exception de l'artère principale du point de départ de la place de la Trinité, qui devra être en fonte, les tuyaux, d'après le système Chameroy, seront employés pour les autres conduites.

» Art. 4. — Un crédit de 50,000 fr. à prendre sur les fonds libres de 1851 est ouvert à M. le Maire pour commencer l'exécution de ces travaux conformément aux devis. »

Il ne fut donné aucune suite à ce projet.

II.

Mais, quelques années plus tard, la voie dans laquelle entrait le Conseil municipal de Bordeaux, qui venait d'adopter un projet de distribution des eaux provenant des

---

(1) Aujourd'hui place Louis-Napoléon.

(2) Actuellement place des Carmes.

sources de Saint-Médard et du Taillan, dont le volume est de 1190 pouces, ou 22,836 mètres cubes en vingt-quatre heures, projet qui devait coûter de 4 à 5 millions, cet exemple et celui donné par Marseille, qui dépensait 20 millions (1) pour détourner la Durance, joints à la persisance des motifs qui imposaient à la municipalité de Toulouse l'obligation de s'occuper sérieusement des moyens qui lui paraîtraient propres à donner satisfaction au besoin d'eau éprouvé par sa population s'accroissant et s'excentrant sans cesse, un nouveau projet fut présenté par M. de Campaigno, maire de Toulouse, au Conseil municipal dans la séance du 14 mars 1859. Cette fois, il ne s'agissait pas d'élever à 8 mètres seulement au-dessus du niveau de la place Rouaix une quantité de 300 pouces d'eau puisée immédiatement dans la Garonne, comme dans le projet précédent, mais de refouler à une hauteur de 16 mètres au-dessus du sol de cette même place un volume de 1000 pouces d'eau filtrée, qui seraient demandés au même banc sablonneux et graveleux d'alluvion, où s'alimente le château d'eau actuel.

III.

Ce projet, qui n'était que le développement d'un autre projet soumis à l'Académie des Sciences par M. Guibal, en 1853, et dans lequel l'auteur proposait alors pour moteurs des machines à colonne d'eau, et n'avait en vue qu'une distribution de 300 pouces, n'avait pas seulement pour objet l'augmentation dans des proportions considérables de la quantité d'eau à porter dans les divers quartiers de la cité, mais encore la transformation radicale, complète du système hydraulique existant, ou plutôt le château d'eau d'Aubuisson et Abadie, les filtres, le réseau de distribution fonctionnant depuis trente années, étaient profondément modifiés ou disparaissaient absorbés par la nouvelle combinaison proposée à l'adoption du Conseil municipal.

(1) La dépense s'élève aujourd'hui à 52 millions.

Le sacrifice inévitable d'un établissement insuffisant auquel était substituée une alimentation d'eau potable quintuple de celle dont jouissaient les habitants de Toulouse et qui ne devait coûter à la ville que 1,060,000 fr., ne parut pas trop grand au Conseil, et ce corps, dans sa séance du 19 mars 1859, statuant sur les conclusions conformes de la Commission qui avait été nommée par le Maire, le 24 novembre 1856, pour étudier la question dont il s'agissait, procéder à toutes les expériences de nature à éclairer l'Administration municipale, adopta le nouveau projet dans son entier. Il fut décidé, en outre, dans la même séance, qu'il serait pourvu à la dépense de 1,060,000 fr., 1° au moyen de 15 centimes 03 additionnels aux quatre contributions directes de la ville de Toulouse, perçus du 1er janvier 1860 au 31 décembre 1865, réalisant, en total, une somme de 982,000 fr.; 2° au moyen d'une somme de 78,000 fr. imputable, en six annuités, sur les fonds libres du budget.

Enfin, le Maire était invité à remplir, *d'urgence*, les formalités voulues pour obtenir de l'autorité supérieure l'approbation du projet, et du pouvoir législatif une loi autorisant la perception des 15.03 centimes additionnels.

Disons, tout d'abord, que le projet adopté, bien que le même en principe, a été, dans l'exécution, l'objet de nombreuses modifications; que la dépense triple au moins, si elle ne doit pas être quatre fois plus considérable que celle prévue, a complétement changé les conditions des combinaisons adoptées primitivement par le Conseil.

Sans entrer dans l'examen de ces divers changements, qui n'avaient nullement été entrevus, qui se sont imposés successivement, en quelque sorte, au fur et à mesure de l'exécution des travaux et sous la pression de circonstances agissant à l'encontre des conceptions premières de l'auteur je vais, aussi succinctement qu'il est possible, décrire le système définitivement adopté et en voie d'exécution en ce moment.

IV.

Galeries de filtration.

Le projet de M. Guibal ayant pour but de distribuer dans Toulouse une quantité de 1000 pouces d'eau, c'est-à-dire, supérieure de 7 à 800 pouces à celle que pouvaient fournir les filtres d'Aubuisson, une Commission (1) fut nommée par le Maire, le 24 novembre 1856. Elle avait pour mandat « de rechercher les moyens d'opérer une nouvelle distribution d'eau dans la ville de Toulouse et de s'éclairer dans cette étude par les expériences ou les essais préparatoires qu'elle croirait devoir proposer. » Elle avait aussi pour mission de reconnaître l'insuffisance du système existant. Pendant deux années, cette Commission s'est livrée avec un soin extrême à une série d'expériences et de fouilles. Ces dernières, faites 1° dans l'île du Ramier du Bazacle; 2° sur la rive droite de la Garonne, près le Port-Garaud; 3° Dans l'île du Ramier du moulin du Château; 4° dans la Prairie des filtres.

Les résultats obtenus sur les trois premiers points se résument ainsi :

Au Ramier du Bazacle : quantité d'eau insuffisante et qualité inférieure. Evaporée à 100 degrés, elle a fourni 0 gr. 230 de résidu par litre, alors que l'eau de la Garonne n'en fournit jamais au delà de 0 gr. 190. Son degré hydrotimétrique est de 10 degrés, celui de la Garonne variant de 5 à 6 degrés.

Sur la rive du Port-Garaud, un peu en amont du Château Narbonnais : eau abondante à 3m30 de profondeur dans un terrain de sable fin et vaseux, peu limpide, 0 gr. 190 de résidu par litre, degré hydrotimétrique, 6,70 degrés.

---

(1) Cette Commission se composait de MM. Ramel, conseiller municipal, président; Petit, directeur de l'Oservatoire, conseiller municipal; Raspaud, conseiller municipal; Berdoulat, ingénieur en retraite; de Raynal, ingénieur en chef du service hydraulique; Filhol, professeur de chimie à la Faculté, conseiller municipal; Vitry, architecte; Brassinne, professeur de sciences appliquées à l'école impériale d'artillerie, sous-secrétaire; Guibal, ingénieur de la ville.

L'île du Ramier du moulin du Château, fouillée au moyen de 14 puits creusés en amont et en aval de la chaussée Vivent, à 40 et 50 mètres de la rivière a fourni de l'eau abondante, de bonne qualité, différant peu par sa composition de celle de la Garonne. Cette eau n'a pu être soumise à l'analyse et la majorité de la Commission abandonna ce point comme les deux premiers en se fondant sur des considérations tirées de la dépense qu'entraînerait la construction d'un château d'eau dans une propriété particulière sur laquelle se forment tous les jours de nouvelles usines, et sur le peu de stabilité du barrage d'amont. Il eût fallu en outre un volume d'eau motrice de 7m50 cubes pour mettre en jeu les moteurs, la chute étant à peine de 2 mètres, et, inconvénient plus grave encore, les eaux filtrées eussent dû traverser la rivière par un tuyau en fonte incrusté dans son lit.

Aucune solution n'ayant été trouvée possible de ce côté, M. Guibal proposa de rechercher dans la prairie des Filtres les 800 pouces qui, avec les 200 des filtres d'Aubuisson devaient compléter les 1,000 pouces à distribuer. La Commission adhéra à cette proposition et, à titre d'essai, fit creuser parallèlement et à une distance de 9 à 10 mètres de la rivière, une tranchée de 1m20 de largeur et de 10 mètres de longueur. Le jaugeage de l'eau recueillie dans la fouille donna une moyenne de 29 pouces en 24 heures. Les résultats comparatifs obtenus sur sept échantillons recueillis dans la Garonne du 31 décembre 1858 au 6 janvier 1859 et soumis à l'analyse par notre éminent collègue, M. Filhol, a donné pour résidu par litre, en moyenne, savoir : l'eau de la Garonne, 0 gr. 1,643 ; l'eau de la fouille, 0 gr. 1,660 ; l'eau des anciens filtres, 0 gr. 1,700. La première marquait à l'hydrotimètre, toujours en moyenne, 5,40° ; la seconde 6,40°, et la troisième 6,73°.

Il fut déduit des expériences faites avec soin par M. Filhol, ce fait important, que l'eau prise dans la fouille exécutée au bord de la Garonne était plus pure, un peu plus ferrugineuse et moins calcaire que celle de l'ancien filtre, d'où la conséquence que, à mesure que l'épaisseur de la couche filtrante augmente, l'eau se dépouille du fer qu'elle tient en dissolution, qu'elle se charge d'une plus forte proportion de carbonate de chaux, et que dès lors il y avait avantage à se rapprocher le plus possible de la rivière. Voilà pour la qualité.

V.

En ce qui concerne la quantité, les 10 mètres de tranchée ayant fourni 29 pouces d'eau en 24 heures, on admit que pour obtenir les 800 pouces d'eau cherchés, il suffisait de faire 30 fois plus longue la tranchée qui avait servi aux expériences; c'est ce qui a eu lieu en 1861, et les travaux en déblai, aqueduc en maçonnerie et remblais exécutés à cette époque constituent ce que l'on appelle aujourd'hui la nouvelle galerie de filtration. Cette galerie est placée à peu près parallèlement à la Garonne, à une distance qui varie de 20 à 38 mètres; elle commence en face l'escalier du cours Dillon et aboutit, après avoir traversé en souterrain ce cours en un point voisin de la prise d'eau motrice des roues hydrauliques, au puisard établi à côté de l'ancien château, à 5 mètres environ de la partie de ce bâtiment qui fait face à la porte de Muret. Sa longueur totale est de 324m75 mesurés à partir du mur extérieur du cours Dillon, et sa largeur au plafond de 1m50. Son radier est formé par le sol naturel, et des tuyaux de poterie, espacés de 0m50 l'un de l'autre, sont placés dans les pieds droits pour faciliter l'introduction de l'eau dans la galerie. Le niveau du radier au mur du cours Dillon est à 0m97 en contre-bas, c'est-à-dire au-dessous du zéro de l'échelle garonométrique du pont de pierre. Il s'élève, à partir de ce point, suivant une rampe de 1 millimètre par mètre, de sorte que, à la moitié de la longueur de la galerie ou à 162 mètres du cours, ce niveau n'est plus qu'à 0m81 en contre-bas de ce même zéro placé, ainsi que nous l'avons dit plus haut, à 130m10 au-dessus du niveau de la mer.

Relativement aux anciens filtres, le radier de la nouvelle

galerie a été établi à 1^m62 plus bas que celui du premier filtre d'Aubuisson, long, comme nous savons, de 110 mètres et à 1^m92 au-dessous du radier du troisième filtre dont la longueur est de 242 mètres (1). Nous verrons plus loin les conséquences de cet abaissement.

Indépendamment de la grande galerie dont il vient d'être parlé, on a construit quatre galeries secondaires ou *amorces* dirigées normalement vers la rivière dont elles approchent à une distance de 15 à 16 mètres. Ces galeries sont de dimension plus petite, mais leur profondeur est égale à celle de la galerie principale. Enfin, le produit total de cette nouvelle galerie est reçu dans le puisard cité plus haut et dont le fond a été établi à 1 mètre plus bas que le radier de la galerie, par conséquent à 2^m80 environ, au-dessous des radiers des filtres d'Aubuisson.

Tel est le système adopté pour les nouvelles galeries.

VI.

Il s'agissait maintenant de connaître le produit de ces filtres.

Pour atteindre ce but, la Commission fit installer trois machines à vapeur dites locomobiles qui mettaient en mouvement 18 corps de pompe. Ces pompes avaient pour fonction d'épuiser toute l'eau fournie par le filtre, ce qui avait lieu lorsque le niveau se soutenait pendant la durée de l'épuisement à 0^m20 au-dessus du radier. L'eau amenée par les pompes se rendait par une rigole découverte, dans une bâche en bois d'où elle s'écoulait par un orifice en mince

---

(1) Le radier du premier filtre d'Aubuisson correspond ainsi à l'altitude 130^m75 au-dessus de la mer, soit 0^m65 au-dessus du zéro de l'échelle garonométrique du Pont; le radier du troisième filtre est à l'altitude 131^m05 au-dessus de la mer et à la hauteur de la cote 0 95 au-dessus du zéro de la même échelle; d'où il suit que M. d'Aubuisson a placé le radier de son troisième et dernier filtre de 0^m30 plus haut que celui du premier filtre, et cela, peut-être parce qu'il craignait, en le plaçant au même niveau ou plus bas, d'intercepter les filtrations que ce dernier recevait déjà.

paroi munie d'une vanne, soit dans le lit de la Garonne, soit dans les puisards du château d'eau.

Dans le premier cas, la ville n'était alimentée que par le produit des anciens filtres *qui est devenu tout à fait insuffisant* depuis que la nouvelle galerie a été interposée entre ceux-ci et la Garonne.

Au contraire, dans le deuxième cas, l'eau du nouveau filtre suppléait à l'insuffisance des anciens.

Le 15 janvier 1862, la Commission, après avoir fait, depuis le dimanche 12 janvier 1862, maintenir le niveau de l'eau dans la galerie à 0^{m}20 au-dessus du radier, a commencé ses opérations de jaugeage; elles ont duré quatre jours pendant lesquels trois indications ont été relevées, savoir : 1° la hauteur de l'eau dans la caisse au-dessus du centre de l'orifice de jauge; 2° la hauteur de l'eau sur le radier; 3° la hauteur de la Garonne à l'échelle garonométrique du Pont.

Le 15 janvier, de 1^{h}30 à minuit il a été relevé 38 cotes de 5 en 5 minutes pendant le jour, et de 10 en 10 minutes pendant la nuit;

Le 16, de minuit à 10^{h}40 du soir, 145 cotes;

Le 17 janvier, de 1 heure à 3^{h}50 du soir, 33 cotes;

Le 18 janvier, de 8 heures du matin à 4 heures du soir, 46 cotes; soit 262 cotes.

Le 15 janvier l'échelle garonométrique a marqué à 1^{h}30 du soir 2^{m}36; 2^{m}28 à 3 heures.

Le 16 janvier à 1 heure du matin, 2^{m}20; à 3 heures du matin, 2^{m}18; à 5 heures du matin, 2^{m}16; à 5^{h}30 du matin, 2^{m}12; à 7^{h}30 du matin, 2^{m}05; à 9 heures du matin, 2^{m}04; à 10 heures, 2^{m}03; à 1^{h}20 du soir, 2 mètres; à 3 heures, 1^{m}99; à 10 heures 2^{m}02.

Le 17 janvier, à 1 heure du soir, 1^{m}92; à 3^{h}50 du soir, 1^{m}90.

Le 18 janvier, à 8 heures du matin, 1^{m}87; à 10 heures, 1^{m}85; à midi, 1^{m}85; à 2 heures du soir, 1^{m}84; à 4 heures, 1^{m}83.

Les résultats moyens de ces 262 observations, à chacune desquelles correspond un débit des filtres, ont été réunis par nous en neuf groupes pour former le tableau suivant :

	Indication du niveau de la Garonne à l'échelle garonnmétrique du Pont.	Niveau de la Garonne au-dessus de la mer.	Débit des filtres calculés pour 24 heures.
1° Le 15 janvier, de 1h50 à 3h50 du soir. .	2.32	132m42	411 pouces.
2° Le 15 janvier, de 10h du soir à minuit. .	2.22	132 32	397 —
3° Le 16 janvier, de minuit à 6h du matin.	2.16	132 26	396 —
4° Le 16 janvier, de 6h à 10h du matin. . .	2.04	132 14	373 —
5° Le 16 janvier, de 1h à 6h du soir.	2.00	132 10	380 —
6° Le 16 janvier, de 6h à 10h40 du soir. . .	2.02	132 12	364 —
7° Le 17 janvier, de 1h à [illegible]50 du soir. . . .	1.91	132 01	350 —
8° Le 18 janvier, de 8h du matin à midi. .	1.85	131 95	343 —
9° Le 18 janvier, de midi à 4h du soir. . . .	1.83	131 93	341 —

VII.

Ces chiffres, dont rien ne saurait faire contester l'exactitude, démontrent que le débit des filtres diminue proportionnellement à l'abaissement du niveau de la Garonne, et que cette diminution, à partir de la cote 2m32 au garonomètre du Pont, serait de 1 pouce 44 ou de 28,800 litres en 24 heures par chaque centimètre d'abaissement du niveau de la Garonne. De telle sorte que lors de la plus grande dépression des eaux du fleuve constatée à la fin de décembre 1861 et le commencement de janvier 1862 au moyen de la cote 1m36 au garonomètre du Pont, le débit des filtres n'aurait plus été que de 274 pouces.

Mais on sait qu'un tel état de choses dure peu (1).

La Commission ayant voulu, pour compléter ses expé-

---

(1) Il faut dire cependant, pour être vrai, qu'en août, septembre, octobre, novembre, décembre et la moitié de janvier 1862 les eaux de la Garonne furent assez basses. Ainsi, dans cette période de 5 mois et demi, on constatait à l'échelle de Saint-Pierre les cotes suivantes :

	DURÉE.	PRODUIT des filtres par jour.	PRODUIT pendant la durée de la cote.
Cote de 1m30	5 jours.	242 pouces.	1210 pouces.
— 1.35	2	251	502
— 1.38	1	257	257
— 1.40	1	261	261
— 1.45	2	271	542
— 1.48	1	275	275
— 1.50	6	279	1674
— 1.52	1	283	283
— 1.53	1	285	285
— 1.55	3	289	867
— 1.56	1	281	281
— 1.58	1	285	285
— 1.60	9	293	2637
— 1.62	3	297	891
— 1.65	9	303	2727
— 1.66	1	305	305
— 1.67	6	307	1842
— 1.68	7	311	2177
— 1.70	23	315	7245
— 1.72	2	319	638
— 1.74	4	323	892
— 1.75	8	325	2600
— 1.76	6	327	1962
— 1.78	15	331	1655
— 1.80	14	335	4690
— 1.82	3	389	1167
Total........	135	....	38150 pouces.

On voit que pendant les 135 jours dont se composa la période qui précéda le commencement des opérations de jaugeage du produit des nouvelles galeries, — la quantité d'eau obtenue chaque jour n'eut été en moyenne que de 282 pouces au plus, c'est-à-dire, de 94 pouces inférieure à la moyenne résultant des deux produits extrêmes 411 et 341 pouces trouvée par M. Guibal aux cotes 2m35 et 1m83. On comprend, d'après cela, combien il est indispensable d'effectuer le prolongement de nouvelles galeries ; car on doit s'attendre à ces abaissements du niveau de la Garonne, surtout quand le canal d'irrigation de Saint-Martory sera terminé.

riences, se rendre compte de l'état actuel des anciens filtres, constata que le premier filtre était complétement desséché par la nouvelle galerie; que le 2e filtre, qui n'avait jamais donné de résultat satisfaisant, ne méritait aucun examen; qu'enfin le produit du 3e filtre qui, du temps de M. d'Aubuisson et de ses successeurs, était de 120 pouces à la cote de 2m08 du garonomètre du Pont, était réduit de 35 à 38 pouces, le 17 janvier 1862, la cote garonométrique étant de 1m91.

Il résulte évidemment de ces constatations que la nouvelle galerie de 324m75 dont 264 mètres seulement sont en bon terrain filtrant et qui, d'après M. Guibal, devait fournir de 8 à 900 pouces d'eau, non-seulement avait tari les anciens filtres, mais encore n'avait produit que 411 pouces à la cote de 2m32 du garonomètre et 341 pouces à celle de 1m83, c'est-à-dire, en admettant avec la Commission que la galerie nouvelle se soit enrichie aux dépens des anciens filtres, la première ne fournirait qu'un supplément d'environ 141 à 200 pouces d'eau filtrée.

Sur l'observation qui en fut faite par quelques membres de la Commission, M. Guibal expliqua ce résultat en rappelant que dans son projet, la galerie de filtration devait être placée à 20 mètres des bords de la rivière, mais que, sur l'avis du Conseil général des Ponts et chaussées, il lui avait été prescrit de reculer cette galerie à 40 mètres des bords, et que l'expérience a prouvé qu'il conviendrait plutôt de la rapprocher.

Nous examinerons plus loin le fondement de cette assertion; disons pour le moment, que les mêmes membres reconnurent la nécessité de prolonger la galerie, si l'on tenait à obtenir la quantité d'eau nécessaire pour les besoins de la ville, d'où résulterait une augmentation de dépense.

La Commission fut d'avis que les résultats constatés étaient assez satisfaisants, et qu'il y avait lieu de poursuivre vigoureusement l'exécution du projet approuvé, et notamment à faire prolonger la galerie déjà exécutée. Cette décision fut prise le 6 février 1862, et signée par MM. Berdoulat, Watier, Magués, Brassinne, de Raynal et Filhol, membres de la Commission ; mais la partie essentielle de cette décision n'a pas encore été mise à exécution, et c'est ce défaut d'exécution qui a été certainement la cause des commentaires animés et des critiques plus ou moins fondées qu'a soulevé le projet Guibal.

VIII.

Canal d'amenée du nouveau Château d'eau.

Le canal d'amenée des eaux motrices du nouveau château d'eau est ouvert dans le mur du cours Dillon, à une trentaine de mètres de distance en aval du canal d'amenée de l'ancien château ; il traverse en souterrain le cours Dillon, longe la rampe du Pont, et se dirige vers la gauche de l'entrée de la rue Bonaparte, où il croise sur une longueur de 12 à 13 mètres, en passant de droite à gauche et au-dessus, le canal de fuite de l'ancien château, dans lequel il s'incruste en quelque sorte, et dont il réduit ainsi la section d'un cinquième. Il chemine ensuite entre ce dernier canal et les maisons du côté gauche de la rue jusqu'à la place du Chairedon, d'où, se séparant du canal de fuite qui dévie vers la rue de l'Estrapade, il gagne en ligne droite par la grande porte de Saint-Cyprien, la place extérieure de ce nom. Là, il décrit une courbe pour suivre l'axe de l'allée de Garonne. A une quarantaine de mètres de la Porte de fer, et en face de la rue Réclusane, il croise une deuxième fois de gauche à droite le canal de fuite de l'ancien château qu'il entame légèrement. Quarante-cinq mètres plus loin, il le recroise une troisième et dernière fois pour suivre définitivement, à la gauche du canal découvert, sa direction vers le nouveau château, situé à une vingtaine de mètres en aval du moulin Abadie. La longueur totale de ce canal est de 1,200 mèt. Le seuil de son radier à l'entrée sous le cours Dillon, est à 130^{m}60 au-dessus de la mer, ou de 0,50 plus haut que le zéro de l'échelle garonométrique du Pont. Ce même radier en aval, au point où il atteint la chambre d'eau des turbines, est à 129m88 au-dessus de la mer. Sa pente est donc de 0m72, ou de 0m0006 par mètre.

On a admis qu'à la cote de 2 mètres au garonomètre, le tirant d'eau uniforme de ce canal serait de 1m50. La forme de cet aqueduc est ovoïde; sa voûte plein-cintre a 1m40 de rayon, sa hauteur sous clef est de 3 mètres, sa largeur au fil de l'eau est de 2m75 et de 2m10 au plafond. Par conséquent, le tirant d'eau se maintenant à 1m50 au-dessus du radier, la section du périmètre mouillé est de 4 mètres carrés, et l'eau devrait s'écouler avec une vitesse moyenne de 1m25 par seconde, pour amener, sans dépression aux moteurs, les cinq mètres cubes d'eau qu'ils doivent consommer. Peut-être est-il à craindre qu'avec les abaissements aujourd'hui si fréquents du niveau de la Garonne au-dessous de 2 mètres, par suite du détournement d'une partie des eaux de la Neste, abaissements qui seront encore plus considérables après l'ouverture du canal de Saint-Martory, la dépression du niveau dans l'aqueduc d'amenée ne soit, à cause de sa grande longueur et des grilles qui le barrent, plus considérable que celle sur laquelle on avait compté, et que la force motrice n'en soit amoindrie dans une assez forte proportion.

M. Farcot semble s'être assez sérieusement préoccupé de cet inconvénient, en demandant l'abaissement du radier au point où l'aqueduc se bifurque en deux branches, dont chacune alimente l'une des deux turbines qui composent l'appareil moteur. Ce n'est pas assez, pensons-nous, et nous croyons qu'aux points où sont placées les grilles, dont les barreaux n'ont que 20 millimètres d'écartement, la section du canal devrait être presque doublée en largeur.

Cet aqueduc, dans son ensemble, constitue néanmoins une très-belle et très-solide construction; sa forme ovoïde, conseillée par M. Dupuit, le savant rapporteur du Conseil général des Ponts et chaussées, lui donne une très-grande résistance; il est à regretter seulement, et il sera toujours regrettable, à cause de sa longueur, qu'il n'ait pas été possible d'en faire un canal de fuite au lieu d'en faire un canal d'amenée. Que d'inconvénients et de discussions eussent été évités (1)!

IX.

Nouveau bâtiment du Château d'eau.

Le nouveau château d'eau, construit sur la rive gauche de la Garonne, à l'extrémité du canal d'amenée et à une vingtaine de mètres en aval du moulin Abadie, consiste en un bâtiment très-peu élevé au-dessus du sol, et de 24 mètres de longueur sur 18 à 20 mèt. de largeur. La façade est ornée d'un fronton où sont sculptées dans la pierre de Beaucaire les armes de Toulouse; les pilastres des angles sont également surmontés d'alcarazas en pierre de Beaucaire, le tout dû au ciseau de M. Ponsin, l'un de nos plus habiles sculpteurs.

C'est dans ce bâtiment, dont la charpente en fer est recouverte en zinc ondulé, que sont disposés les appareils hydrauliques et les moteurs.

Les moteurs consistent en deux turbines du système Callon, de 1m80 de diamètre moyen, avec distributeurs dont les van-

(1) Le principal motif qui a déterminé M. Guibal à donner la préférence à un canal d'amenée, est tiré de ce que, un canal de fuite eût nécessité le placement de son radier à près de 2 mètres plus bas que le radier du canal d'amenée. Indépendamment d'une bien plus grande dépense, résultant dans ce cas d'un déblai de plus de 4 mètres cubes par mètre courant, à une profondeur qui n'eût pas été moindre de 8 mètres au-dessous du sol de la rue Bonaparte, n'était-il pas à craindre qu'une semblable excavation pratiquée entre l'ancien canal de fuite, et les maisons de la rive gauche n'entraînât l'ébranlement des constructions, et ne donnât lieu peut-être à des accidents désastreux?

Il est incontestable que peu d'ingénieurs, dans de telles conditions, eussent voulu accepter la responsabilité de travaux aussi hasardeux, et il est douteux qu'on eût pu trouver un entrepreneur pour les exécuter à ses risques et périls. Quels que soient donc les regrets auxquels puisse donner lieu la construction du nouveau château d'eau à 1,200 mètres de la prise d'eau, et de la prairie des Filtres, on est forcé de reconnaître qu'il n'était guère possible de se soustraire sans danger aux exigences de circonstances locales tout à fait exceptionnelles. Nous reviendrons plus loin sur cette importante question.

nages, du système de l'auteur, sont simples et ingénieux. Nos calculs établissent que ces turbines, sous la chute de 4ᵐ70 existant à l'usine quand l'échelle garonométrique du Pont marque 2 mètres et marchant aux 0,55 de la vitesse théorique de l'eau, 9ᵐ55 par seconde due à cette chute, doivent faire 50 tours par minute. A l'extrémité de l'axe vertical de chacune de ces turbines, est fixé un pignon conique en fonte portant 56 dents. Ce pignon commande une grande roue conique aussi en fonte portant, enchâssées dans des mortaises ménagées à sa circonférence, 156 dents en bois. Cette roue fait donc seize tours par minute, pendant que la turbine qui la commande en fait cinquante. Elle est clavetée sur un axe en fer horizontal de 0ᵐ26 de diamètre et de 2ᵐ60 de longueur entre les deux paliers qui le supportent, et larges chacun de 0ᵐ30. Cet arbre se termine à chaque bout par une manivelle forgée de la même pièce et décrivant en tournant un cercle de 0ᵐ50 de rayon. Le bouton de cette manivelle s'articulant avec une bielle qui, elle-même s'articule avec la tige du piston du corps de pompe horizontal auquel il appartient, communique à celui-ci une vitesse de 84 centimèt. environ par seconde, avec une course de un mètre. Cette partie du système hydraulique du nouveau château d'eau est ainsi composée : de deux turbines, de quatre pistons et de quatre corps de pompe.

Les corps de pompe sont, comme nous venons de le dire, horizontaux, leur longueur est égale à la course de 1 mètre du piston, leur diamètre d'environ 0ᵐ40, et leur disposition à double effet permettant d'aspirer et de refouler dans les conduites à chaque course du piston un volume d'eau égal à peu près à 116 litres, soit pour chaque corps de pompe un peu plus de 5 millions de litres par vingt-quatre heures, il s'ensuit que, comme il y en a quatre, on a au moins vingt millions de litres, ou 1,000 pouces en vingt-quatre heures pour leur produit total.

La description du mode d'alimentation de ces pompes exige que nous revenions un instant à l'ancien château d'eau.

X.

Dans le système proposé par M. Guibal, l'eau filtrée devait arriver au nouveau château par un conduit en fonte que l'on aurait placé dans le canal de fuite du château d'eau d'Aubuisson ; mais le Conseil général des Ponts et chaussées, sur l'avis de M. Dupuit, son rapporteur, décida, le 9 mars 1860, que ce mode de communication présentait une foule d'inconvénients, et qu'il était préférable de convertir les pompes du château d'eau d'Aubuisson, en pompes nourricières de celles dont je viens de donner la description.

Le Conseil municipal précédent, ayant adopté le système de communication proposé, tout a été disposé pour sa complète exécution.

Ainsi, les huit pompes de l'ancien château d'eau de 0,27 de diamètre seront supprimées et remplacées par autant de nouveaux corps de 0,40 de diamètre ; il en sera de même des quatre bâches en fonte, dans lesquelles se meuvent les clapets de refoulement. Les quatre tuyaux d'aspiration de l'ancienne machine seront, dans la nouvelle, remplacés par un seul. Les deux moteurs actuels qui consistent, comme on l'a vu plus haut, en deux roues verticales, sont conservés. Disons que l'appareil nouveau, qui est complété par des robinets vannes, des cloches à air, etc., est déjà exécuté, rendu à pied d'œuvre et prêt à être placé.

Décrivons son jeu et ses moyens de communication avec le nouveau château.

Le puisard qui reçoit les eaux venant de la nouvelle galerie filtrante est, avons-nous dit, établi à cinq mètres de distance de l'ancien château, du côté qui fait face à la grille en fer du cours Dillon. Le fond de ce puisard est de 1 mètre plus bas que le radier de la nouvelle galerie qui, lui-même est à 1m62 au-dessous du radier du premier filtre, et à 1m92 au-dessous du radier du troisième filtre d'Aubuisson ; d'où il suit que le fond de ce puisard est à $2^{m}92$ au-dessous du fond des puisards d'Aubuisson.

A cette profondeur, un tuyau d'aspiration unique va puiser l'eau filtrée, et cette dernière, sollicitée par un premier couple de pompes, se rend dans une première bâche en fonte de section carrée et de $0^{m}60$ de côté. La capacité de cette bâche est telle qu'elle puisse alimenter, au moyen de tuyaux diminuant successivement de section, depuis $0^{m}50$ jusqu'à $0^{m}30$, les trois autres bâches dont la section diminue aussi proportionnellement et qui correspondent aux trois autres couples de pompes. L'eau aspirée du fond du puisard par les quatre couples de pompes à une hauteur de 5 mètres environ, est versée, au moyen de quatre tuyaux en fonte, dans une cuvette circulaire, construite en béton, autour et au-dessous du sol de l'ancien château. Cette cuvette communique avec un aqueduc aussi en béton de $0^{m}70$ de largeur et de $1^{m}30$ de hauteur, dont la voûte et le radier sont en plein cintre, et qui est construit sur la gauche et au-dessus de la voûte du canal d'amenée qu'il suit sur toute sa longueur de 1,200 mètres et avec la même pente jusqu'au nouveau château d'eau.

XI.

C'est par cet aqueduc et avec un tirant d'eau de $0^{m}72$ qui ne sera atteint que lorsque les 1,000 pouces auront été trouvés, que les eaux filtrées provenant des quatre couples de pompes se rendront à la nouvelle usine. A leur arrivée à ce point, elles sont reçues par un tuyau en fonte de $0^{m}60$ de diamètre qui les conduit à l'intérieur du bâtiment dans une caisse centrale en tôle de $2^{m}20$ de longueur, de $1^{m}68$ de largeur et de $1^{m}20$ de hauteur, d'une capacité, par conséquent, de 4,435 litres.

Sur un des plus grands côtés de cette caisse est ménagé un déversoir qui permet au trop plein des eaux de tomber, en traversant la voûte en maçonnerie, dans le canal d'amenée.

A droite et à gauche de cette caisse centrale et au bas de la paroi antérieure, sont percés deux ouvertures circulaires auxquelles s'adaptent deux tuyaux de 0m40 de diamètre qui la mettent en communication avec deux autres caisses en tôle placées l'une à droite, l'autre à gauche du bâtiment ; chacune de ces caisses a 2m45 de longueur, 0m70 de largeur et 1m10 de profondeur, et contient, pleine, environ 2 mètres cubes.

C'est dans ces trois caisses ainsi alimentées et mises en communication que les quatre corps de pompe dont se compose l'appareil hydraulique du nouveau château aspireront l'eau filtrée que leur enverront les pompes de l'ancien château transformées, comme nous venons de le dire, en pompes nourricières.

Des deux corps de pompe que met en jeu chaque turbine, l'un aspire l'eau dans la caisse centrale, au moyen d'un tuyau de 0m40 de diamètre, et l'autre par un semblable tuyau dans la caisse latérale qui lui correspond.

Indépendamment du tuyau d'aspiration qui puise dans la caisse des eaux filtrées, chaque corps de pompe est muni d'un autre tuyau de même diamètre qui plonge dans l'eau du canal d'amenée, afin, au besoin, en cas d'insuffisance de l'eau filtrée ou de dérangement des machines de l'ancien château, d'alimenter la ville avec l'eau même de la Garonne.

Il y a donc ainsi, dans le nouveau château d'eau, quatre tuyaux d'aspiration pour l'eau fournie par les galeries de filtration, et quatre tuyaux pour l'eau naturelle de la rivière arrivant par le canal d'amenée des eaux motrices. Ces huit tuyaux peuvent fonctionner simultanément ou isolément et indépendamment les uns des autres, c'est-à-dire, distribuer dans la ville de l'eau filtrée mélangée avec l'eau de la Garonne quand celle-ci sera claire, ou bien l'une des deux seule, ainsi que cela avait lieu au château d'eau d'Aubuisson.

A cet effet, chaque tuyau aspirateur est muni d'un robinet vanne qui peut intercepter ou permettre à volonté le passage de l'une ou de l'autre qualité d'eau. L'eau aspirée passe, avant d'arriver dans chaque corps de pompe, par un réservoir d'air d'aspiration, sorte de cloche cylindrique de 1m85 de hauteur et de 0m85 environ de diamètre, hermétiquement fermée et fondue d'une seule pièce. Chacun de ces réservoirs d'air est commun au tuyau d'aspiration de l'eau filtrée et à celui qui puise dans le canal d'amenée; il y a donc ainsi un réservoir d'air pour chaque corps de pompe.

De ce réservoir d'air, l'eau aspirée par une première course de piston se rend dans le corps de pompe horizontal à double effet dont j'ai donné plus haut la description et dont le piston aspire et refoule en même temps l'eau à chacune de ses courses, soit en avant, soit en arrière.

L'eau aspirée par le piston est refoulée par cet organe dans un second réservoir d'air de 1m40 de hauteur et de 0m60 environ de diamètre, placé immédiatement au-dessus du corps de pompe, et de là, par une tubulure munie d'un robinet vanne dans un grand dôme cylindrique en fonte de près de 4m50 de hauteur et de 1m20 environ de diamètre intérieur, servant à deux corps de pompe entre lesquels il se trouve placé, sur un socle en pierre de taille de 1m55 de côté et de 1m50 de hauteur, reposant lui-même sur un fort massif de maçonnerie de brique.

C'est dans ce grand réservoir de refoulement que les 220 litres que chacun des deux pistons, dans sa double course en avant et en arrière aspire et refoule en un tour de la manivelle qui les meut, viennent subir la pression d'une colonne d'air comprimé au nombre d'atmosphères exigé par la hauteur à laquelle l'eau devra être élevée dans l'intérieur de la ville.

Pour envoyer l'air nécessaire dans ce réservoir, l'extrémité de la tige du piston de la pompe foulante prolongée du côté opposé à la commande, sert elle-même de piston à un petit corps de pompe aspirante et foulante d'un système très-ingénieux prenant l'air dans l'atmosphère et le conduisant dans le réservoir au moyen d'un tube muni d'un petit robinet que l'on peut ouvrir au besoin si la compression de l'air dans le réservoir devenait trop considérable. Un filet d'eau venant du réservoir par un tuyau particulier, tombe constamment dans une petite cuvette adaptée au cylindre de cette pompe à air, pour que celle-ci aspire à la fois de l'air et de l'eau, et qu'en diminuant ou en augmentant la quantité du liquide, on puisse régler le volume d'air refoulé.

Chacun des réservoirs de refoulement fait partie d'un appareil complet de deux corps de pompe mû par une turbine; il reçoit à chaque tour entier des deux manivelles de l'arbre de couche 220 litres, et comme chaque manivelle fait 16 tours par minute, il s'ensuit qu'en une minute 32 fois 220 litres ou 7,040 litres et enfin 10 millions de litres par 24 heures sont refoulés dans chacun de ces deux récipients. Les deux ensemble recevront donc et refouleront les 20 millions de litres ou les 1,000 pouces d'eau que le château d'eau doit distribuer en 24 heures.

Au bas de chacun de ces dômes est une ouverture de 0m50 de diamètre à laquelle s'adapte un tuyau d'un diamètre égal par lequel, cédant sous la pression de la colonne d'air comprimé qui remplit la partie supérieure du dôme, l'eau est refoulée au fur et à mesure de son injection; et comme ce tuyau est dans chaque système l'origine de l'une des deux conduites de refoulement, qui sont placées sur des consoles en fonte, situées à droite et à gauche, et sur toute la longueur du nouveau canal d'amenée, et doivent se réunir aux deux conduites principales de la canalisation actuellement existante et qui passent sous le trottoir de droite du pont de pierre, il s'ensuit que la tension de l'air dans le dôme devra être assez forte pour faire équilibre à la charge d'une colonne d'eau qui serait de 8 mètres plus élevée que le niveau de l'eau dans la cuvette de l'ancien château, ou 16 mètres au-dessus du sol de la place Rouaix. La hauteur de cette colonne est de 23m72, et comme il est à supposer que le niveau de l'eau dans le dôme se maintiendra à 1 mètre environ au-dessus du tuyau de refoulement, c'est-à-dire à 5 mètres au-dessus du niveau des bâches d'aspiration du nouveau château, on a 28m72 pour la hauteur totale à laquelle le moteur doit élever l'eau.

Il est à croire que vu la perte de charge qui résultera du frottement de l'eau dans les conduites, la pression de l'air comprimée sur l'eau dans le dôme, ne sera guère moindre de 2 1/2 à 3 atmosphères. Sous cette pression et pour distribuer 1,000 pouces, l'eau s'écoulera dans les conduites de refoulement de $0^{m}50$ de diamètre et ayant par conséquent une section d'environ 20 décimètres carrés avec une vitesse de $0^{m}55$ à $0^{m}60$ par seconde.

En admettant que la hauteur à laquelle la quantité de 1,000 pouces, par 24 heures ou 230 litres par seconde d'eau, élevée y compris la perte de charge, soit de 33 mètres on a $\frac{33 \times 230}{75} = 100$ chevaux vapeur.

Il est à supposer que pour vaincre les résistances passives résultant du jeu des organes de transmission et des pompes, cette force ne devra pas être moindre de 120 à 130 chevaux vapeur. Or, la chute à la nouvelle usine étant de $4^{m}70$ et le volume d'eau à dépenser de 4 mètres cubes au minimum, on a une force théorique de 250 chevaux qui, en admettant un effet utile de $0^{m}60$ pour les turbines, laisserait encore disponible une force de 150 chevaux vapeur.

Cette force sur laquelle on peut compter avec la cote de 2 mètres au garonomètre du Pont est bien suffisante; mais il est à craindre, nous le répétons, que vu la grande longueur du canal d'amenée aux basses eaux, c'est-à-dire aux cotes de $1^{m}50$ et au-dessous, très-fréquentes depuis plusieurs années, la dépression du niveau et par suite la diminution de la force ne soit assez considérable et sensible lorsqu'il faudra distribuer 1,000 pouces.

XII.

Il résulte des détails dans lesquels nous venons d'entrer que le nouveau système hydraulique en voie d'exécution se résume ainsi :

1° Création d'une nouvelle galerie de $324^{m}75$ de longueur, dont 264 mètres seulement sont filtrants avec radier plus bas de $1^{m}62$ et $1^{m}92$ que celui des anciens filtres aboutissant à un puisard de 1 mètre encore plus bas, et dont le niveau de l'eau est à 129^{m}23 au-dessus de la mer (0^{m}87 au-dessous du zéro de l'échelle garonométrique).

2° Transformation du château d'eau d'Aubuisson et substitution aux 8 pompes actuelles de 0^{m}27 de diamètre, de 8 autres corps de pompe de 0^{m}40 de diamètre devant élever l'eau de la cote 129^{m}23 du puisard à celle de 134^{m}348 au-dessus de la mer, niveau de l'eau dans la cuvette circulaire en béton, construite autour de ce château, soit à 5^{m}118 au-dessus de la surface de l'eau du dudit puisard.

3° Ecoulement de l'eau filtrée par un aqueduc de 1,200 mètres construit au-dessus du canal d'amenée des eaux motrices jusqu'aux caisses d'aspiration du nouveau château dans lesquelles le niveau de l'eau est à 133^{m}650 au-dessus de la mer ou à 0^{m}70 environ au-dessous du niveau de l'eau dans la cuvette circulaire à l'ancien château.

4° Aspiration et injection à la hauteur de 137^{m}650 au-dessus de la mer, 5 mètres au-dessus du niveau de l'eau dans la caisse, dans un grand dôme ou réservoir d'air de l'eau filtrée arrivant dans ces caisses, et refoulement par l'air comprimé, de cette même eau, à la hauteur de la cote 162^{m}370 au-dessus de la mer, 22^{m}720 au-dessus du niveau de l'eau dans le dôme, au moyen de deux conduites de 1,200 mètres chacune et de 0^{m}50 de diamètre disposées sur des consoles en fonte à l'intérieur, et de chaque côté du canal d'amenée.

5° D'un canal d'amenée des eaux motrices de 12 à 1,300 mètres de longueur, avec ses regards, ses diverses vannes de garde, vannes motrices et grilles d'arrêt des corps flottants ou roulés sur le radier ;

6° D'un bâtiment servant à loger les appareils hydrauliques et les moteurs ;

7° De 2 turbines, de leurs vannages et de leurs transmissions de mouvement ;

8° De 2 appareils hydrauliques élévatoires et de refoulement comprenant ensemble 8 tuyaux d'aspiration, 4 pour l'eau filtrée et 4 pour l'eau de la rivière, de 12 robinets vannes, de 8 réservoirs d'air et de 2 grands dômes d'air comprimé, de 2 manomètres, de 2 pompes à air et enfin de 2 tuyaux de refoulement, ainsi qu'il vient d'être dit, de 1,200 mètres de longueur et de 0m50 de diamètre, remontant le canal d'amenée jusqu'à leur point de jonction, au Pont, avec les conduites du château d'eau d'Aubuisson.

XIII.

Pour que le nouveau système que nous venons de décrire soit complet, il reste à exécuter :

1° La transformation de l'appareil hydraulique de l'ancien château d'eau et son remplacement par les corps de pompe, les bâches, les tuyaux d'aspiration, les tuyaux de communication, les robinets vannes fournis par M. Farcot et qui sont depuis longtemps rendus à pied d'œuvre ;

2° La continuation des nouvelles galeries sur une longueur de 200 mètres dans la prairie des filtres et de 170 mètres dans la petite presqu'île située au delà du canal de fuite du moulin Vivent ;

3° La substitution dans la ville de conduites nouvelles d'un plus fort diamètre, 0m50, et de conduites secondaires d'une section proportionnée à la nouvelle quantité d'eau de 1,000 pouces à distribuer ;

4° La construction de deux réservoirs sur les coteaux de Guillemery et des Redoutes, devant contenir chacun, environ 5,000 mètres cubes d'eau, ou d'un seul d'une contenance de 10,000 mètres cubes.

XIV.

Les dépenses déjà faites pour la partie exécutée des travaux à la date du 1er mai 1866, s'élèvent à 1,281,439 fr. 86 cent., et se répartissent de la manière suivante :

Première partie du projet.	
Nouvelles galeries de filtration.......	158,141f 68c
Deuxième partie du projet.	
Construction du nouveau château d'eau et des aqueducs d'amenée des eaux motrices et des eaux filtrées (Entreprise Grandou).	660,996 09
Fourniture de nouvelles machines élévatoires et modification des machines de l'ancien château d'eau, le tout pesant 177,000 kilos (Entreprise Farcot).....	193,000 00
Acquisition de terrains pour l'établissement du nouveau château d'eau........	10,300 64
Troisième partie du projet.	
Établissement de deux conduites maîtresses de 0m50 de diamètre destinées à mettre en communication le nouveau château d'eau avec l'ancien réseau des conduites de la ville (Entreprise Pinart)........	206,000 00
Etablissement de vannes de garde et de prise d'eau du nouveau château d'eau.	12,000 00
Traitement des employés, frais de pose de la première pierre et dépenses diverses.	41,001 45
Total............	1,281,439 86

Les dépenses restant à faire pour terminer la troisième partie du projet sont :

1° Pour la continuation de la nouvelle galerie de filtration..............................	115,000 00
2° Construction des ateliers de réparation, magasins et logement du mécanicien et de l'aide mécanicien du nouveau château d'eau...........................	40,000 00
3° Pour conduites en fonte de diamètres divers, robinetterie et construction des réservoirs..........................	1,127,000 00
Total............	1,282,000 00

Ainsi en admettant que cette dernière dépense supposée ne soit pas dépassée, et elle le sera certainement, on a pour la depense totale 2,563,439 fr. 86 cent.

L'ancien château d'eau étant réduit par le projet au rôle de simple organe du nouvel établissement, ce qu'il a coûté, c'est-à-dire un million, doit nécessairement être ajouté à la dépense occasionnée par la construction de ce dernier, ce qui portera au moins à 3,563,439 fr. 86 cent. la somme totale des dépenses faites par la ville pour posséder un établissement hydraulique unique.

XV.

Cette dépense est considérable sans doute, mais elle s'amoindrit grandement en présence de cette considération que, en admettant qu'elle s'élevât à 4 millions et qu'on calculât l'intérêt de cette somme à 10 pour cent, le prix du mètre cube élevé à un mètre, serait à peine d'un cinquième de centime; mais malheureusement la ville, avec les seules ressources de ses centimes additionnels, aura à attendre longtemps encore la jouissance des 1,000 pouces d'eau qui doivent pour bien longtemps très-largement suffire à ses besoins.

En effet, les 15c03 votés par le conseil municipal, le 19 mars 1859, perçus du 1er janvier 1860 au 31 décembre 1865 et réalisant une somme de 982,000 fr. ont été plus qu'absorbés par la partie des travaux exécutés ou en cours d'exécution au 31 décembre 1865. L'ancienne administration, poursuivant l'exécution complète du projet, s'était préoccupée d'avance de cette situation et obtenait la loi du 24 juin 1865 qui, à partir du 31 décembre 1865 l'autorisait à continuer de percevoir une partie des 20 centimes sur les quatre contributions directes de la ville de Toulouse; mais ce n'est plus 15c03 qui pourront être affectés aujourd'hui à l'exécution des travaux restant à faire, et cela parce que, d'après cette loi, sur les 20 centimes que la ville ne peut dépasser, 12 centimes doivent être affectés pendant 10 ans à solder le premier emprunt. Il restera donc, du 1er janvier 1866 au 31 décembre 1875, 8 centimes seulement pour la nouvelle distribution d'eau, soit, à raison de 102 à 103 mille francs par année, une somme de 1,030,000 fr. Cette somme étant loin d'être suffisante, la loi y a pourvu en autorisant la ville à affecter à ses fontaines la totalité de 20 centimes pendant deux ans, à partir du 1er janvier 1876 jusqu'au 31 décembre 1877. Le produit total de ces centimes sera donc de 1,580,000 fr.; mais la ville devra attendre pendant douze années la réalisation complète du projet en cours d'exécution. La construction de ses ouvrages aura duré seize ans, à moins que, au moyen d'un emprunt nouveau qu'elle contracterait, la ville ne procédât immédiatement à l'achèvement de cette distribution, ce qui serait peut-être préférable.

Telle est en ce moment, au point de vue financier, la situation de la nouvelle usine que possède la ville de Toulouse; et telle est aussi la question qu'elle semble poser tout naturellement aux administrateurs de la cité; nous aurons à l'examiner plus loin, mais espérons d'ores et déjà que les difficutés qu'elle présente pourront être heureusement surmontées, et qu'il sera possible de concilier l'insuffisance actuelle de nos ressources avec les exigences des besoins, que l'accroissement rapide de la population rend de jour en jour plus impérieux.

XVI.

La description qui précède du nouvel établissement a pu faire reconnaître, combien sont considérables ses proportions, si on les compare à celles de l'ancien château; l'exécution des divers organes qui devront concourir à l'élévation et au refoulement de l'eau filtrée est très-soignée, et si la stabilité des appareils hydrauliques, qui ne pourra être jugée qu'ultérieurement et en marche, répond à l'ordre parfaitement symétrique de leur installation, nul doute que l'ensemble ne fonctionne dans d'excellentes conditions. On sait, au reste, que les machines qui sortent des ateliers de construction de M. Farcot, présentent toutes un degré de perfection et d'ingénieuse combinaison remarquables que l'on retrouve ici dans toute leur ampleur.

Quant au mode de distribution employé par M. Farcot et accepté par M. Guibal, il offre une des plus intéressantes applications du système adopté aujourd'hui par l'industrie moderne pour les grandes distributions d'eau, au moyen de moteurs hydrauliques ou de la vapeur ; son emploi se trouvait, d'après M. Guibal, en quelque sorte imposé par l'importante distribution à Toulouse de 1,000 pouces, et leur refoulement à des hauteurs qui pouvaient atteindre 35 mètres au-dessus du puisard ; 16 mètres au-dessus du sol de la place Rouaix.

Ce système, qui a cependant soulevé de nombreuses objections dans notre ville, diffère essentiellement, on l'a vu, de celui de l'ancien château où l'eau élevée d'abord par des pompes foulantes à pistons plongeurs dans une cuvette, au moyen d'une série de tuyaux, redescend par d'autres tuyaux et alimente les conduites de distribution, sous la pression à peu près constante d'une colonne d'eau, qui pour la ville de Toulouse est de 24 mètres au-dessus des puisards et de 8 mètres au-dessus du sol de la place Rouaix, l'un des points les plus élevés de cette cité. Au nouveau château, au contraire, la colonne d'eau du château d'Aubuisson cédant d'une manière continue à l'action de la gravité, est remplacée par un volume d'air comprimé, dont le degré de tension nécessaire pour produire les mêmes effets, est mesuré au moyen d'un manomètre, comme cela a lieu dans les machines à vapeur, pour indiquer la tension de la vapeur dans les chaudières.

La puissance d'un tel système hydraulique est, on le comprend, en quelque sorte sans limites, ou plutôt cette puissance n'a d'autres limites que la résistance même des récipients d'air, leur stabilité, les dimensions des corps de pompe, et la force motrice dont on dispose, et c'est là ce qui a fait généralement adopter les moyens à l'aide desquels on se procure la faculté que donne cette combinaison de pouvoir refouler l'eau aux plus grandes hauteurs.

Le système employé à Toulouse par MM. d'Aubuisson et Abadie est d'une simplicité remarquable et qui en fait le principal mérite, mais il devient impuissant quand le périmètre d'une grande ville s'étend ou doit s'étendre bien au delà de ses limites primitives; et sans parler de l'avantage incontestable qu'il ne possède qu'à un degré très-restreint et qui résulte de cette faculté précieuse de pouvoir faire arriver l'eau jusqu'aux étages les plus élevés des habitations, il a encore contre lui les pertes de charge dues à l'extension de ces limites, pertes telles parfois qu'elles exigeraient des colonnes d'eau et par suite des bâtiments d'une hauteur qui en rendraient l'application impossible. Et notons bien que ces hauteurs sont complétement indépendantes du volume d'eau élevé, et qu'elles peuvent être nécessaires même pour les plus faibles quantités. Si, en effet, nous prenons pour exemple ce qui a lieu à Marly, nous voyons que 400 à 425 pouces d'eau seulement sont élevés à 160 mètres de hauteur. Pourrait-on jamais avoir l'idée de construire un château d'une telle élévation pour y appliquer le système d'Aubuisson-Abadie? Evidemment, non. On ne pourrait pas davantage l'employer pour les autres distributions d'eau dont nous avons parlé plus haut, et qui comprennent, avec les pertes de charge, des hauteurs de 40, de 70 mètres et plus.

Cela est vrai, avons-nous entendu objecter, mais en tant seulement qu'il s'agisse d'élever l'eau à des hauteurs considérables. En ce qui concerne Toulouse, il en est tout différemment. Peut-on considérer, en effet, une hauteur de 35 mètres, comme opposant des difficultés insurmontables à l'érection d'un bâtiment de cette élévation, et est-elle exclusive absolument de l'emploi de ce moyen si simple de se donner une charge constante, qui a pendant si longtemps fait ses preuves dans notre ville?

Etait-il nécessaire, indispensable de lui substituer des

appareils, compliqués de réservoirs de refoulement, de cloches à air, de manomètres, de soupapes de sûreté, etc.? toutes choses parfaitement conçues, très-ingénieuses sans doute, mais applicables aux seuls cas de hauteurs excessives; cas en quelque sorte exceptionnels et où leurs avantages peuvent avec raison faire accepter leurs inconvénients; ces inconvénients, on les connaît, ils proviennent de la nécessité d'exercer une surveillance continuelle, afin d'éviter les pressions anormales pouvant résulter des réactions diverses qui ont lieu dans les conduites de distribution, des coups de bélier, etc., et par suite de la compressibilité indéfinie de l'air. La cuvette et les colonnes d'eau de M. d'Aubuisson, obviaient bien plus efficacement à tous ces inconvénients et cela sans qu'il fût besoin d'exercer une surveillance qui très-souvent peut se trouver en défaut.

S'il faut convenir que ces objections ne sont pas sans quelque fondement, et que le refoulement direct de l'eau dans les conduites de distribution dites *forcées*, se fait d'une manière moins régulière, et plus compliquée en employant l'air comprimé, qu'au moyen d'une charge d'eau, on doit aussi reconnaître, que le refoulement de l'eau dans les conduites par les pompes du nouveau système a pour auxiliaires des réservoirs qui jusques à un certain point remplissent l'office de la cuvette de l'ancien château, avec cette différence, toute à leur avantage, qu'une masse d'eau considérable peut y être tenue en réserve, et servir utilement à tout instant dans une foule de ciconstances. En outre, et indépendamment de ce qu'ils pourront maintenir constamment en charge les conduites, ces réservoirs seront une véritable soupape de sûreté concourant avec celle disposée dans le voisinage des appareils à faire équilibre aux tensions variables de l'air dans les réservoirs de refoulement, et à prévenir ainsi les effets nuisibles des pressions excessives, si elles avaient lieu.

Ces auxiliaires indispensables aujourd'hui de toute bonne distribution d'eau, doivent, au point de vue examiné plus haut, nous laisser sans crainte sur le bon fonctionnement de la nouvelle usine; seulement, et par une mesure de prudence, dont on comprend la portée, leur construction devrait ici comme partout précéder la mise en marche définitive des appareils. Cette condition semble surtout impérative à Toulouse, si l'ancien réseau des conduites dont le diamètre des tuyaux est relativement faible, doit provisoirement servir à la nouvelle distribution.

XVII.

Mais ce n'est pas là la seule objection qui ait été adressée au nouveau système de distribution d'eau inauguré à Toulouse, il en est plusieurs autres dont il convient d'examiner impartialement la valeur dans l'intérêt de la vérité. On lui reproche l'emploi des engrenages pour transmettre le mouvement des moteurs aux pompes, et surtout des roues coniques; ici, dit-on, les 156 dents de bois de la grande roue, ayant à subir de très-fortes pressions, exigeront des soins assidus de graissage, et aussi de calage, car on peut remarquer déjà, que toutes ces dents en se desséchant ont pris du jeu dans leurs mortaises. Le choix des moteurs est lui-même très-malheureux. Les turbines, si elles conviennent à une fabrique ordinaire, ne se prêtent guère aux exigences d'une distribution d'eaux publiques. Cette opinion était celle du savant rapporteur du conseil général des Ponts et chaussées. M. Dupuit s'exprime ainsi, en effet, à ce sujet, dans son rapport du 9 mars 1860 :

« S'il s'agissait d'une usine ordinaire, nous n'aurions pas d'objection à faire au choix des turbines, très-propres à utiliser une chute variable, mais leur vitesse devient un inconvénient très-grand pour des pompes, et les engrenages auxquels on est obligé d'avoir recours, donnent lieu à de grandes pertes de force vive. Deux étages de roues de côté conviendraient peut-être mieux : l'étage inférieur ne marcherait plus en grandes eaux et serait supplée par l'étage supérieur qui ne serait jamais noyé. »

Cela est parfaitement vrai , et l'on a, dit-on, le droit de s'étonner qu'il n'ait pas été tenu compte de cette observation si judicieuse. Citerait-on des cas de distribution d'eau où ces moteurs et leurs engrenages ne se sont pas dérangés un seul instant depuis leur établissement de longue date, que l'on serait encore fondé à demander avant de conclure contre l'opinion de M. Dupuit, qui est aussi celle de M. Raynault, membre de l'Institut, professeur au collége de France (1) de connaître leurs conditions de force dynamique, et celle de plus ou moins grande propreté des eaux de la rivière à laquelle cette force est empruntée ; et ces conditions fussent-elles exceptionnellement favorables au soutien de cette thèse, qu'il n'en faudrait pas moins poser en principe avec les hommes éminents dont le nom fait autorité, et avec tous les praticiens, qu'une des principales qualités des turbines, celle que l'on recherche pour les usines, leur grande vitesse, devient un des plus graves défauts qu'on puisse leur reprocher, en tant qu'application à une distribution d'eau au moyen de pompes.

Dans les conditions particulières où ces moteurs se trouvent placés à Toulouse, n'est-il pas à craindre que, situées à 1,200 mètres de la prise d'eau, et exigeant des grilles très-serrées, 20 millimètres seulement d'écartement des barreaux, pour éviter le passage des corps durs qui pourraient briser leurs distributeurs, ainsi que cela se voit fréquemment dans quelques établissements, et est arrivé récemment dans l'usine voisine, ces turbines ne soient exposées par ce fait à une dépression considérable de la chute, dépression qui se trouvera très-probablement augmentée par l'obstruction inévitable de ces grilles résultant de l'arrêt qu'elles occasionneront aux pailles ou feuilles d'arbres et autres corps légers flottants charriés par les eaux ?

Cet inconvénient, auquel sont soumis tous les moteurs hydrauliques dans les usines, et auquel on ne remédie qu'au

(1) Nous avons cité cette opinion dans la première partie de ce travail, à propos de l'usine hydraulique de Marly.

moyen de nettoyages fréquents des grilles, sera plus sensible pour le nouveau château, à cause de la position difficilement abordable de ces dernières.

Donner un plus grand écartement à leurs barreaux aurait un inconvénient plus grave encore, il n'y faut pas songer; car, en automne et pendant un temps assez long, les larges feuilles de peuplier de la Caroline et des platanes venues des ramiers supérieurs, s'appliqueraient et s'amoncelleraient sur les orifices des distributeurs au point de les boucher complètement, et d'empêcher même la fermeture des vannes. Quand ce fait se produirait, et il se produit toujours à cette époque, il faudrait nécessairement vider les chambres d'eau des turbines, et nettoyer les distributeurs, opération qui, si elle avait lieu sur les deux turbines à la fois, laisserait la ville entièrement privée d'eau pendant tout le temps qu'on y consacrerait. Le très-faible écartement de 20 millimètres donné aux barreaux des grilles étant donc indispensable, il reste la perte de force qui devra résulter de la dépression qu'elles occasionneront du tirant d'eau dans le canal d'amenée.

Cette perte de force peut être considérable dans l'été, et surtout lorsque la dérivation effectuée de la Neste et celle qui est à la veille de recevoir son exécution pour le canal de Saint-Martory, produiront dans cette saison l'amoindrissement inévitable et sensible au plus haut point pour les usines, du volume d'eau, déjà assez maigre, roulé par la Garonne à ces époques.

Les mécomptes auxquels on pourra être exposé dans ces circonstances, celles où la ville a le plus besoin d'eau, auraient été bien moindres si le radier du canal d'amenée eût été placé plus bas, ce qui aurait procuré un tirant d'eau plus considérable, la garantie d'un fonctionnement plus avantageux des moteurs, et par suite la distribution dans la ville d'une plus grande quantité d'eau filtrée.

Une appréhension non moins fondée, dit-on encore, s'attache aux conduites de refoulement placées dans le canal d'amenée. Ces conduites, sur leur parcours de 1,200 mètres, présentent trois coudes prononcés, dont l'un, sur la place extérieure Saint-Cyprien, s'ouvre sur un angle presque de 90°. N'est-il pas à craindre que, sous une pression subite et anormale, les tuyaux ne soient soulevés et projetés hors des consoles en fonte sur lesquelles ils reposent librement ? Ce fait s'est produit tout récemment à Marseille ; cette crainte n'est donc pas chimérique.

La distance de 1,200 mètres qui sépare l'ancien château d'eau, transformé en organe alimentaire du nouveau, sera peut-être aussi bien souvent une cause d'interruption dans le service, à moins qu'on n'admette que ni l'un ni l'autre ne se dérangeront jamais, et qu'une harmonie parfaite existera dans les relations d'un double personnel et de deux usines destinées à un service public qui ne saurait être interrompu.

Ainsi, il peut arriver fréquemment que l'eau filtrée surabonde au nouveau château, et que dès lors elle s'écoule en pure perte par le trop plein, comme aussi qu'il y ait insuffisance dans la caisse d'alimentation, ce qui alors, et afin de ne pas interrompre le service, donnera lieu à un jeu de robinets-vannes ayant pour résultat l'aspiration directe et le refoulement dans la ville de l'eau de la Garonne, et peut-être le mélange inévitable de deux sortes d'eaux ; car les manœuvres peuvent être fréquentes et telles en aval, qu'elles ne correspondent plus à celles qui s'exécuteront en amont.

On a donc, à ces divers points de vue, sans parler des inconvénients que la pratique pourra révéler, vivement critiqué le nouvel établissement, et ces critiques n'ont pas porté sur ces combinaisons seulement, mais aussi sur la dépense considérable à laquelle elles ont donné lieu.

En outre, en ce qui concerne la transformation de l'ancien château, le calcul démontre bien que la force qui peut élever, comme dans cette usine, 230 pouces à $23^{m}70$, peut en élever 1,000 à 6 mètres de hauteur ; cela est en théorie incontestable ; mais il ne faut pas méconnaître non plus, en supposant que l'ancien mécanisme, tel que balanciers, bielles, manivelles, supports, etc., soit assez fort et n'ait pas besoin d'être changé, que les frottements seront bien plus considérables avec des pistons de 0m40 et de lourds clapets qu'avec les anciennes pompes, dont les pistons n'avaient que 0m27 de diamètre. Il faudra donc certainement augmenter en proportion le volume d'eau moteur ; d'où la nécessité absolue de forcer l'usine Abadie à baisser la hauteur de son barrage, ou, ce qui vaudrait infiniment mieux et sera très-probablement indispensable, de la supprimer en l'achetant.

XVIII.

Toutes ces objections, ces critiques, sont sans doute très-sérieuses ; mais faut-il en exagérer l'importance à ce point de se croire autorisé à dire que le projet Guibal étant une entreprise en quelque sorte manquée quant à l'objet que l'auteur avait en vue, c'est-à-dire la distribution de 1,000 pouces d'eau filtrée, il fallait par prudence la réduire au seul rôle qui lui fût possible, celui de distribuer les eaux de la Garonne ?

Cette conclusion, qui, en l'absence de renseignements suffisants, a pu se présenter à l'esprit d'un grand nombre de personnes, d'ailleurs très-consciencieuses, et paraître toute naturelle, ne se justifie plus du moment que, ainsi que nous l'avons fait nous-même, on est amené à examiner avec plus d'attention et que l'on veut voir de plus près, dans ses détails techniques et complexes, le projet dont il s'agit.

Peut-être serait-on fondé à dire, en ce qui concerne certaines de ces combinaisons, qu'on ne les réaliserait pas comme l'auteur les a conçues, si leur exécution n'était pas accomplie aujourd'hui. Mais n'en advient-il pas toujours ainsi de tout projet ; en est-il quelqu'un duquel on puisse dire qu'il est absolument irréprochable quand on le juge après sa réalisation? Le système d'Aubuisson-Abadie, si simple et si justement populaire parmi nous, présente cependant de grands défauts quand on l'examine de près maintenant. Ne comprenons-nous pas en ce moment que le plus grave de tous, celui de n'avoir pourvu qu'aux besoins du présent, sans se préoccuper de l'avenir, est de ceux qui pouvaient parfaitement être évités ?

Si, en effet, on était à refaire cet établissement, est-ce que l'on placerait les radiers des filtres à la même altitude? Est-ce qu'on ne triplerait pas la largeur des roues hydrauliques ? Ne prendrait-on pas 5 à 6 mètres cubes d'eau motrice dans la Garonne, au lieu de 1 ou 2 qui ont été pris, et ne donnerait-on pas au canal de fuite une section suffisante pour en assurer le libre écoulement? Se créerait-on sur ce même canal de fuite une servitude qui a mis un de nos plus importants, de nos plus indispensables établissements urbains à la merci d'un intérêt privé? Ne placerait-on pas la cuvette à 35 ou 40 mètres de hauteur, au lieu de 24 mètres, afin de se procurer une charge toujours suffisante en cas d'extension des limites de la cité? Ne placerait-on pas des conduites maîtresses d'un diamètre double, pour éviter les pertes de charges qui, dans certains cas d'incendie, frappent d'impuissance notre ancienne distribution, et ne permettent pas de faire arriver ses eaux dans les nouveaux quartiers? Evidemment aujourd'hui on ferait tout cela ; et pourquoi ? Parce que l'expérience a permis de comprendre qu'une dépense d'un demi-million, ajoutée à celle arrêtée d'abord en principe, eût épargné plus tard à la ville une nouvelle dépense de trois millions.

Mais M. d'Aubuisson, lui aussi, eut à lutter contre des préventions ou des obstacles ; ils lui firent craindre plus d'une fois de voir échouer l'exécution du projet Abadie. Des dispositions on ne peut plus hostiles l'empêchèrent de songer à le faire plus large ; on eût perdu du temps, et tout atermoiement eût mis peut-être pour longtemps le projet à néant. On s'empressa donc d'exécuter ce projet restreint, et ce fut là, qu'on le sache bien, le point de départ d'une situation que M. Guibal n'avait pas faite, et dont il avait à vaincre toutes les difficultés. Pouvait-il les résoudre différemment qu'il ne l'a fait ? Pour quelques-unes, c'est possible ; mais pour les autres, il n'y avait guère que deux moyens également bons, du moins en pratique.

On peut dire, en ce qui concerne les moteurs, que M. Guial, qui d'ailleurs ne s'en était pas rapporté à ses propres umières, et avait demandé l'avis des hommes éminents qui omposaient le Conseil général des Ponts et chaussées, eût pu eut-être prendre cet avis en plus sérieuse considération. Si, 'une part, en effet, les turbines n'étaient pas explicitement dmises dans les conclusions du rapport du 3 janvier 1860, u moins elles laissaient au constructeur toute latitude sur le hoix du moteur. Mais dans ses conclusions du 9 mars 1860, e rapporteur de ce même Conseil est moins disposé à s'en rapporter au libre arbitre du constructeur qui sera chargé de 'entreprise. On lit en effet, dans le § 2 de l'art. 9 :

« Tout en laissant au constructeur une certaine latitude our le choix du moteur, on fera observer que la vitesse des urbines exige, pour la mise en mouvement des pompes, des ngrenages qui consomment une grande partie de la force morice, et qu'il serait peut-être avantageux d'avoir recours à leux étages de roues de côté, l'étage inférieur ne devant plus narcher en temps de crue. »

Tel a été l'avis du Conseil général dans cette question. M. Guibal n'y a pas vu le rejet absolu des turbines. Le seul nconvénient qui lui ait été signalé lui a paru s'amoindrir beaucoup en présence de la force considérable dont devait disposer la nouvelle usine, et du rendement généralement bien supérieur à tous les autres des moteurs de son choix. Plus convaincu des avantages résultant de leur propriété de marcher noyés, d'exiger peu de place pour leur installation, de coûter moins cher, par conséquent, et de fournir une plus grande puissance dynamique, qu'effrayé des chances d'accidents plus fréquents avec les turbines qu'avec les roues de côté, de la difficulté des réparations, des obstacles opposés au libre écoulement de l'eau par les grilles serrées qu'elles exigent, il a cru devoir passer outre. C'est là ce dont on lui a fait un grief sérieux, pesant regrettablement sur sa mémoire, sans tenir assez compte peut-être des motifs consciencieux et jusqu'à un certain point plausibles qui avaient entraîné sa détermination.

Nous disons jusqu'à un certain point plausibles; car, en premier lieu, il ne nous est pas possible d'adopter l'opinion du savant rapporteur du Conseil général des Ponts et chaussées, au sujet de deux étages de *roues de côté*. Certainement une disposition semblable peut être en théorie parfaitement admissible; mais, en pratique, des difficultés d'exécution de plus d'un genre se dresseraient contre sa réalisation, tout en donnant lieu à une dépense beaucoup plus considérable.

En second lieu, les roues dites *de côté*, pour rendre un effet utile qui se rapproche de celui obtenu des turbines, n'admettent pas, sur le seuil en déversoir de leur vanne motrice, une lame d'eau d'une épaisseur supérieure à 0^m40. Or, pour dépenser la moitié de 5 mètres cubes d'eau par seconde, soit 2^m50 cubes, chaque roue eût dû avoir une largeur de 5^m50 et son rayon moyen la hauteur de la chute augmenté de deux fois l'épaisseur de la lame d'eau, soit ici :

$$4^m70 + 0^m40 + 0^m40 = 5^m50$$

d'où il suit qu'une telle roue aurait dû avoir 11 mètres de diamètre au moins, et mieux 12 mètres. Et comme sa vitesse n'eût dû être que les 55 centièmes de la vitesse de l'eau qui est, dans le cas d'une lame d'eau de 0^m40 d'épaisseur, de 2^m81 par seconde, il en résulte que cette roue n'aurait fait que 2,64 tours par minute.

Voilà la règle, règle qui ne permet pas d'écart si l'on veut obtenir des roues de côté un rendement de 60 à 70 p. 100 égal à celui des turbines.

Une roue d'une aussi grande largeur et d'un tel diamètre qui eût exigé des maçonneries massives, un arbre en fonte très-lourd, des couronnes en fer ou en fonte et un aubage non moins lourds, n'aurait pas eu seulement l'inconvénient d'être excessivement dispendieuse, mais d'exiger, à cause de sa faible vitesse, des corps de pompes d'une dimension bien supérieure à ceux qui existent au nouveau château, et dont les pistons se meuvent, comme nous l'avons vu, avec une vitesse relative à 16 coups par minute. Avec la roue de côté on n'aurait eu, en voulant forcer un peu la vitesse, que 3 coups de piston par minute, ce qui eût nécessité 4 corps de pompe de 0m88 de diamètre, au lieu de 0m40 qu'on leur a donné pour élever, avec la même course de piston, les 1,000 pouces d'eau qui sont à distribuer. Donc la vitesse de 50 tours par minute des turbines, bien qu'elle n'ait pas été utilisée en entier, puisqu'on a été obligé de ralentir au moyen d'engrenage, dans le rapport de 3 à 1 environ, ou à 16 tours, le mouvement qu'elles communiquent aux pistons, n'en a pas moins procuré une économie très-considérable sur les frais de premier établissement. Nous en donnerons une idée en rappelant que les trois roues hydrauliques de Marly et les douze pompes horizontales construites par M. Feray d'Essonne, qu'elles mettent en jeu, ont coûté 450,000 fr., et encore ces quatre corps de pompes n'avaient-ils que 0m40 de diamètre, tandis que les nôtres eussent dû avoir 0m88, avec une course de 1 mètre, et de 0m68 si l'on avait adopté, comme à Marly, une course de piston de 1m60.

Ainsi, on peut admettre que deux roues, semblables à celles de Marly (1), de 60 chevaux chacune, qui n'ont que

---

(1) La chute d'eau de Bougival, où sont situées les roues de Marly, est variable de 1 à 3 mètres; dans les grandes crues elle se réduit quelquefois à moins d'un mètre; et en été, dans les basses eaux, elle s'est élevée à 3m15 et à 3m20. Ces roues sont donc exposées à marcher noyées. Aussi, M. Dufrayer a-t-il donné à la moitié des 64 aubes dont elles se composent, 3 mètres de profondeur dans le sens du rayon, et 2 mètres pour celles intermédiaires.

Le volume d'eau à dépenser est lui-même très-variable; c'est environ la moitié du débit de la Seine, c'est-à-dire, toute l'eau qui passe par le bras de Bougival. Or, le volume total est quelquefois de 100 à 120 mètres cubes par seconde, et dans les temps de sécheresse il s'est réduit à 45 ou 50 mètres, mais on peut largement compter, à l'étiage, sur une moyenne de 80 mètres cubes.

Ainsi, en admettant que les trois roues établies puissent débiter chacune 6 mètres cubes au maximum, avec une chute de 3 mètres, ce qui donne une force effective de 120 chevaux par roue, on peut se faire une idée de l'énorme puissance dynamique dont on disposera à Marly lorsque les trois roues qui doivent compléter l'établissement seront construites. On aura six roues présentant une force de 600 chevaux, et pouvant, lorsque la conduite, qui n'a que 0m20, sera changée et remplacée par une autre d'un plus grand diamètre, élever 1000 pouces d'eau ou 20 millions de litres à 160 mètres de hauteur dans la cuvette par vingt-quatre heures.

4ᵐ50 de largeur, et dont le diamètre est de 12 mètres, ave 8 corps de pompe, pour ne pas leur donner les grands dia mètres que nous avons indiqués ci-dessus, auraient coûté au moins 300,000 fr., tandis que les appareils fournis pa M. Farcot ne coûtent que 193,000 fr.; soit, une économie de 107,000 fr. A ce chiffre, il faut ajouter évidemment le surcroît de dépense qu'auraient occasionné, à cause du sur plus de largeur de 1 mètre des roues, les maçonneries toute différentes de celles nécessitées par l'installation des turbines surcroît de dépense qu'on ne saurait évaluer à moins de 100,000 fr.; c'est donc une économie d'environ 200,000 fr qu'a procuré à la ville le système adopté par M. Guibal.

Mais, peut-on objecter, une économie de cette nature est-elle une économie lorsqu'elle est achetée au prix d'éventualités qui semblent devoir compromettre les résultats d'une dépense pouvant s'élever à 3 millions? Il est évident que si une semblable dépense pouvait être compromise, la répons ne serait pas douteuse. Mieux eût valu certainement employer le système de M. Dufrayer, exécuté par M. Feray d'Essonne que le système Farcot; mais une telle éventualité ne saurai se présumer. Les turbines sont des moteurs bien connus. Celles employées au nouveau château sortent des ateliers d'un des premiers constructeurs français; elles commandent des appareils établis par une Société industrielle qui jouit d'une réputation justement méritée. Ces appareils sont doubles; chacun peut distribuer 500 pouces; et comme il est peu probable qu'ils se dérangent tous deux ensemble, à moins d'un défau de surveillance qu'il est possible de prévenir au moyen d'une bonne organisation du service, on peut compter, le réservoir aidant, sur une alimentation constante de nos fontaines; et à moins que les interruptions ne proviennent d'autres causes on n'aura pas à regretter, pensons-nous, les roues de *côté*.

Avec une chute de 2ᵐ20, M. d'Aubuisson avait bien pu employer des roues de ce genre, d'un diamètre de 6ᵐ50 seulement; mais avec la chute de 4ᵐ72 que s'était donné M. Guibal, en plaçant le nouveau château à 1,200 mètres en aval de l'ancien, il fallait forcément, ainsi que nous venons de le démontrer, donner à ces roues du même système de 11 à 12 mètres de diamètre pour rester dans les conditions de leur plus grand effet utile, et, eût-on même, en vue de réduire leur largeur à 4^{m}50, sacrifié une partie de cet effet utile (1) en conservant une charge suffisante sur le seuil des vannes motrices, qu'on aurait eu encore, nous le répétons, des roues excessivement volumineuses et très-lourdes. C'est la grande dimension, le poids de ces roues, la perte de force qu'elles forçaient à sacrifier pour leur réserver un débit suffisant aux basses eaux, et la dépense que devait entraîner

(1) La condition fondamentale des meilleurs rendements des roues hydrauliques en général, et des roues de côté en particulier, étant que l'eau arrive sur les aubes sans choc et en sorte sans vitesse, cette condition n'existe plus à un plus ou moins haut degré du moment où l'orifice d'écoulement de l'eau motrice sur la roue se trouve surmonté par une hauteur plus ou moins considérable de l'eau dans le réservoir où il s'alimente, c'est-à-dire, quand l'eau ne s'écoule plus en déversoir par cet orifice; l'effet utile diminue, dans ce cas, en raison directe de l'augmentation de cette hauteur. Il augmente, au contraire, d'autant plus, que les lames qui s'écoulent en déversoir sont plus minces; ce qui veut dire que lorsqu'on dispose d'un grand volume d'eau, il faudrait théoriquement donner à ces roues des largeurs démesurées.

Ainsi, pour en donner une idée, si l'on avait un mètre cube d'eau, ou 1000 litres à dépenser par seconde, et que pour obtenir le maximum d'effet utile on n'employât qu'une lame d'eau en déversoir de 0^{m}20, il faudrait donner à la roue une largeur de 6^{m}20, tandis que, avec une lame 0^{m}40, une largeur de 2^{m}20 serait suffisante. Mais, dans le premier cas, le rendement serait de 70 pour cent, et, dans le second cas, de 55 pour cent seulement. La raison en est simple : l'eau, arrivant sur les aubes, dans le premier cas, avec une vitesse de 1^{m}98 par seconde, et de 2^{m}81 dans le second cas, elle produira un choc plus sensible sur les aubes dans cette dernière hypothèse, et sortira de la roue avec plus de vitesse; ce qui, conformément au principe posé plus haut, doit donner lieu à une diminution proportionnelle de l'effet utile.

En admettant une chute de 1 mètre pour ces roues, on obtiendrait, au moyen d'une turbine ayant la même chute et la même dépense, un rendement de 70 pour cent; et cette turbine pourrait n'avoir que 1 mètre de diamètre et tourner à une vitesse de 50 tours par minute. Ce sont ces faibles dimensions et cette grande vitesse, jointes à un plus fort rendement, qui font préférer aujourd'hui les turbines aux roues de côté par les établissements industriels. Leur grande vitesse permettant de supprimer les grands engrenages et de diminuer, dans une très-forte proportion les dimensions, et par suite le poids des arbres de transmission, elles procurent une économie considérable dans les frais de premier établissement, tout en utilisant le maximum de force de la chute de l'usine.

leur construction qui ont arrêté M. Guibal, et qui, tout bien considéré, l'ont fait opter pour les turbines permettant d'utiliser le maximum d'une force, considérable il est vrai, mais assez limitée cependant pour que, en présence de l'énorme résistance qui était à vaincre, il fût prudent de l'économiser le plus possible. Les personnes peu familiarisées avec l'hydrodynamique ne se font guère une idée de la force nécessaire pour élever 230 litres d'eau par seconde, ou 1000 pouces par vingt-quatre heures à 35 mètres de hauteur (1). Cette force, on peut se la représenter exactement par un poids de 8 tonnes ou de 80 quintaux métriques de 100 kilog. à soulever constamment avec une vitesse de 1 mètre par seconde; c'est l'équivalent d'une force de 107 à 108 chevaux vapeur, ou de 200 chevaux de trait.

Le problème était donc ainsi posé : Pour élever 1000 pouces d'eau, ou 20 millions de litres à 35 mètres de hauteur en vingt-quatre heures, avec une chute de 4m70, un volume d'eau de 5 mètres cubes par seconde, et un niveau variable dans d'assez grandes limites dans les biefs d'amont et d'aval, quel était le meilleur moteur, le moteur le plus économique au point de vue de la force et de la dépense pécuniaire, à placer à une distance de 1,200 mètres de la prise d'eau, pour assurer, dans tous les cas, une distribution d'eau maximum ? Evidemment, l'emploi des turbines résolvant le plus avantageusement possible à ces divers points de vue le problème posé, devait séduire M. Guibal, car c'était là le résultat capital qu'il voulait, et auquel ont dû céder, dans son esprit, toutes les considérations relatives aux inconvénients reprochés à ces moteurs appliqués à une distribution d'eaux publiques. Ceux attribués à l'emploi des engrenages, qui sont d'absorber, en pure perte, une partie de la force motrice et

(1) La hauteur exacte est 28 72 au-dessus du niveau de l'eau dans la bâche d'aspiration du nouveau château, ou 16 mètres au-dessus du sol de la place Rouaix. Si nous évaluons cette hauteur à 35 mètres dans ce travail, c'est parce que nous y comprenons les pertes de charge dues aux frottements de l'eau dans les conduites, pertes de charge qui équivalent à un accroissement de la hauteur à laquelle l'eau doit être élevée.

de donner lieu à des accidents plus fréquents, ne lui ont pas paru assez importants pour s'y arrêter. L'absorption de la force motrice par ces organes est insignifiante, en effet, en comparaison de celle qu'on eût perdue avec de lourdes roues de côté. Quant aux accidents qui peuvent résulter de leur présence dans le mécanisme, ils ne sont pas complétement imaginaires, et il est évident qu'il vaudrait beaucoup mieux qu'il n'y eût pas de tels organes de transmission à notre nouveau château, car le jour où il faudra changer les 156 dents en bois des grandes roues d'angle, ce sera non-seulement un travail coûteux, très-long, mais pouvant encore exposer à un accident plus grave, la rupture de ces roues dans le cas où ces dents viendraient à être trop violemment chassées dans leurs mortaises. Toutefois, ces accidents sont très-rares, et les couronnes des roues dont il s'agit ont ici une épaisseur de 0m10, qui semble devoir complétement rassurer contre toute éventualité de cette nature. Les dents elles-mêmes ont une épaisseur qui, si elle n'est pas supérieure à celle nécessaire, est au moins suffisante relativement à la pression qu'elles doivent supporter (1). La quantité de travail dynamique que le pignon en fonte de 50 dents doit transmettre avec une vitesse qui est, pour 50 tours par minute de ce pignon, de 3m925 par seconde, est ici, en effet, de 4000 kilog.; ce qui donne une pression de 1000 kilog. sur chacune des 156 dents de bois de la grande roue : conformément à la formule ordinaire, on leur a donné 45 millimètres d'épaisseur. Il n'y a donc rien à dire sur ce point, si ce n'est que lorsque les dents seront usées, plus ou moins, elles ne se trouveront plus dans les conditions de leur résistance normale. Quelle sera la dernière limite et la durée de cette résistance? C'est ce qu'il n'est guère possible de déterminer; des données précises manquent complétement à cet égard. La plus ou moins longue durée des dents en bois, qui sont le plus généralement en cormier ou

(1) Néanmoins, il aurait été très-prudent de diviser bien exactement les *cabinets* des dents, ce qui n'a pas été fait.

en chêne vert, dépend d'une foule de causes, parmi lesquelles il faut placer : l'inégalité de dureté du bois employé, le défaut ou l'insuffisance de graissage, la nature plus ou moins onctueuse de la matière lubrifiante, le jeu que les dents peuvent prendre dans leurs mortaises, la présence de poussières siliceuses se mêlant à la graisse et produisant l'effet d'une lime sur le bois, le glissement de dents les unes sur les autres, provenant du ballottement des axes dans leurs coussinets; enfin, d'une dent qui casse et peut, instantanément, entraîner la rupture de toutes les autres. Les accidents provenant de ces causes sont bien connus dans les usines où ils donnent lieu à des chômages coûteux; aussi cherche-t-on, le plus possible, à supprimer les engrenages dans la transmission de mouvement de certains établissements industriels. La grande vitesse des turbines a pu permettre d'en diminuer le nombre, mais on n'a fait que substituer une cause de chômage à une autre; toutefois, leur meilleur rendement établit une sorte de compensation qui reste à leur avantage.

Aux Etats-Unis, dans les filatures de coton, les engrenages et les arbres de couche sont supprimés; la transmission des mouvements y a lieu au moyen de courroies de 9, 12 ou 15 pouces ($0^{m}27$, $0^{m}36$ ou $0^{m}45$) de largeur, suivant la force employée, et dont la vitesse linéaire est de 2,500 à 3,600 pieds (750 à 1080 mètres par minute), soit $12^{m}50$ à 18 mètres par seconde. Une courroie de $0^{m}45$ de largeur se mouvant avec une vitesse de 15 mètres par seconde, est considérée dans ce pays comme suffisante pour transmettre une force de 50 chevaux. Et, ce qui est à remarquer, c'est que ce ne sont pas seulement les établissements les plus récents qui sont ainsi mus par courroie, mais les anciennes filatures ont mis de côté leurs arbres de couche et leurs engrenages pour leur substituer les courroies; l'expérience qu'ils ont pu faire des deux systèmes leur fait donner la préférence à ce dernier (1).

---

(1) A practicat détail of the cotton manufacture of the united state America by James Montgomery superintendent, York factories, saco, state of Maine.

En France, ce moyen est employé aujourd'hui pour mettre en jeu les cylindres de papeterie qui marchaient au moyen d'engrenages. Nous-même, en **1847**, nous avons établi les transmissions de mouvement pour un moulin dont chacune des six paires de meules à blé est commandée directement par une courroie. Un moulin, composé de plusieurs séries, chacune de 10 paires de meules, est mis ainsi en mouvement, par courroie, chez M. Darblay, à Corbeil. Au moulin du Château, à Toulouse, plusieurs paires de meules marchent également par ce système; il a très-bien fonctionné partout. On n'a pas craint, même dans les forges de Rachecourt (Haute-Marne), de l'employer comme transmission de mouvement à plusieurs trains de laminoirs. Pour une vitesse de 22 tours 5 par minute du moteur, qui est ici une turbine, la vitesse de translation des courroies motrices est, pour chaque train, de $26^{m}285$ par seconde. Cette vitesse rectiligne de plus de 26 mètres permet aux courroies, qui ont chacune $0^{m}45$ de largeur, de transmettre l'énorme puissance du moteur de 90 à 100 chevaux aux laminoirs avec une parfaite régularité, sans choc et sans risque d'accident.

De telles applications d'un des divers moyens que possède la *cinématique*, de transmettre le mouvement, font comprendre combien on redoute les inconvénients attachés à l'emploi des engrenages. Malheureusement, ce moyen ne peut permettre, dans le plus grand nombre de cas, que d'en diminuer le nombre, et non de les supprimer complétement. Il est rare, en effet, de posséder un moteur dont la vitesse laisse la faculté de transmettre directement, sans l'intermédiaire d'au moins une paire d'engrenages au moyen de courroies, et en n'employant que des poulies d'un diamètre restreint, le mouvement à imprimer aux *opérateurs* par une puissante force. A l'usine de Rachecourt il a fallu, pour arriver à la vitesse de 26 mètres par seconde, mettre sur l'axe de la turbine, qui fait 22 tours 1/2 par minute, une roue d'angle de 132 dents et de $4^{m}20$ de diamètre, commandant un pignon d'angle de 33 dents, et de $1^{m}05$ de diamètre, fixé sur l'arbre d'une grande poulie, faisant l'office de volant, de 5^m60 de diamètre, de 0^m90 de largeur de jante pour deux courroies, et du poids énorme de 18,000 kilog.

L'obligation où l'on se trouve d'employer de telles dispositions pour transmettre de grandes forces, et l'inconvénient qui en résulte, répondent mieux que ne sauraient le faire tous les raisonnements, à l'observation que nous avons entendu faire par quelques personnes, qu'il eût été possible, au nouveau château, de transmettre le mouvement des turbines aux pompes au moyen de courroies, sans l'intermédiaire d'engrenages.

Cela eût été possible, nous n'en disconvenons pas; mais à quelles conditions? A la condition, en admettant pour la transmission de la force de 60 chevaux de chaque turbine, que l'on n'eût donné à la courroie motrice qu'une vitesse de 20 mètres par seconde, ce qui n'eût pas été trop, on eût placé sur l'axe de la turbine faisant 50 tours par minute, une poulie de 8 mètres de diamètre; ce qui aurait obligé, pour ralentir le mouvement à concurrence de 18 coups du piston des pompes par minute, à employer pour l'axe de la manivelle, une autre poulie de 24 mètres de diamètre! De semblables dimensions excluent, sans qu'il soit besoin d'insister, toute idée de réaliser des dispositions de ce genre.

Et maintenant, s'il résulte des explications qui précèdent, que M. Guibal ait eu quelque raison d'accepter, pour transmettre la puissance de la chute d'eau, des *récepteurs* qui ne permettent pas d'attaquer directement les pistons des pompes, quel moyen y aurait-il de soustraire notre nouvelle usine aux conséquences des accidents qui peuvent résulter de la présence d'engrenages dans le mécanisme? Ce moyen, selon nous, est bien simple : il consisterait à avoir constamment dans l'établissement un double jeu de roues prêtes à placer.

Ce serait un surcroît de dépenses, sans doute; mais on éviterait ainsi, dans l'avenir, les longues interruptions du service que peut causer le placement d'une garniture complète de dents, alors même que toutes seraient travaillées à l'avance et prêtes à poser sans retouche. Nous irons même plus loin, et nous dirons que pour plus de sécurité, on devrait pouvoir disposer à tout instant d'un double jeu de turbines et de distributeurs (1); car ce sont là les seuls organes qui, selon nous, doivent, non pas pour le moment peut-être, mais pour plus tard, causer les plus sérieuses appréhensions, surtout dans un établissement qui, comme le nôtre, doit fonctionner sans interruption et la nuit et le jour. Ces parties importantes, fondamentales en quelque sorte, du mécanisme dussent-elles à jamais être inutiles, qu'on devrait encore les avoir en réserve par mesure de prudence, et pour faire taire toute crainte à leur sujet. Lorsque l'on a pu se rendre compte de la perturbation qu'apporte dans les besoins de la population d'une grande cité, la moindre interruption du service des fontaines publiques, lorsque l'on a entendu les plaintes et les récriminations auxquelles elle donne immédiatement lieu, on ne saurait user d'assez de prévoyance pour l'éviter.

Il serait peut-être aussi opportun, dans le cas où, malgré le rapprochement des barreaux des grilles, de larges feuilles d'arbre, viendraient à obstruer les distributeurs des turbines, d'adapter à ces organes l'espèce de scie dont M. Callon, constructeur de moteurs, est l'inventeur, et qui broie les feuilles sur place.

En ce qui concerne la dépression de la chute d'eau devant résulter du faible écartement des barreaux des grilles, il suffirait de doubler la section du canal d'amenée au point où elles sont placées, pour amoindrir considérablement, et même pour annihiler complétement peut-être leur influence sur l'écoulement de l'eau dans ce canal. Il eût été certainement très-prudent d'en agir ainsi; car déjà M. Farcot a reconnu, de lui-même, la nécessité de faire abaisser le radier du canal

(1) On est fréquemment obligé, nous l'avons fait observer, de changer ces pièces importantes dans quelques usines, et nous avons été bien des fois le témoin des longs chômages et des dépenses auxquelles ces changements donnent lieu par suite des difficultés que l'on éprouve presque toujours à les effectuer.

d'amenée à son point de bifurcation, afin d'augmenter le plus possible la section d'écoulement.

On a également objecté contre ce canal, que le radier à son entrée sous le cours Dillon eût dû être placé plus bas, afin de se ménager un volume d'eau plus considérable et par suite une force motrice plus constante, même avec les plus grands abaissements du niveau du fleuve. Il n'est pas contestable que cela eût mieux valu ; mais pour critiquer la disposition adoptée, il faudrait savoir si des difficultés d'exécution qui quelquefois sont insurmontables à moins d'immenses dépenses, ne se sont pas opposées à ce que ce radier fût placé plus bas. Nous avons dit plus haut quels obstacles avait rencontrés M. Guibal dans l'établissement de son canal, dans la grande rue Bonaparte. Nous ajouterons que si le radier avait été placé encore plus bas, à son entrée, sous le cours Dillon, il aurait dû l'être sur toute sa longueur. Or, déjà, à la hauteur adoptée, les maisons auprès desquelles le canal dont le fond était à 8 mètres au-dessous du sol de la rue s'approchait à une distance de 30 centimètres seulement, ont couru le plus grand danger. Leurs fondements étaient en l'air, et au-dessous se produisaient des affouillements redoutables par suite de l'écoulement d'une masse de sable liquide, que l'on ne pouvait contenir qu'avec les plus grandes difficultés. Creuser plus bas eût peut-être déterminé de terribles catastrophes, à tout instant imminentes. Dans une semblable situation, on a donc sagement agi en ne s'exposant pas à causer de tels malheurs.

Au reste, même avec la hauteur donnée au radier, la force motrice dont on pourra disposer est considérable.

En effet, le seuil de ce radier, à l'entrée du canal sous le cours Dillon, est à 0^{m}40 au-dessus du zéro de l'échelle garonométrique du Pont, lorsque le niveau de la Garonne atteint la cote 1^{m}90 de la même échelle ; il y a donc une hauteur d'eau de 1^{m}50 sur ce seuil, et comme la pente uniforme du canal est de 0^{m}0006 par mètre ou de 0^{m}72 en totalité, il s'ensuit que cette hauteur d'eau de 1^{m}50 existe sur toute la longueur du canal. Or, admettons que le niveau de la Garonne baisse de 0m50 au Pont, c'est-à-dire descende à la cote de 1m40 de l'échelle, ce qui est beaucoup, il restera encore 1 mètre d'eau sur le radier du canal d'amenée. La largeur moyenne du canal étant de 2m40, si nous admettons une vitesse moyenne aussi du courant de 1m50 seulement, il restera encore disponible une dépense de 3m60 cubes qui, avec la chute de 4m70 réduite à 4m20, laisserait encore disponible une force effective de 100 chevaux vapeur pouvant élever 800 pouces à 35 mètres de hauteur.

Ce niveau baissât-il même à 1 mètre au-dessus du zéro de l'échelle, chose improbable et dont Dieu nous garde dans l'intérêt de nos usines, qu'il y aurait encore une hauteur d'eau de 0m60 sur le radier et une dépense de 2m40 cubes qui avec une chute d'eau réduite dans ce cas à 3m20 donnerait une force effective d'environ 52 chevaux vapeur qui permettraient d'élever 440 pouces d'eau à 35 mètres.

On voit donc qu'il n'y a rien à craindre, relativement à la force motrice, à moins d'admettre que le niveau de la Garonne descendît encore plus bas. Dans ce cas ce ne serait certes pas à l'auteur du projet qu'il faudrait s'en prendre.

Nous renverrons à plus loin l'examen des objections relatives à la distance qui sépare le nouveau château d'eau de l'ancien et des filtres, et de la transformation de ce dernier en appareil alimentaire du premier : nous allons nous occuper seulement ici de celles relatives aux nouvelles galeries de filtration, question importante qui mérite d'être traitée avec des développements qui pourront paraître longs, mais qui sont indispensables pour la bien connaître.

XIX.

L'on a dit : la nouvelle galerie construite par M. Guibal, de 324m75 de longueur, dont 264 mètres seulement en terrain filtrant, n'a donné en moyenne, au lieu de 3 pouces par mètre courant espérés par l'auteur du projet, qu'un pouce un quart, en prenant le produit du filtre à la cote 1m83 du garonomètre que l'on peut considérer comme l'indication du niveau moyen de la Garonne au Pont, pendant l'été (1).

Or, il est incontestable que si, en prolongeant cette galerie jusqu'à l'extrémité amont de l'îlot Vivent, c'est-à-dire, de 370 mètres, les choses se passent de la même manière que dans les 264 mètres filtrants exécutés, on aura 477 pouces qui, ajoutés aux 341 pouces trouvés, formeront un total de 818 pouces. Mais n'est-il pas à craindre que la seconde partie à exécuter de ces galeries ne donne des résultats bien moindres que ceux fournis par la première partie et ceci contrairement à l'opinion émise à ce sujet? On a vu, en effet, que la pente du radier de la première partie des nouveaux filtres est de 1 millimètre par mètre; le radier de la seconde galerie à son extrémité sera donc, puisque nous avons 370 mètres de longueur, de 0m37 plus élevé que l'extrémité de la première galerie. Cette hauteur se réduira, il est vrai, à 0m18,5 à sa partie moyenne; mais la perte de charge résultant de l'exhaussement du radier d'une quantité égale n'en sera pas moins une cause d'amoindrissement du produit. Dans quelle proportion? C'est ce qu'il n'est guère possible de déterminer exactement *à priori*.

En second lieu, il faut remarquer que la nouvelle galerie construite par M. Guibal, s'arrête en amont, justement au point où est situé le regard qui termine le troisième filtre d'Aubuisson, et que ce dernier filtre se développe sur une longueur de 242 mètres, en suivant à une distance moyenne d'environ 40 mètres, la berge de la prairie des Filtres. Or, on a déjà vu se produire ce fait depuis la construction de la galerie Guibal, c'est que ce troisième filtre d'Aubuisson, qui fournissait auparavant un contingent de 120 pouces, ne donnait plus que de 35 à 38 pouces après l'exécution de cette galerie.

Il est vrai de dire, que le produit de 120 pouces trouvé

(1) La cote d'étiage est 2m; et celle des eaux moyennes de l'année, comme on le verra plus loin, 2m30.

par M. d'Aubuisson et ses successeurs correspondait à une hauteur de la Garonne de 2m08 à l'échelle du Pont, tandis que cette même hauteur n'était que de 1m92 pour les 35 pouces trouvés en janvier 1862. Mais il résulte du procès-verbal de la Commission à cette date, que cette dernière, « sans chercher la cause de l'énorme différence qui existe entre ce résultat et celui qu'on avait constaté autrefois, a pensé que cette différence n'est pas causée uniquement par la moindre élévation des eaux de la Garonne. » La conclusion de la Commission, fait-on remarquer, est parfaitement juste. On ne saurait comprendre, en effet, qu'un abaissement de 0m16 des eaux de la Garonne ait pu produire un amoindrissement du produit du troisième filtre égal à 85 pouces, car si cela était admis, il faudrait attribuer une valeur tout aussi considérable au relèvement nécessaire de 0m185 du radier qu'exigera le prolongement de la galerie Guibal, s'il doit être effectué, et dès lors concevoir des doutes sérieux, à ce point de vue, sur l'efficacité de ce prolongement.

Il y a donc, pense-t-on, une autre cause à l'amoindrissement du produit du troisième filtre; la Commission ne la recherche pas; dans de telles circonstances, cela est regrettable.

L'Administration municipale, elle, se préoccupait de cette situation, car le 6 février 1862, M. de Campaigno, maire de Toulouse, après la lecture du procès-verbal, dont est extrait le paragraphe qui précède, priait la Commission de lui donner son avis sur la question de savoir si les jaugeages ci-dessus relatés étaient de nature à faire craindre un échec relativement au projet de distribution d'eau en cours d'exécution, ou bien, si, au contraire, ils devaient encourager l'Administration municipale à poursuivre l'exécution de ce projet.

Quelques membres de la Commission firent observer « que la galerie exécutée n'avait pas fourni la quantité d'eau sur laquelle comptait l'auteur du projet, de sorte qu'il serait nécessaire de prolonger cette galerie, si l'on tenait à obtenir la quantité d'eau nécessaire pour les besoins de la ville, d'où résulterait une augmentation de dépense. »

Ces observations, disent les critiques, étaient justes, et pour entrer dans les vues de prudence et de sagesse de M. le Maire, il était naturel, avant de poursuivre les travaux en cours d'exécution, que l'on s'assurât de la quantité d'eau dont on pouvait disposer.

Mais, après une discussion approfondie dans laquelle on pesa longuement toutes les probabilités relatives au rendement des nouvelles galeries que l'on pouvait exécuter pour suppléer à l'insuffisance de celle qui venait d'être construite, la Commission fut d'avis que les résultats constatés ci-dessus étaient assez satisfaisants pour encourager l'Administration municipale à poursuivre vigoureusement l'exécution du projet approuvé, et notamment à faire prolonger la galerie exécutée l'année précédente. »

A la suite de cette discussion et de la décision intervenue, l'auteur du projet, membre de la Commission, pour sauvegarder sa responsabilité, crut devoir rappeler « que dans son projet la galerie de filtration devait être placée à 20 mètres des bords de la rivière, mais que, sur l'avis du conseil général des Ponts et chaussées, il lui avait été prescrit de reculer cette galerie à 40 mètres des bords, et que l'expérience avait prouvé qu'il eût convenu plutôt de la rapprocher. »

On ne saurait donc méconnaître, a-t-on plusieurs fois répété plus ou moins vivement, qu'il ne soit très-fâcheux que sur des données aussi incertaines, la Commission, sur l'avis de l'Ingénieur de la ville, ait cru devoir conseiller à l'Administration municipale de poursuivre vigoureusement des travaux dont l'importance et le développement devaient être subordonnés à la quantité d'eau disponible, et surtout que dans l'exécution on n'ait pas effectué tout d'abord, ainsi que cette Commission l'avait décidé, le prolongement des nouvelles galeries. C'est cette manière d'agir qui, non sans raison peut-être, a donné prise aux critiques les plus *vives* d'une partie du public et de certains même de nos collègues, s'appuyant d'ailleurs sur l'opinion du Conseil général des Ponts et chaussées qui était d'avis de n'exécuter tout d'abord que la moitié du projet, sauf à le compléter plus tard si les ressources financières et la quantité d'eau trouvée le permettaient. Tout cela est parfaitement exact, mais si l'eau est trouvée, toutes ces objections et ces critiques viennent à néant.

XX.

Ici donc les divergences d'opinion se trouvent dominées par la question de savoir si, dans la prairie des Filtres proprement dite, le prolongement des nouvelles galeries sur une longueur d'environ 200 mètres et de 170 mètres dans l'îlot Vivent, procurera une quantité d'eau filtrée proportionnelle à ce prolongement, ou du moins assez importante pour justifier la dépense de 115,000 fr. à laquelle il doit donner lieu.

On peut soutenir l'affirmative en partant de ce point de vue, que la portion de galerie à construire doit être placée entre le troisième filtre d'Aubuisson et la rivière, c'est-à-dire à une distance de 15 à 20 mètres de cette dernière; que son radier à sa partie moyenne sera plus bas de $1^{m}735$ que le radier de ce troisième filtre, au même point; que dès lors, la pression due à la charge d'eau, combinée avec le rapprochement du lit de la Garonne, augmentant dans une proportion considérable, il n'est pas possible, sans pouvoir la déterminer mathématiquement *à priori*, qu'on n'obtienne pas un accroissement notable de la quantité d'eau filtrée dont on peut disposer en ce moment. Cela peut être vrai, dira-t-on, mais il ne faut pas perdre de vue, non plus, que la construction de la nouvelle galerie, a non-seulement mis complétement à sec le premier filtre, mais encore a réduit de 120 pouces à 35 pouces le produit du troisième filtre; que cette première partie de la galerie ayant exercé son action dérivative sur ce troisième filtre, malgré son éloignement et sa position en aval, il faut admettre forcément que cette action sera bien plus marquée lorsque la première galerie sera prolongée parallèlement au troisième filtre, et entre ce dernier et la rivière. Il est permis de craindre alors que, non-seulement les 35 ou 38 pouces de ce filtre ne soient absorbés par la galerie prolongée ; mais qu'encore, la quantité d'eau actuellement fournie par la première partie de la galerie n'en soit amoindrie, ce qui, à la vérité, n'aurait d'autre inconvénient que celui de l'inutilité de la dépense, attendu que les deux parties des galeries se trouvant en communication, ce qui serait pris à la première partie lui reviendrait par la seconde.

Mais pour être juste et vrai, il faut absolument reconnaître, nous le démontrerons bientôt plus loin, que le prolongement de la galerie Guibal, dans la prairie des filtres, ne peut qu'augmenter, dans une proportion inconnue il est vrai, et non diminuer la quantité d'eau filtrée déjà trouvée. En plaçant le radier de ces ouvrages à 1m735 en contre-bas du radier du troisième filtre, on asséchera certainement ce dernier, mais on obtiendra sur les couches filtrantes du sous-sol une pression bien supérieure à celle qui existait, et dès lors, à moins d'admettre l'imperméabilité complète de ces couches, on devra obtenir une quantité d'eau bien supérieure aux 35 pouces qui seront inévitablement dérivés du troisième filtre.

Si nous admettons que, à la cote 1m83 du garonomètre du Pont, la première partie filtrante (1) exécutée de la galerie Guibal, a fourni 341 pouces, c'est-à-dire 141 pouces de plus que les anciens filtres, et que la deuxième partie à exécuter de 200 mètres, toujours dans la prairie, soit alimentée dans la même proportion, on trouve, toutes choses égales d'ailleurs, je le répète, que la quantité d'eau filtrée due à ce prolongement serait de 238 pouces environ ; on aurait donc, dans l'enceinte de la prairie seulement, un total de six cents pouces.

---

(1) Sur 324m75 de galeries exécutés, 60m75 parcourent le terrain vaseux de la partie basse de la prairie des Filtres, et le radier de cette galerie n'étant d'ailleurs qu'à 0m15 environ au-dessus du tuf, ne fournit qu'une quantité d'eau filtrée excessivement minime ; nous n'en tenons donc aucun compte.

Mais remarquons que la partie amont de l'alluvion qui constitue ce que l'on appelle la prairie des Filtres, présente deux courbes : l'une qui est le prolongement de la courbe générale convexe, baignée par le fleuve dont elle forme la rive gauche, et l'autre concave, baignée par le canal de fuite du moulin Vivent. Or, les 200 mètres de prolongement des galeries dont nous venons de parler, étant cette partie-là seulement qui suivrait parallèlement le contour de la prairie mouillé par le fleuve, on pourrait, sur un développement d'une longueur égale de 200 mètres au moins, prolonger encore cette galerie, en la tenant à une distance convenable de la rive gauche du canal de fuite Vivent, et obtenir ainsi très-probablement un nouvel accroissement d'eau filtrée de 260 pouces; ce qui porterait la totalité de l'eau potable obtenue de la prairie proprement dite, à 860 pouces.

Ce n'est pas tout encore, la continuation, ainsi qu'il vient d'être dit, de ces galeries poussée plus loin, peut permettre d'aller recueillir à une profondeur bien supérieure à celle des anciens filtres, toutes les eaux qui pourront être trouvées dans l'îlot du moulin Vivent, séparé de la prairie des filtres par le canal de fuite dudit moulin. Si un tel prolongement était effectué, ce canal, dont la largeur est d'environ 20 mètres, serait franchi au moyen de gros tuyaux en fonte qui raccorderaient la galerie Guibal prolongée avec celle à construire dans l'îlot dont il s'agit, présentant à sa partie moyenne une largeur de 60 mètres. La portion de galerie à établir sur ce point, et à une distance de 30 mètres, soit de la rivière, soit du canal de fuite, pourrait avoir une longueur de 170 mètres. Baignée ainsi des deux côtés, cette alluvion, dans laquelle divers sondages ont fait trouver de l'eau en abondance, fournirait certainement à la galerie qui en occuperait l'axe, un supplément d'eau filtrée que l'on ne saurait proportionnellement évaluer à moins de celle qui a été déjà calculée pour les galeries de la prairie des filtres, c'est-à-dire, à moins de 1 pouce un quart environ par mètre courant, soit 210 pouces.

En conséquence, si nous récapitulons les produits de ces diverses sources d'eau filtrée, nous trouvons, savoir :

Pour la 1re partie des galeries berge mouillée par la Garonne.............................. 341 pouces.

Pour la 2e partie des galeries berge mouillée par la Garonne........................... 260

Pour la 3e partie des galeries rive mouillée par les eaux du canal de fuite..................... 260

Pour la 4e partie, rives mouillées par le canal de fuite et par la Garonne (îlot Vivent)...... 210

Total...... 1071 pouces.

Observons que cette quantité d'eau de 1,071 pouces étant calculée d'après un niveau de la Garonne, indiqué à l'échelle garonométrique du Pont, pour une cote de 1m83, le produit sera bien plus considérable lorsque ce niveau atteindra la cote 2m35, qui, d'après les expériences du mois de janvier 1862, a donné 411 pouces d'eau dans les filtres, c'est-à-dire, 1 pouce et 56 centièmes de pouce par mètre courant. On aurait dans ce cas, pour les 834 mètres de galerie construite ou à construire, un produit de 1,300 pouces, ou environ 1,100 pouces pour une cote moyenne de 2m09.

Nous avons déjà parlé de l'abaissement du niveau de la Garonne au-dessous de la cote 1m83. Nous n'y reviendrons pas, par la raison que les chiffres que nous avons posés sont une base applicable à toutes les quantités d'eau que l'on pourrait trouver.

Si, au moyen de ces divers travaux ajoutés à ceux déjà exécutés, on pouvait obtenir une quantité d'eau filtrée égale à 1,071 pouces avec le niveau de la Garonne indiqué par la cote 1m83, ainsi que cela avait lieu le 18 janvier 1862, quatrième et dernier jour des expériences de jaugeage des nouvelles galeries effectuées par la Commission nommée par M. le Maire de Toulouse, c'est-à-dire, 21,420,000 litres d'eau par vingt-quatre heures, ou 214 litres d'eau par habitant; un tel résultat justifierait, certes, assez la dépense que ces travaux doivent occasionner pour qu'on n'hésitât pas à les exécuter immédiatement, surtout si l'on considère qu'avec un réservoir qui recueillerait chaque jour le tiers de cette quantité, soit 7,000 mètres cubes, on pourrait disposer de plus de 1,400 pouces, ou de 28,000 mètres cubes d'eau par vingt-quatre heures.

Ce réservoir, ainsi qu'il a été décidé par le Conseil général des Ponts et chaussées, serait construit en déblai dans le coteau au nord de Toulouse ; il contiendrait au moins 10,000 mètres cubes, et son niveau supérieur serait à 3 mètres environ au-dessous de la charge maximum de la conduite de refoulement.

Une excavation de 60 mètres de côté et de 3 mètres de profondeur nécessitant de 10 à 12,000 mètres cubes de déblais, pourrait contenir 10,800 mèt. cubes d'eau, et en cas d'accident survenu à l'usine, alimenter assez convenablement la ville pendant une journée entière. Et puis, quel avantage immense de pouvoir à un moment donné, et sans interrompre le service des fontaines, disposer de 115 litres d'eau par seconde, 6,900 litres d'eau par minute, en cas d'incendie, par exemple, et alors qu'il n'y aurait qu'à adapter un tuyau de pompe à l'une des bouches d'arrosage qui seraient disposées dans les divers quartiers. Ce réservoir serait coûteux, sans doute, mais à quel prix, dans des cas malheureusement trop fréquents, et dont nous avons tous été les témoins, ne paierait-on pas de tels avantages !

XXI.

Mais nous n'avons pas encore démontré, peut-on nous dire, que l'on trouvera dans la prairie des Filtres cette quantité d'eau de plus de 1,000 pouces, sur laquelle nous raisonnons. Nous pourrions répondre, qu'il n'a pas été prouvé davantage jusqu'ici qu'on ne la trouvera pas. Une telle réponse ne saurait convenir dans une question aussi sérieuse, et nous tenons à rendre aussi évidente pour tous, qu'il est possible de le faire en pareille matière, cette vérité, dont après une longue observation des lieux nous avons été frappé, à savoir, que les espérances fondées par M. Guibal, sur la richesse en eau potable de notre alluvion filtrante n'étaient pas illusoires.

Cette démonstration répondra aussi, nous n'en doutons pas, à l'opinion préconçue, que l'Ingénieur de la ville se serait arrêté à une longueur de galerie filtrante de 264 mèt., parce qu'il savait très-bien qu'il ne trouverait rien au delà. Une telle supposition ne serait-elle pas injuste, qu'elle aurait encore le tort de n'être pas exacte.

Il suffit, en effet, de jeter les yeux sur les plans, représentant la coupe longitudinale de la prairie des Filtres d'aval en amont, dressée d'après les nombreux sondages exécutés par cet ingénieur, pour se convaincre qu'il ne pouvait douter des ressources que lui révélaient les couches filtrantes sous-jacentes de cette prairie. Comment d'ailleurs se fût-il expliqué que M. d'Aubuisson, qui n'avait pu obtenir que 140 pouces du 1er et du 2e filtre, eût cru devoir en construire un troisième qu'il rapprochait de 30 mètres des borbs du fleuve, et qu'il prolongeait de 250 mètres au delà du premier en amont; c'est-à-dire jusque-là précisément où devait aboutir la seconde partie de ses propres galeries?

Evidemment, ce fait ne pouvait lui échapper, que par une expérience coûteuse autant qu'infructueuse, le savant Ingénieur auquel nous devons nos premiers filtres, s'étant convaincu un peu trop tard, lui-même en exprime le regret, que même en plaçant son deuxième filtre à 10 mètres de la Garonne en aval, il n'avait obtenu qu'une soixantaine de pouces d'eau de très-médiocre qualité qui ont disparu plus tard, et que dès lors, il devait remonter vers l'amont pour y trouver le complément nécessaire à l'alimentation du château d'eau qui porte son nom.

Pourquoi cette direction si radicalement inverse? N'est-ce pas parce que, se rendant mieux compte, sans doute, des lois qui président à la formation de certaines alluvions, lois qui semblent établir que ce n'est pas toujours dans les parties les plus déclives de ces dépôts que l'on peut espérer de trouver l'eau la meilleure et la plus abondante, que M. d'Aubuisson a cru devoir pousser son dernier filtre, celui sur lequel il fondait avec juste raison son plus grand espoir, jusqu'à l'extrême limite de la prairie en amont; c'est-à-dire jusque là où à une plus grande profondeur, M. Guibal, avec autant de raison, devait plus tard prolonger ses galeries?

Ce fait n'eût-il pas frappé M. Guibal, qu'il n'en conserverait pas moins toute sa valeur.

XXII.

L'observation attentive des coupes longitudinales d'un grand nombre d'îlots formés dans les rivières, fait reconnaître que c'est ordinairement vers l'amont et l'aval que se trouvent les obstacles qui ont aidé, sinon déterminé la formation de l'alluvion, et ces obstacles sont presque toujours le relèvement du lit primitif du cours d'eau résultant de la dureté plus considérable du terrain qui le constitue à ces points.

En ce qui concerne plus particulièrement la Garonne, devenue de nos jours la dernière expression de ces vastes courants qui, aux époques diluviennes commencèrent à entamer la masse du terrain tertiaire de notre bassin sous-pyrénéen, on peut s'assurer plus d'une fois, que c'est à la nature même de l'étage moyen ou miocène de ce terrain qui en forme le lit sous les murs de Toulouse, plutôt qu'aux déplacements successifs du thalweg de la vallée que sont dus les dépôts caillouteux qui sont généralement la base des îlots; un simple déplacement n'ayant d'autre effet dans une foule de circonstances que d'élargir le lit de la rivière, ou de faire empiéter une rive sur l'autre, il n'y a pas formation d'îlots, si une autre cause n'existe pas.

Cette cause, ici, provient de ce que la masse argileuse calcarifère du miocène qui constitue le fond stable du lit de notre fleuve à Toulouse, n'est pas d'une manière constante formée des mêmes éléments. C'est tantôt une marne simplement compacte, tantôt une marne d'une dureté àgale à celle d'un roc calcaire, alternant, mais sans aucune régularité, avec des couches d'un sable quartzeux plus ou moins argileux, mais toujours sans aucune cohésion. Or, que se passa-t-il à la fin de la période d'érosion du dépôt tertiaire, alors que d'immenses glaciers accumulés fondaient sur nos montagnes et découvraient les roches, dont les débris précipités dans les ravins, roulés par les courants, devaient successivement couvrir de sable et de gravier le fond de la vallée? Il est arrivé que lorsque l'une de ces couches de marne tendre ou de nature sableuse, s'est trouvée placée au-dessous et en aval d'une couche de marne dure, la disparition de la première, facilement entraînée par le courant, a formé au-dessous une dépression plus ou moins profonde, plus ou moins allongée du lit, et, par suite un remous, ou petit rapide, au delà duquel et à une distance proportionnelle à la plus ou moins grande vitesse du courant, se sont déposés les graviers et les galets roulés descendus des Pyrénées.

Si plus loin, en aval, la marne dure proémine de nouveau, un autre rapide s'est formé, et, entre celui-ci et le premier, s'est conservée la masse de gravier déposée dans la dépression qui les sépare. Ce sont ces dépôts qui, sous l'influence de cette cause, ont été autrefois et sont encore de nos jours les premiers rudiments des ondulations du sol de la vallée, ou des îlots formés dans la rivière. Le limon déposé par les crues successives au-dessus de la surface de ces alluvions caillouteuses a postérieurement concouru avec la végétation à élever leurs berges au-dessus du niveau des eaux, à une hauteur qui n'est jamais celle de la plus haute crue, mais qui s'en rapproche le plus.

Les plus fortes érosions du dépôt tertiaire, à la fin de la période des grands courants, ayant eu lieu constamment au-dessous du remous, c'est là aussi que se trouve la plus grande masse de gravier, dont l'épaisseur va sans cesse s'affaiblissant jusqu'au remous suivant, de telle sorte qu'un puits creusé à l'amont de ce dépôt devrait être beaucoup plus profond, mais aussi fournirait beaucoup plus d'eau et de meilleure qualité que celui qui serait pratiqué à l'aval, où l'épaisseur de la couche de gravier est moindre et celle du limon qui la recouvre beaucoup plus épaisse, au contraire, qu'à l'amont.

Le lit de la Garonne, à Toulouse, nous fournit l'exemple de deux grands remous de cette nature, utilisés depuis plusieurs siècles à la création de trois puissantes chutes faisant mouvoir de nombreuses usines : ce sont ceux du moulin du Château, du moulin du Bazacle et du moulin Vivent. Nous ne parlerons pas du vaste îlot de Braqueville, qui sépare la Garonne en deux bras, et semble porter le confluent de ces deux rivières jusqu'à Toulouse ; ce fait particulier ne doit pas nous occuper, pas plus que le transport du bras droit sur la rive droite, qui obéit à d'autres lois.

Ce remous du bras droit de la Garonne, en amont de Toulouse, a produit l'îlot de Tounis, celui du bras gauche l'alluvion de la prairie des Filtres, dont incontestablement a toujours fait partie l'îlot du moulin Vivent. Le remous du Bazacle, en aval de Toulouse, a donné lieu à la formation de l'île de ce nom.

Pour se convaincre de l'exactitude de cette théorie, il suffit de jeter les yeux en aval de la chaussée du Bazacle ; on y verra émerger, à une assez grande hauteur, la marne dure du miocène, que les crues les plus intenses ont bien pu affouiller çà et là dans ses parties les plus tendres, mais non détruire ni même user ; alors que, en amont, au pied de la chaussée, et en aval du tuf résistant, existent des excavations dont la profondeur, sur quelques points, atteint jusqu'à 8 et 10 mètres. Entre la chaussée et les points émergents de la marne, point de dépôt de gravier, la chute des eaux nettoyant sans cesse l'excavation formée ; mais au delà de cette couche de marne dure, le dépôt de graviers et de cailloux roulés s'effectue. Aussi voit-on se former un nouvel îlot qui ne fait que grandir avec le temps.

Maintenant, si l'on considère la courbe prononcée décrite par le bras gauche de la Garonne, à partir de la chaussée du moulin Vivent jusqu'au-dessous de la chaussée du Bazacle, on reconnaît qu'à une époque très-reculée sans doute, une partie de ses eaux avaient leur direction à travers les plages basses et marécageuses qui ont fait place au quartier Saint-Cyprien. A l'époque des fortes crues, et il en est de mémorables dont l'histoire a gardé le souvenir (1), les eaux débordaient à la hauteur du point où se déprime légèrement la route de Muret, et submergeaient les terrains sur lesquels est bâti aujourd'hui ce faubourg. Le 30 mai 1835, sans les efforts de l'artillerie, qui, au moyen de pieux en fer, de planches et de fumier, réussit à contenir les eaux sur ce point, Saint-Cyprien était encore inondé.

Cette tendance de la rivière à se porter dans cette direction à l'époque des grandes crues, indique clairement que la portion de terrain dont fait partie aujourd'hui la prairie des Filtres a dû, avant d'être définitivement annexée à la rive gauche par le transport de la rivière sur la rive droite et l'exhaussement du sol, être un îlot formé comme tous les autres; et ce qui semble corroborer cette hypothèse, c'est que la constitution des terrains de la rive gauche est loin d'être la même que celle des terrains de la prairie des Filtres, des autres alluvions récentes de la Garonne et même des lieux qui furent autrefois le lit actuellement délaissé de ce cours d'eau.

Il est évident, d'après cela, que si l'on veut trouver dans la prairie des Filtres de l'eau qui réunisse la quantité et la

---

(1) Pendant la crue du 17 septembre 1772, on allait en bateau dans le faubourg Saint-Cyprien. Plusieurs maisons de ce faubourg furent emportées par le courant; l'hospice Saint-Jacques s'écroula en partie et perdit tous ses approvisionnements; plus de vingt personnes périrent dans ce désastre. Les cimetières furent défoncés par le courant, et l'on voyait entrer par les fenêtres des maisons inondées des cadavres putréfiés, d'où les habitants qui s'y trouvaient encore les repoussaient avec horreur.

qualité, c'est à l'amont de cette alluvion qu'il faut la chercher, parce que c'est là que la marne tertiaire du miocène, ou le tuf, se trouve à la plus grande profondeur, et qu'elle est recouverte par le gravier le plus lavé, partant le plus propre.

En effet, en aval, les 65 premiers mètres des galeries Guibal se tiennent de 0 à 0m15 environ au-dessus du tuf, ainsi que le fait remarquer cet ingénieur dans son rapport, pour expliquer qu'ils ne donnent pas d'eau ; et ce tuf est le même qui constituait autrefois le deuxième remous dont nous avons parlé plus haut, et où se trouve et doit se trouver en effet la moindre épaisseur de gravier et la plus forte couche de limon (1). En amont, au contraire, et jusqu'au canal de fuite Vivent, ce même tuf est à une profondeur qui va jusqu'à 1m20 au-dessous du radier des nouvelles galeries, ainsi que l'indique la coupe transversale que nous possédons de la rivière et de la prairie des Filtres, coupe prise à la hauteur de l'extrémité amont de ces mêmes galeries (2).

---

(1) Immédiatement après ce remous se trouvait la profonde excavation qui existe encore, et est connue de nos jours sous le nom de *trou de Daure*.

(2) A l'entrée de la galerie Guibal, sous le cours Dillon, le radier de cette galerie repose immédiatement sur la marne de l'étage tertiaire ou tuf, et la hauteur de la surface supérieure de ce tuf est à l'altitude de 128m85 au-dessus du niveau de la mer, c'est-à-dire à 1m25 au-dessous du zéro de l'échelle garonométrique du Pont. A une distance d'environ 190 mètres de l'entrée de la galerie, sous le cours Dillon, la masse de gravier mêlée de gros sable au milieu de laquelle ont été trouvées de vieilles maçonneries, et qui recouvre le tuf, se déprime progressivement vers l'aval, où son épaisseur tombe à 0, tandis que cette dépression se trouve comblée par un banc de glaise, dont l'épaisseur s'amoindrit en remontant vers l'amont, pour tomber elle-même à 0, de telle sorte que sur cette distance de 64 mètres, le banc de gravier et le banc de glaise représentent exactement deux coins superposés, la plus grande épaisseur de glaise recouvrant la plus faible épaisseur de gravier, ou plutôt recouvrant immédiatement le tuf. Plus élevé à ce point qu'à l'amont, c'est, on le voit, la confirmation la plus complète de la loi qui préside à la formation des îlots.

A l'extrémité de la galerie, située, comme on l'a vu, à 324m75 en amont de son entrée sous le cours Dillon, le radier de cette galerie est en plein gravier et à 0m52 au-dessus du tuf, dont la surface supérieure, après s'être abaissée sur quelques points jusqu'à 127m65, se relève à 128m65 au-dessus de

En faut-il davantage pour démontrer que la première partie de la galerie Guibal n'ayant pas encore pénétré dans les couches filtrantes les plus riches de l'alluvion, celles où le troisième filtre d'Aubuisson, par son peu de profondeur, est impuissant à aller chercher l'eau qui les baigne, n'a pas encore donné tout ce que, convenablement prolongée, elle peut fournir? Pour nous, notre conviction, basée sur l'examen attentif des lieux et des faits antérieurs, est telle qu'insister plus longuement sur ce point nous paraît superflu.

Il faut donc faire aujourd'hui ce que M. d'Aubuisson a jugé indispensable de faire en 1829, alors que ses deux premiers filtres, construits dans le limon, en quelque sorte, ou touchant sans l'atteindre au véritable réservoir d'eau filtrée, sinon complétement, du moins en grande partie, avaient trompé ses prévisions. Il faut que la galerie Guibal soit prolongée, et afin de n'avoir pas à y revenir, il faut qu'elle suive jusqu'à son extrême limite le périmètre mouillé de notre précieuse alluvion ; il faut enfin, et toujours dans le même ordre d'idées,

---

la mer, à l'extrémité de la galerie. Le tuf est donc déjà plus bas de 0m20 à ce point qu'à l'entrée de la galerie, sous le cours Dillon, tandis que la masse de gravier s'est élevée de l'épaisseur 0 à celle de 3m52.

A partir de l'extrémité amont de la galerie, le banc de tuf présente, comme à l'aval, une série d'ondulations plus ou moins allongées, mais qui n'interrompent pas son abaissement graduel, de telle sorte que sous le canal de fuite du moulin Vivent, la partie supérieure de ce banc n'est plus qu'à 127m98 au-dessus de la mer, c'est-à-dire qu'il est à 0m87 plus bas qu'à l'entrée de la galerie sous le cours Dillon, ce qui devrait être l'inverse si notre théorie n'était pas exacte. En se rapprochant du remous qui a donné lieu à la formation de l'alluvion de la prairie des Filtres, et motivé la création d'une chute d'eau à ce point, le banc de tuf qui est, avons-nous dit, sous le canal de fuite du moulin Vivent à 127m98, se relève à 128m13 au-dessus du niveau de la mer, dans le lit de la Garonne, au delà de l'îlot dudit moulin.

L'épaisseur de la couche de gravier et de gros sable qui recouvre le banc de tuf s'accroît progressivement de l'aval à l'amont et proportionnellement à l'abaissement du tuf, de telle sorte que de 3m52 à l'extrémité amont de la galerie Guibal, cette épaisseur passe à celle de 4 mètres au delà de l'îlot Vivent ; d'où il suit que si l'on prolongeait cette galerie jusqu'à ce point, son radier reposerait sur une couche de gravier de 1m37 d'épaisseur, et aurait au-dessus de lui, en dehors de la galerie, une couche de ce même gravier de 2m63 d'épaisseur, conditions qu'il faut forcément reconnaître être des plus favorables au meilleur établissement d'une galerie de filtration.

que cette galerie franchisse le canal de fuite Vivent, et nous donne tout ce que l'îlot qui est au delà peut fournir d'eau potable.

Tant que ces travaux n'auront pas été exécutés, on discutera en quelque sorte dans le vide, et les intérêts de la cité resteront gravement compromis. L'urgence de procéder immédiatement à leur exécution s'affirme d'une manière telle, que de plus longs délais auraient pour résultat inévitable d'ajourner en pure perte la solution d'une question de premier ordre pour la ville de Toulouse, d'indisposer la population, qui demande depuis longtemps de l'eau sans trop s'inquiéter de quelle manière elle lui viendra, pourvu qu'elle en puisse jouir sans retard et à toute heure.

XXIII.

Les explications qui précèdent pourraient, au besoin, répondre au reproche qui a été encore adressé à M. Guibal, d'avoir donné à ses galeries une profondeur qui a déterminé l'assèchement des filtres d'Aubuisson. Mais comme il est nécessaire dans l'intérêt de la vérité, la seule chose que nous recherchions ici, de dégager l'importante question des filtres des préventions qu'elle a soulevées, nous compléterons ces explications en nous appuyant sur des faits complétement ignorés ou du moins passés jusqu'ici sous silence, et qu'il nous a fallu constater nous-même pour pouvoir les signaler ici. Ces faits se rattachent à la constitution du lit et du régime de la rivière qui baigne le pourtour de la prairie des filtres, qu'il faut bien connaître pour se faire une juste idée des motifs qui ont porté M. Guibal à s'écarter complétement des errements qui avaient cours du temps de M. d'Aubuisson, et auxquels ce dernier a dû céder peut-être malgré lui (1).

(1) Ce qui semblerait confirmer l'exactitude de cette appréciation, c'est que M. d'Aubuisson a placé le radier de son troisième filtre à 0m30 au-dessus des anciens.

Ainsi, prenons, par exemple, le niveau de la Garonne constaté par nous le 27 février 1866, au moyen de la cote 1^{m}95 à l'échelle garonométrique du Pont, niveau correspondant à 132^{m}05 au-dessus du niveau de la mer. A ce moment et suivant une ligne coupant transversalement et verticalement la Garonne et la prairie des Filtres, à la hauteur de l'extrémité amont de la galerie Guibal et de la partie moyenne du troisième filtre d'Aubuisson, il a été fait dans le lit de la rivière, large de 140 mètres à ce point, sept sondages à 20 mètres de distance les uns des autres, et donnant chacun la profondeur de l'eau au-dessus de ce lit. Les résultats de ce sondage ont été les suivants :

Profondeur de l'eau au pied de la berge de la prairie des filtres.................................... 0^{m}20

Id.	à 20	mètres de la berge............	1 20
Id.	à 40	*id*....................	1 60
Id.	à 60	*id*....................	2 10
Id.	à 80	*id*....................	3 70
Id.	à 100	*id*....................	4 15
Id.	à 120	*id*....................	2 75
Id.	à 140	au pied du mur du quai de Tounis.	0 00

Cela fait, nous avons mesuré la hauteur de l'eau au-dessus du radier du troisième filtre d'Aubuisson et de la galerie Guibal.

La cote du niveau de l'eau dans le filtre d'Aubuisson était de 131^{m}227 et celle du radier de 130^{m}91 au-dessus du niveau de la mer ; différence, 0^{m}317. Il y avait donc seulement une hauteur d'eau de 31 centimètres 7 millimètres sur le radier de ce filtre.

La cote indiquant la hauteur de l'eau dans la galerie Guibal était au même moment 131^{m}602 et celle du radier 129^{m}450 au-dessus de la mer ; différence, 2^{m}152. Il y avait donc sur le radier de la galerie Guibal, située à une distance de 30 mètres de la rivière, et avec le niveau de cette rivière à la date précitée, une hauteur d'eau de 2 mètres 15 centimètres 2 millimètres.

D'un autre côté, le niveau de la Garonne, plus élevé de 0m040 dans cette partie que celui de 1m95, constaté au garonomètre du Pont, c'est-à-dire étant à 132m090 au-dessus du niveau de la mer, il s'ensuit que la surface de l'eau dans la Garonne se trouvait être plus haute de 0m488 que la surface de l'eau dans le filtre Guibal, et de 0m863 plus haute que cette même surface dans le filtre d'Aubuisson.

Si donc l'on ajoute à cette dernière hauteur de 0m863 celle de 0m317 pour la hauteur de l'eau au-dessus du radier d'Aubuisson, on a seulement 1m18 pour la charge totale de la Garonne agissant sur ce radier ; tandis que cette même charge est pour le filtre Guibal de :

$$0^{m}488 + 2^{m}152 = 2^{m}64,$$

c'est-à-dire que cette charge est deux fois et demie plus forte que celle qui détermine la pénétration de l'eau dans le troisième filtre d'Aubuisson, éloigné encore, comme on sait, de 70 mètres de la rivière.

On comprend sans peine l'influence de ce surcroît de charge sur la production de la galerie Guibal, surtout dans les très-basses eaux.

En effet, que le niveau de la Garonne descende à 131m60 au-dessus de la mer, soit à 1m50 au-dessus du zéro de l'échelle, ce qui arrive dans l'été, et la charge pour les filtres d'Aubuisson descend à 0m68, c'est-à-dire qu'il n'y a presque plus d'eau dans le troisième filtre, celui qui est le plus abondant, et cela, sans que la galerie Guibal soit la cause de cet assèchement; car cet effet se produisait avant même l'existence de cette dernière.

Le premier filtre d'Aubuisson, a son radier à 0m30 en contre-bas du radier du troisième filtre, et naturellement, il devrait être un peu moins influencé par l'abaissement du niveau de la Garonne; mais il est placé à une distance bien plus considérable de la berge, et cette circonstance rend tout aussi défavorable pour lui la dépression du niveau du fleuve. Aussi arrive-t-il, dans ce cas, que les trois filtres ne fournissent qu'à concurrence de 100 à 120 pouces, alors que le château d'eau en consomme 200. On est alors obligé de puiser le surplus directement dans la rivière, et ce fait se produit fréquemment en été, même avec une hauteur des eaux de la Garonne indiquée par la cote $1^{m}80$ au garonomètre du Pont, ainsi que nous en avons été plusieurs fois le témoin.

Pour la galerie Guibal, au contraire, la charge, malgré cet abaissement, étant encore de $2^{m}14$ environ, on peut être assuré, ainsi que nous l'avons démontré plus haut, qu'au niveau de la rivière, indiqué par la cote $1^{m}50$, cette *première partie* des galeries fournira toujours au moins 280 pouces d'eau.

En disposant donc ses galeries filtrantes ainsi qu'elles le sont, M. Guibal a fait preuve d'un grand esprit de prévoyance et d'une intelligence parfaite de la composition de notre alluvion. On lui demandait de l'eau filtrée en abondance. Pouvait-il mieux faire pour se la procurer que d'aller la prendre là où elle est en réalité? On l'eût blâmé d'avoir fait le contraire, et on eût eu raison.

On aurait, en effet, difficilement compris que lorsque la charge due à la hauteur des eaux de la Garonne, au-dessus de la partie la plus basse de son lit et à l'altitude de $132^{m}094$ au-dessus du niveau de la mer, que lorsque cette charge est de $4^{m}15$, et qu'au-dessous de l'eau existe encore une couche de gravier de près de 2 mètres, on n'eût pas compris, disons-nous, que M. Guibal n'utilisât pas ce magnifique moyen naturel de filtration, et allât, à l'exemple de M. d'Aubuisson, placer ses galeries à un niveau que l'expérience et la nature mieux connue aujourd'hui de notre terrain filtrant, condamnent également, c'eût été, nous le répétons, de la part de cet ingénieur, une faute grave. Il ne l'a pas commise, et nous devons pour cela de la reconnaissauce à sa mémoire.

Il est vrai, et c'est peut-être le seul inconvénient que l'on puisse réellement reprocher à ces nouvelles galeries, c'est que dans le cas où l'on voudrait les laver, leurs eaux ne peuvent s'écouler dans le canal de fuite de l'ancien château, qui est à un niveau plus élevé; mais c'est là un inconvénient qui est la conséquence inévitable de l'emploi du seul moyen à l'aide duquel il fût possible de se procurer la quantité d'eau qui était nécessaire, et l'on ne saurait faire un grief à M. Guibal d'avoir subi en cette circonstance la loi de la nécessité. Il sera d'ailleurs inutile de laver ces galeries, et cela par une raison bien simple, c'est que, sur toute leur longueur, sauf les 64 premiers mètres, une couche suffisamment épaisse de gravier existe au-dessous du radier, que, dès lors, l'eau est parfaitement décantée et pure quand elle entre dans les galeries.

XXIV.

Le rapprochement des galeries à une distance de 30 mètres de la rivière, alors que le troisième filtre d'Aubuisson en est éloigné de 70 mètres, a été encore considéré comme une cause devant fâcheusement influer sur la qualité de l'eau. Mais on oublie que la filtration des eaux de la rivière auprès des berges de la prairie des Filtres est très-faible à cause du peu de hauteur de la charge au-dessus et dans le voisinage de ce point, et que les plus fortes charges, celles de 2^{m}10, 3^{m}70 et 4^{m} 15, exercent leur pression sur les couches réellement filtrantes du lit de la Garonne, à 60, 80 et 100 mètres du pied de ces mêmes berges, éloigné encore de 30 mètres de la galerie elle-même. Or, est-il possible d'admettre qu'un rapprochement de 40 mètres des galeries Guibal sur les 170 mètres qui séparent le troisième filtre d'Aubuisson des points où ont lieu les plus fortes pressions sur les couches filtrantes de la rivière puissent exercer une influence défavorable sur la qualité de l'eau ? Cela est inadmissible, car les filtres naturels si précieux que possède la ville de Toulouse ne sont pas seulement dans la prairie, ils sont aussi le lit tout entier de la Garonne, et c'est à travers les masses de gravier qui recouvrent le lit primitif du fleuve, creusé dans la marne tertiaire, imperméable et profondément déprimée sur toute sa largeur, que, comme dans une sorte de vaste conque, s'opère la filtration ; de telle sorte, que l'on peut dire que l'eau est définitivement pure lorsqu'elle pénètre dans les couches de gravier interposées entre le sol limoneux et la marne sous-jacente de la prairie de Filtres.

S'il en était autrement, c'est-à-dire, si la filtration s'opérait exclusivement, soit dans le gravier de la prairie, soit au pied des berges ou dans leur voisinage, où le courant de la rivière est le plus faible, on ne comprendrait pas que ces graviers ne fussent pas depuis longtemps empâtés et obstrués par les limons que roule la Garonne en temps de crues. Il faut donc admettre forcément que lorsque l'eau pénètre dans le gravier de la prairie elle est déjà filtrée et potable, et cela parce qu'elle n'a traversé jusque-là que des couches de gravier constamment lavées par un courant qui doit être assez fort pour entraîner et empêcher ainsi de se déposer les molécules limoneuses dont les eaux de la Garonne sont, en temps de crues, chargées au point de les rendre opaques. Or, ce lavage ne peut se produire que dans la partie moyenne du lit du fleuve, là où coexistent le maximum de la charge d'eau et de vitesse des courants; c'est là la précieuse, l'exceptionnelle faculté qui résulte de la constitution de nos filtres, celle à laquelle nous devrons certainement de ne jamais les perdre, celle qui nous rassure sur le rapprochement de ses galeries, du lit de la rivière, effectué par M. Guibal, et qui nous laisserait sans crainte sur la qualité des eaux qu'elles doivent fournir, en supposant que cet ingénieur les eût placées en un point encore plus rapproché de la berge de la prairie.

Cette opinion ne serait-elle pas fondée sur des observations plusieurs fois répétées et des sondages faits avec le plus grand soin, qu'elle trouverait encore une confirmation décisive dans l'analyse des eaux fournies par les tranchées pratiquées dans la prairie des Filtres par M. Filhol?

Nous laissons parler notre éminent collègue :

« L'eau de cette tranchée, enlevée continuellement au moyen de pompes, se renouvelait avec une grande rapidité.

» Cette eau est restée parfaitement limpide, même pendant les crues de la Garonne, qui ont eu lieu à l'époque où se faisaient nos expériences. Elle était incolore, inodore, dépourvue de toute saveur désagréable. M. Guibal a fait recueillir à plusieurs reprises des échantillons de cette eau. Il avait soin de faire prendre, le même jour, un échantillon d'eau dans la Garonne et un autre dans l'ancien filtre. Ces divers échantillons ont été examinés comparativement; le résultat de l'analyse a été le suivant :

Date des expériences.	Eau du fleuve.	Eau de la fouille	Eau des anciens filtres.
31 Décembre 1858.	0g171	0g168	0g170
1er Janvier 1859.	0,162	0,162	0,167
2 Janvier 1859. .	0,162	0,162	0,174
3 Janvier 1859. .	0,162	0,166	0,168
4 Janvier 1859. .	0,160	0,163	0,165
5 Janvier 1859. .	0,168	0,172	0,176
6 Janvier 1859. .	0,165	0,170	0,172

DEGRÉS HYDROTIMÉTRIQUES.

31 Décembre 1858.	6g33	6,66	7g00
1er Janvier 1859.	6,30	6,60	6,90
2 Janvier 1859. .	5,83	6,42	6,83
3 Janvier 1859. .	5,66	6,30	6,42
4 Janvier 1859. .	5,83	6,66	6,83
5 Janvier 1859. .	5,83	6,00	6,83
6 Janvier 1859. .	5,83	6,16	6,33

» Ainsi, l'eau de la fouille a constamment donné moins de résidu que celle du troisième filtre (1), et elle en a donné un peu plus que celle de la Garonne. La quantité de sels devient plus grande à mesure que l'épaisseur de la couche filtrante

(1) Filtre d'Aubuisson.

s'accroît. Les degrés hydrotimétriques montrent d'ailleurs que l'eau s'enrichit en éléments calcaires lorsque l'épaisseur des filtres est plus grande. Enfin, nous avons constaté que le résidu fourni par l'eau du troisième filtre est plus blanc que celui de l'eau de la Garonne et que celui de la fouille, parce qu'il est moins ferrugineux que ce dernier. L'eau paraît se dépouiller du fer qu'elle tient en dissolution, en même temps qu'elle se charge d'une plus forte proportion de carbonate de chaux.

» En résumé, l'eau prise dans la fouille exécutée au bord de la Garonne est plus pure que celle de l'ancien filtre; elle est un peu plus ferrugineuse et moins calcaire. »

Ces résultats sont précis et viennent à l'appui des inductions que nous tirons de la connexité qui existe entre les nouveaux filtres et la profonde couche de gravier constamment lavée qui recouvre le lit géologique de la Garonne

Les questions de la nature de celle qui nous occupe ne sauraient être jugées d'une manière sommaire; il faut forcément descendre dans les détails; agir autrement, c'est s'exposer à laisser se propager et perpétuer l'erreur, à voir naître et s'exagérer les craintes, ou au moins des doutes fâcheux, toutes choses qui ont pour conséquence sinon de faire échouer, du moins de faire ajourner des solutions vivement attendues.

Telle est la situation de la question relative à l'achèvement de notre nouveau château. Les détails dans lesquels nous avons cru devoir entrer pour la bien faire connaître ne paraîtront pas trop longs si l'on songe que les opinions, d'ailleurs très-consciencieuses qui ont pu se produire en l'absence des renseignements que nous soumettons à l'Académie, ont donné lieu à des hésitations regrettables, qui cesseront, nous l'espérons, si l'on veut bien comprendre des explications que ni la science, ni la pratique ne sauraient sérieusement contredire.

QUATRIÈME PARTIE.

Choix motivé de l'emplacement du nouveau château. — Inconvénients attachés à la distribution des eaux de la Garonne. — Nécessité de distribuer de l'eau filtrée. — Transformation nécessaire de l'ancien château en appareil nourricier de la nouvelle usine. — Seul moyen de l'éviter. — Conclusion.

I.

On a vu dans ce qui précède que M. Guibal, pour se procurer la quantité d'eau de 1,000 pouces qui devait être distribuée dans Toulouse par le nouveau château, avait dû abaisser le radier de ses galeries à 129m13 au-dessus du niveau de la mer, hauteur correspondant à 0,97 au-dessous de zéro de l'échelle garonométrique du Pont, tandis que le premier et le troisième des trois filtres d'Aubuisson, fonctionnant utilement, avaient leurs radiers, le premier à 1m62, et le troisième à 1m92 plus bas que celui de ces galeries. Cet abaissement du radier devait inévitablement, le jour où le produit de ces dernières serait consommé au fur et à mesure de la filtration, laisser à peu près à sec les anciens filtres. C'est ce dont la Commission de jaugeage put se convaincre lorsqu'eurent lieu ses expériences en janvier 1862.

Il semblerait que M. Guibal ne se serait pas préoccupé beaucoup des conséquences que devait avoir pour l'alimentation de l'ancien château l'abaissement du radier et de ses galeries. On lit en effet ce passage dans le rapport sur le projet présenté par cet ingénieur, rapport rédigé par M. Brassinne, en l'absence de M. Urbain Vitry, empêché par une maladie, et adopté par la Commission des fontaines dans sa séance du 14 mars 1859 : « M. Guibal proposa de rechercher si les terrains des filtres actuels appartenant à la ville ne seraient pas susceptibles de fournir 800 pouces d'eau filtrée en sus des 200 pouces qu'ils donnent déjà. Il suffirait, d'après cet ingénieur, pour arriver à ce résultat, de creuser une nouvelle galerie de filtration, distante de 20 mètres de la rivière (1), ayant son radier à 2m80 au-dessous du niveau des eaux moyennes (2), et de développer cette galerie, large de 3 mètres sur un périmètre de 300 mètres. Dans ces conditions, ajoutait M. Guibal, « les expériences récentes consignées dans des livres spéciaux m'autorisent à penser que nos filtres auraient un rendement journalier de plus de 1,000 pouces, et qu'on pourvoirait ainsi d'une manière complète à l'alimentation de l'ancien et du nouveau château d'eau. »

Il était si bien, paraît-il à cette époque, dans la pensée de M. Guibal, de croire possible l'alimentation de l'ancien château par les nouvelles galeries, que cet ingénieur indique la manière dont se fera cette alimentation et celle du nouveau château.

On lit, en effet, page 14 du Mémoire qui contient l'exposé du projet primitif : « La galerie de filtration viendra aboutir au pied du mur du cours Dillon, où se trouve une cale avec regard.

» L'eau filtrée, arrivée à ce point, traversera le cours Dillon dans une galerie souterraine, *et, après avoir alimenté sur son passage les puisards du château d'eau existant, elle continuera son trajet dans la même galerie jusqu'à la rencontre du canal de fuite de ce château d'eau.*

» A ce point de rencontre, l'eau entrera dans une conduite en fonte, à section carrée, de 0m50 de côté, posée longitudinalement dans l'épaisseur du radier du canal de fuite, et circulera ainsi jusqu'à la rue du Martinet, où elle débouchera dans une nouvelle galerie, qu'elle parcourra librement sur toute la longueur de cette rue jusqu'aux puisards du nouveau château d'eau. »

---

(1) On a vu que M. Guibal a adopté une distance moyenne de 30 mètres, entre celle de 20 mètres qu'il proposait et celle de 40 mètres proposée par M. Dupint.

(2) Cette hauteur correspond à une hauteur des eaux de la rivière de 132m40 au-dessus du niveau de la mer, ou 2m30 à l'échelle garonométrique du Pont. La cote d'étiage est 132m10 au-dessus de la mer, ou 2m00 à la même échelle.

Tel était le plan adopté par M. Guibal, dans son projet primitif, pour l'alimentation des deux châteaux. Il est probable que l'auteur du projet avait prévu la nécessité d'approfondir les puisards de l'ancienne usine de près de 3 mètres, pour en mettre le fond au niveau de celui des nouvelles galeries, et d'allonger dans la même proportion les tuyaux d'aspiration des pompes, comme aussi celle d'élever la cuvette de cet établissement de 8 mètres au moins au-dessus de sa hauteur actuelle, afin d'équilibrer les charges dans les conduites de distribution qui devaient recevoir le produit des pompes des deux châteaux. Ces dispositions étaient absolument indispensables, à moins d'admettre qu'on eût voulu établir deux systèmes de conduite de distribution, ce qui n'est pas supposable.

Quoi qu'il en soit, il n'en resta pas moins démontré, au moment où il s'agit de mettre en communication le nouveau château avec les galeries filtrantes récemment établies, et d'assurer en même temps l'alimentation des puisards de l'ancien établissement, que des travaux assez considérables étaient nécessaires. Par quels commencerait-on? Les difficultés d'exécution n'étaient peut-être pas insurmontables, mais elles étaient sérieuses.

Pour alimenter le nouveau château, il fallait d'abord incruster 750 mètres de tuyaux en fonte dans le radier du canal de fuite, à partir de l'ancien château jusqu'à l'extrémité de la partie couverte de ce canal, et puis continuer ce même tuyau ou construire un aqueduc à 6 mètres environ au-dessous du sol, sur une longueur de 400 mètres, jusqu'à la nouvelle usine. L'exécution d'un semblable travail dans le canal de fuite couvert, où un homme de taille ordinaire ne peut se tenir debout que sous la clef, n'eût-elle pas été contrariée et peut-être même empêchée par les infiltrations qui ont lieu au-dessous de la vanne de garde du cours Dillon, reposant sur un seuil profondément ébréché en maint endroit, et laissant fuir l'eau en abondance, ne pouvant d'ailleurs avoir lieu que pendant la nuit, pour ne pas interrompre le service de jour des fontaines, qu'une telle opération aurait encore exigé un temps très-long et une dépense considérable. Pour l'effectuer convenablement et à l'aise, pour enlever les déblais, il eût fallu forcément arrêter complétement le service pendant plusieurs mois peut-être ; il n'y avait pas à y songer.

Si, toutefois, il eût été possible de réaliser ce plan, comme il aurait été facile alors d'alimenter le nouveau château, et par suite la ville, avec l'eau filtrée des nouvelles galeries, on eût pu procéder tout à son aise à l'approfondissement des puisards de l'ancien château et à l'allongement proportionnel des tuyaux d'aspiration des pompes. On eût pu avec non moins de facilité placer la cuvette de ce château à la hauteur maximum à laquelle le nouveau pourrait élever les eaux, ou bien recouvrir cette cuvette d'un réservoir d'air tenu à la tension nécessaire pour équilibrer les charges devant exercer simultanément leur pression sur les conduites de distribution des eaux dans la ville.

M. Guibal, pour conserver l'ancien château intact, n'aurait pas reculé devant les difficultés d'exécution que présentaient ces diverses modifications, ainsi que le constatent les dispositions que cet ingénieur avait adoptées, qu'il entendait réaliser, et qui, si elles eussent pu l'être, lui auraient évité bien des ennuis, et surtout des critiques, avant et après les faits accomplis.

Mais le Conseil général des ponts et chaussées, consulté sur l'ensemble du projet, et naturellement sur les dispositions de détail, fut d'avis que de semblables moyens ne devaient pas être employés.

On lit, en effet, dans le rapport de M. Dupuit, du 3 janvier 1860, le passage suivant :

« La communication proposée, de la galerie filtrante avec la nouvelle usine, présente une foule d'inconvénients sur lesquels il est inutile d'insister ; car il est facile de substituer à la conduite carrée incrustée dans le canal de fuite de l'ancienne usine, à cause de son niveau obligé, une conduite ordinaire placée sous le sol à un niveau quelconque, ou même un petit aqueduc. Il suffira pour cela de convertir le moteur actuel, pouvant élever 250 pouces en 24 heures, en un moteur élevant les 1000 pouces de la galerie à 5 ou 6 mètres si on prend le parti d'une conduite forcée, ou à 3 ou 4 mètres si on prend le parti d'un écoulement libre dans un aqueduc. L'eau ainsi élevée n'étant plus obligée de suivre le chemin du canal de fuite actuel, peut être dirigée sur l'usine projetée par la rue des Tripiers (1), jusqu'à l'angle de l'hospice Saint-Joseph sur la Garonne; là elle passerait dans une conduite placée sur des consoles jusqu'au canal d'amenée qui serait disposé pour la recevoir et la conduire dans l'usine. Les pompes de cette usine n'auraient plus besoin de l'aspirer (2) et la refouleraient dans une conduite qui suivrait le même chemin jusqu'au droit du Pont-Neuf. Il paraît convenable de porter le diamètre de ces conduites, devant donner passage à 500 pouces, à 0m50, la perte de charge sera alors de 0m001 par mètre. Elles devront d'ailleurs être doublées quand la distribution sera portée de 500 à 1000 pouces et on prendra partout, dès à présent, les dispositions nécessaires pour rendre ce doublement facile. »

Sur la même question et relativement aux appareils élévatoires, M. le Rapporteur conclut ainsi dans l'art. 4 : « La ville examinera s'il ne conviendrait pas de rendre au château d'eau actuel sa force motrice normale, par l'abaissement de la hauteur de la retenue de l'usine Abadie. L'eau amenée par la nouvelle galerie filtrante sera élevée par un nouveau système de pompes (3), mis en mouvement par les roues hydrauliques actuelles à une hauteur de 5 à 6 mètres, ce qui permettra de la conduire à la nouvelle usine dans une conduite ordinaire

---

(1) Il s'agissait alors du projet primitif considérablement modifié plus tard, et dans lequel le nouveau château devait être placé à l'extrémité de la rue du Martinet, entre l'hospice de la Grave et l'Abattoir.

(2) On a vu que cette disposition n'a pas été adoptée dans l'exécution et que les pompes du nouveau château aspirent l'eau dans la caisse en tôle où se rend l'eau filtrée.

(3) Ces pompes sont celles dont on voit les diverses pièces dispersées sur le sol entre la rampe du Pont et l'ancien château.

ou dans un aqueduc ; dans ce dernier cas l'élévation de l'eau serait réduite à la hauteur de la tête de l'aqueduc (1). »

Ces conclusions, sommairement reproduites dans le rapport du 9 mars 1860, furent définitivement adoptées par le Conseil, le 19 mars suivant. Seulement il était décidé qu'au lieu d'une conduite en fonte, on emploierait pour conduire les eaux filtrées au nouveau château, un petit aqueduc de $0^{m}60$ de largeur qui serait placé au-dessus de la voûte du canal d'amenée pour lequel le parcours proposé plus tard, et qui est celui qui existe actuellement, était adopté ; qu'une double conduite de refoulement reposant sur des consoles au-dessus du niveau de l'eau dans ce même canal, ramènerait les eaux filtrées au Pont, à l'origine des conduites de distribution dans la ville.

II.

Ce système de communication des eaux filtrées avec la nouvelle usine, était beaucoup plus facilement réalisable que celui imaginé par M. Guibal, mais il avait ce résultat fâcheux, d'obliger à sacrifier l'ancien château d'eau, établissement qui, malgré son insuffisance actuelle, n'en avait pas moins rendu pendant de longues années de grands services à la population de la cité, et pouvait lui être encore très-utile. Nous disons, sacrifier ; car la substitution de nouvelles pompes d'un calibre plus grand pour pouvoir élever 1000 pouces à 5^{m} au lieu de 200 pouces à 24^{m} de hauteur, rend désormais inutile toute la partie supérieure de ce château, composée d'une maçonnerie de 20^{m} d'élévation à plusieurs étages de tuyaux d'ascension, et de descente, et de la belle cuvette de distribution en fonte qui le surmonte, toutes choses remarquablement bien établies. Les basses œuvres du bâtiment deviennent seules nécessaires

(1) La hauteur de la surface de l'eau dans le puisard des nouvelles galeries, est à $129^{m}23$, et celle de l'eau dans la cuvette communiquant avec la tête de l'aqueduc à $134^{m}348$ au-dessus du niveau de la mer, il s'ensuit que les pompes dont il s'agit devront élever l'eau à $5^{m}118$ au-dessus de la surface de l'eau dans le puisard dont la profondeur est de 1 mètre.

et transforment cette usine en un simple organe du château d'eau Guibal, lui-même impuissant sans cet accessoire indispensable, à la distribution de l'eau filtrée et réciproquement.

Ces considérations étaient toutes-puissantes aux yeux de l'Ingénieur de la ville pour justifier le choix qu'il avait fait d'une communication qui n'obligeât pas à recourir à l'annihilation de l'œuvre de son illustre devancier.

Mais la situation était telle, le nouveau château ne pouvant à cause de son grand éloignement de la prairie des Filtres, s'alimenter lui-même d'eau filtrée, qu'il fallait ou se résoudre à ne lui faire distribuer que les eaux de la Garonne non filtrées, ou choisir entre les deux moyens proposés, l'un par M. Guibal, l'autre par M. Dupuit, c'est ce que l'on a fait. On a vu quelle difficulté présentait dans la pratique la réalisation du premier moyen ; il a donc fallu forcément adopter le second.

On sait combien peu favorablement a été accueilli dans le public ce système de communication des eaux filtrées avec le nouveau château. On a trouvé étrange que l'on se soit mis dans la nécessité, en éloignant cette usine de la prairie des filtres, de conduire l'eau à 1200 mètres en aval pour la faire ensuite remonter jusqu'à son point de départ, de lui faire parcourir ainsi un trajet de 2400 mètres. Une telle disposition ne présente pas seulement, a-t-on dit, de grands inconvénients au point de vue de l'économie, de la facilité de la surveillance et de la régularité du service, mais encore au point de vue de l'obligation qu'elle impose de sacrifier en quelque sorte notre ancienne usine. Quelque sécurité qu'offre la bonne exécution des nouveaux appareils, ne peut-il pas arriver qu'ils se dérangent, et, bien qu'ils soient doubles, qu'ils se dérangent tous deux au même moment ? Que devient dans ce cas, l'alimentation de la cité? Quelles perturbations graves ne seront pas causées par une interruption du service pendant plusieurs jours peut-être? Quelle juste récrimination n'atteindrait pas, quelle responsabilité ne pèserait pas alors sur les auteurs ou les défenseurs d'une aussi hasardeuse combinaison?

Nous reconnaissons que la prudence exige que l'on se prémunisse contre de telles éventualités plus à craindre avec le nouveau qu'avec l'ancien système, et nous-même avons indiqué plus haut les moyens sinon de les prévenir, du moins d'en atténuer les effets au point de vue de la continuité du service des fontaines; mais il ne faut pas non plus, et avant que l'expérience ait prononcé, s'exagérer les inconvénients, et perdre de vue les avantages incontestables qui doivent résulter de la combinaison adoptée; si surtout il était possible, ainsi que nous l'examinerons bientôt, de conserver l'ancien château ou son équivalent. Sans doute, il eût été préférable que les pompes nourricières ne fussent pas séparées par une distance de 1200 mètres des pompes de refoulement et même qu'elles se trouvassent réunies dans le même local; mais nous avons fait observer que cela ne se pouvait pas.

En admettant, en effet, qu'on eût pu trouver entre l'ancien château et la rampe du Pont l'emplacement nécessaire pour la construction de la nouvelle usine, il eût fallu pour se procurer à ce point la même chute de 4^{m}70 qui existe en aval, établir un canal de fuite, dont le radier eût dû être placé à près de 4 mètres au-dessous du point où a été établi le radier du canal d'amenée, lui-même déjà construit à 6^{m}50 au-dessous du sol de la rue Bonaparte. Les tranchées auraient donc dû avoir près de 10^{m}50 de profondeur

Une telle excavation pratiquée à 0^{m}30 centimètres de distance à peine de plusieurs maisons de cette rue, où la circulation est des plus actives, dans un sous-sol diluvien, ébouleux, constitué parfois par des masses de sable liquide, fluant à travers les joints des étançonnements, n'eût-elle pas présenté des difficultés presque insurmontables, qu'elle aurait pu encore occasionner les plus graves malheurs.

Pendant la construction du canal d'amenée de la nouvelle usine, établi à une profondeur bien moindre que celle qui eût été exigée par un canal de fuite, les affouillements au-dessous de certaines maisons étaient tels, quelques soins que l'on prît pour les contenir, qu'on dut à plusieurs reprises prévenir les propriétaires d'avoir à pourvoir à leur sûreté en quittant leur demeure. Il est à croire que quelque grand désastre fût survenu si l'on eût creusé quatre mètres plus bas.

M. Guibal n'a pas voulu mettre l'administration sous le coup d'une semblable responsabilité, et c'est ce grave et sérieux premier motif qui lui a fait opter pour un canal d'amenée, qui naturellement l'obligeait à placer l'usine à son extrémité inférieure. Il y avait donc là une première raison péremptoire pour justifier cet éloignement de 1,200 mètres du nouveau château, de la prairie des Filtres, éloignement qu'au premier abord on peut trouver étrange, mais qu'on est forcé d'approuver quand on en connaît les motifs.

III.

M. d'Aubuisson avait rencontré lui aussi les plus grands obstacles pour l'établissement de son canal de fuite, et pourtant ses tranchées se trouvaient presque dans l'axe de la rue.

Les travaux, donnés d'abord à l'entreprise, durent être ensuite, faute d'entrepreneurs poursuivis, en régie. Des cas imprévus se présentèrent. « A la partie inférieure du canal, raconte cet ingénieur, on trouva un tuf, espèce de grès marneux beaucoup plus dur qu'on ne l'avait présumé. Dans l'intérieur du faubourg, la tranchée au fond de laquelle devait être bâti l'aqueduc de fuite avait en quelques points 30 pieds (10 mètres) de profondeur. La terre qu'on en retirait ne put être toute placée sur ses bords, on dut l'entreposer plus loin sur les places voisines. Dans des terrains ébouleux, il fallut doubler les étançonnements, et ce ne fut qu'au bout de deux ans de travaux et de contre-temps, que le canal de fuite, le canal d'amenée et la prise d'eau furent terminés. »

Ajoutons encore que M. d'Aubuisson n'avait pas porté la profondeur de son canal de fuite jusqu'à la limite qu'elle devait atteindre pour pouvoir utiliser toute la chute de $5^{m}47$ qui existe entre le niveau de la Garonne au Pont, et ce même niveau en aval de la chaussée du Bazacle, au point où devaient se verser les eaux motrices.

Le canal de fuite couvert a, en effet, une longueur de 750 mètres avec une pente de $1^{mm}1/2$ par mètre, soit $1^{m}13$; la longueur du canal découvert est de 370 mètres avec une pente de 1 millimètre par mètre, soit $0^{m}37$. Par conséquent entre cette pente brisée de $1^{m}30$ et la pente uniforme relative à une longueur de 1120 mètres qui eût dû être de $1^{m}68$, il y a déjà une différence en moins de $0^{m}18$ formant à l'extrémité du canal découvert un relèvement égal à cette hauteur.

Mais le relèvement général du fond du canal est bien plus considérable; car tandis que la chute au château d'eau sous les roues devrait être de $5^{m}47$ moins $1^{m}50$, avec une hauteur de la Garonne indiquée par la cote $1^{m}80$ au garonomètre du Pont, soit $131^{m}90$ au-dessus du niveau de la mer, cette chute n'est plus que de $2^{m}20$. Si on y ajoute, non comme chute utile, mais comme profondeur du canal, le ressaut de $0^{m}70$ pratiqué en aval du coursier des roues, on a en tout $2^{m}90$; donc, $2^{m}90$ plus $1^{m}50$ de pente donné au canal font $4^{m}40$, et l'on avait $5^{m}47$, différence entre le niveau des eaux au Pont, et le niveau des eaux dans la Garonne au point où se versent celles qui ont servi à mouvoir les roues du château d'eau.

Il résulte de cette disposition qu'on a pu s'affranchir de l'obligation d'approfondir le canal de fuite, de $1^{m}07$, en sacrifiant, il est vrai, au détriment de l'établissement hydraulique de la ville, une chute d'égale hauteur. Ajoutons que la hauteur de $5^{m}47$ qui constitue la chute totale, n'est que la différence entre la surface des eaux en amont et la surface des eaux en aval; et comme le fond du canal, à son débouché dans la Garonne, est indiqué par la cote $129^{m}80$, et par celle de $132^{m}30$ au-dessus de la mer, au fond du ressaut, sous les roues du château d'eau, il s'ensuit que la différence entre les deux fonds du canal est de $3^{m}20$; mais comme il a été donné une pente de $1^{m}50$ à ce canal, la différence entre les deux points n'est plus que de 1^{m}70. Cette hauteur est bien celle dont il aurait fallu approfondir le canal, pour jouir intégralement, pendant la plus grande partie de l'année, de la chute de 5^{m}47 moins 1^{m}50 de pente, soit 3^{m}97. On n'a pris que 2^{m}20; reste une chute perdue de 1^{m}77.

La seule raison qui nous paraisse pouvoir justifier une telle perte de chute, est la difficulté qu'on a dû éprouver quand il s'est agi d'atteindre la limite de profondeur à laquelle on était tenu, pour se procurer cette chute et pouvoir dépenser un volume d'eau motrice plus considérable.

Le canal passait dans la rue de l'Estrapade, rue assez étroite, et dont presque toute la longueur était occupée par la tranchée. Les éboulements y étaient à craindre; on dut comprendre le danger qu'il y avait à continuer de creuser; car on était à 9 mètres de profondeur au-dessous du sol de la rue. Qu'on s'imagine, ce qu'eût pu créer de difficultés l'enlèvement d'une couche de 1^{m}77 et plus, tantôt d'un tuf d'une dureté extrême, tantôt d'une boue liquide, rendant les étançonnements en quelque sorte impossibles. Des raisons d'économie, car on ne sait ce qu'eût coûté l'enlèvement des déblais qui restaient à faire à cette profondeur, des raisons de prudence, et enfin le désir d'en finir, il allait y avoir bientôt deux ans qu'on travaillait à ce canal, durent, c'est notre conviction, commander impérieusement d'en rester là. On avait, d'ailleurs, la force motrice nécessaire pour distribuer 250 pouces, cela suffisait pour le moment à une population de 50,000 habitants. C'était 100 litres d'eau par tête; on ne s'était pas ménagé au château d'eau les moyens d'utiliser une force motrice guère plus considérable que celle de 24 chevaux, en établissant des roues hydrauliques beaucoup plus larges, on n'avait donc que faire dans le moment, d'un surcroît de puissance motrice; en un mot, on ne se préoccupait que du présent et non de l'avenir; car, qui eût pu prévoir alors qu'en 45 ans, de 1821 à 1866, le chiffre de la population à Toulouse s'élèverait de 50 à 127,000 âmes? Qui aurait pu pressentir ce mouvement ascendant favorisé par les progrès de la science, le développement de l'industrie, l'accroissement du bien-être général qui caractérisent notre époque? Certes, personne, peut-être. On arrêta donc les travaux d'approfondissement du canal, qui poussés plus loin eussent constitué une entreprise hasardeuse, pouvant, d'ailleurs, amener des résultats funestes.

Ce ne sont pas là cependant les motifs que donne M. d'Aubuisson à M. de Prony qui s'étonnait de ce que l'on eût sacrifié une aussi forte partie de la chute. Ces motifs sont tout différents, ainsi qu'on va le voir : « M. de Prony dit M. d'Aubuisson, trouvait extraordinaire que sur 5^{m}47 de chute, ou différence entre le niveau de la rivière à l'entrée du canal d'amenée et son niveau à la sortie du canal de fuite, on n'eût pris pour les machines que 1^{m}62, ou plutôt 1^{m}82. L'adoption du nouveau système m'a permis d'aller jusqu'à 2^{m}20, c'est-à-dire, d'établir les roues de manière à ce que leur partie inférieure soit à 2^{m}20 au-dessous du niveau de la rivière prise sous le Pont lors des basses eaux (1). Je ne pouvais les descendre plus bas, sans les exposer à être engorgées et arrêtées lors des crues ordinaires de la Garonne : dans leur position actuelle, elles ne peuvent l'être que par les crues extraordinaires, lesquelles n'ont lieu que tous les quatre ou cinq ans et dont l'effet se réduirait à un chômage d'un ou deux jours.

» Immédiatement après les roues, et pour les dégager de suite de l'eau qui venait d'agir sur elles, on a ménagé une seconde chute de 0^{m}70, ce qui porte en réalité à 2^{m}90, celle qui est immédiatement utilisée par elles. Au delà se trouve le canal de fuite auquel il a fallu donner une pente de 1^{m}50. De sorte qu'il reste encore 1^{m}07 sur les 5^{m}47 de la chute totale.

» Mais ce reste est bien loin d'être perdu, comme M. de Prony paraissait le croire : il forme, à l'extrémité du canal une troisième chute destinée à une autre usine (papeterie ou

---

(1) Ce niveau, d'après les explications données par l'auteur à la page 240 de son mémoire sur les fontaines, semblerait être 1^{m}80 de l'échelle du Pont, correspondant à 131^{m}90 au-dessus du niveau de la mer.

scierie) qui doit être établie dans cette localité. Sans nul inconvénient, on peut y laisser élever les eaux à 1 mètre au-dessus du fond du canal, ce qui portera la chute à 2^{m}07 lorsque la rivière sera basse, et à 1^{m}70 au moins lorsqu'elle sera à sa hauteur moyenne. Les eaux qui viennent du château d'eau tombant de 1^{m}70 fourniront à l'usine une force motrice égale à celle de 30 chevaux attelés à la fois. Ce second établissement sera exposé, il est vrai, aux effets des crues de la Garonne, et par suite, il pourra chômer trente ou quarante jours de l'année. Nous avons fait porter sur lui tous les inconvénients de notre position sur le fleuve, afin d'en laisser entièrement exemptes les machines qui fournissent l'eau à la ville. Par ces dispositions, nous avons utilisé complètement et dans toute la rigueur mathématique la chute de 5^{m}47, et nous l'avons fait de la manière la plus convenable à l'objet principal, le service des fontaines publiques.

» Cet exposé répond à la question qui a encore été faite ; si en éloignant les machines hydrauliques de la prise d'eau, et les portant vers l'extrémité du canal de fuite, on n'eût pas pu leur procurer plus de chute. A quelque point qu'on s'établît, la pente des deux canaux (canal d'amenée et canal de fuite) devant en somme demeurer à très-peu près la même, il ne restait que la même hauteur de chute pour les deux établissements ; ce que l'on eût donné de plus à l'un, on l'ôtait à l'autre ; et, en augmentant la partie destinée aux roues hydrauliques, on les exposait à chômer lors des crues de la rivière. De plus, en s'éloignant de la prise d'eau et surtout de la ville, il aurait fallu une dépense plus considérable en tuyaux de conduite pour y mener les eaux. »

Tel est l'exposé des motifs qui ont porté M. d'Aubuisson à disposer de la chute de 5^{m}47, ainsi qu'il l'a fait ; les difficultés, sinon l'impossibilité, que présentait l'approfondissement du canal, opération sans laquelle, on ne pouvait jouir du maximum de la chute, n'y entraient pour rien, soit; mais nous n'en persistons pas moins à croire que c'eût été là la meilleure réponse à faire à M. de Prony.

Puisqu'il en est autrement, qu'il nous soit permis d'examiner quel a été plus tard pour la ville le résultat de cette distribution de la chute.

Et d'abord, constatons l'état de cette chute à la date du 20 janvier 1866, au moment où le niveau de la Garonne était descendu à 131^{m}92 au-dessus de la mer, c'est-à-dire à 1^{m}82 au-dessus du zéro de l'échelle du Pont. A ce même moment le niveau de l'eau dans le réservoir du château d'eau devant les roues était à 131^{m}80; différence ou perte due à la pente dans le canal d'amenée, 0^{m}12. En aval et immédiatement après les roues on constatait que le niveau des eaux était à 129^{m}72; différence ou chute, 1^{m}87. La chute de 2^{m}20 de M. d'Aubuisson s'était donc amoindrie de 0^{m}32.

A l'usine Abadie, l'état des choses ne paraissait pas différer beaucoup de celui indiqué par M. d'Aubuisson. Le niveau des eaux, en effet, mesuré au barrage même de cette usine, en amont, était à 2^{m}13 au-dessus du niveau des eaux d'aval au-dessous du barrage, d'où une différence de 0^{m}060 seulement en plus de la chute de 2^{m}07 dont devait pouvoir jouir cette usine aux très-basses eaux de la Garonne; et remarquons qu'à la date précitée nous étions à deux centimètres près dans ce cas.

Si nous récapitulons, nous trouvons :

Perte de chute dans le canal d'amenée du château d'eau	0^{m}12
Chute effective des moteurs	1 88
Pente du canal de fuite réduite par l'engorgement à	1 34
Chute au moulin Abadie	2 13
TOTAL	5^{m}47

Nous retrouvons donc la chute de 5^{m}47 un peu changée dans sa répartition ; mais ce n'est là encore que l'état normal apparent, l'état vrai est un peu différent. On remarque en effet, en examinant la trace laissée par les eaux au barrage du moulin Abadie, que la hauteur habituelle des eaux au-dessus du niveau d'aval constatée le 22 janvier 1866, par la cote 126^{m}43 au-dessus de la mer, est de 2^{m}53 et souvent de 2^{m}63.

Ne considérons que le premier cas ; nous trouvons qu'alors les eaux refluent vers les roues du château d'eau, de manière à permettre de constater que leur niveau au-dessous de ces roues atteint la cote 130^{m}22 au-dessus de la mer ; et comme le niveau de la Garonne au Pont est à 131^{m}92, celui de l'eau dans le réservoir de l'usine à 131^{m}80, il s'ensuit que la chute effective sur les roues est réduite à 131^{m}80 — 130^{m}22 = 1^{m}58.

Tel est à très-peu près l'état normal vrai de la chute du château d'eau avec la cote 1^{m}82 de l'échelle garonométrique du Pont. Par conséquent la chute primitive de 2^{m}20 plus 0^{m}70 de ressaut se trouve aujourd'hui réduite à 2^{m}28. La différence est de 0^{m}62 ; mais comme nous avons une perte de chute de 0^{m}12 dans le canal d'amenée, il est juste de n'imputer à la création de l'usine d'aval que celle de 0^{m}50.

Au reste, M. d'Aubuisson avait prévu l'état de choses constaté aujourd'hui. On lit, en effet, la note suivante, page 232 de son Mémoire sur les Fontaines : « A l'extrémité inférieure du plan incliné formant la seconde chute, celle de 0^{m}70, commence le radier du canal couvert, ou aqueduc de fuite ; je lui ai donné une pente de 1/2 par 1000 ; sa longueur étant de 750 mètres, cette pente a été de 1^{m}13 ; on ne pouvait donner moins sans s'exposer à faire refluer l'eau sur les roues, dès que son écoulement serait gêné par quelque obstacle, tel que pierres et débris de maçonnerie qui seront souvent portés dans l'aqueduc par un égoût qui y débouche, et par les envasements qui se feront à sa sortie dans les crues de la rivière. Lorsque les machines sont en pleine activité, elles dépensent, avons-nous dit, environ un mètre cube et demi d'eau par seconde : cette quantité d'eau coulant dans le canal, ne s'y élèvera qu'à 0^{m}62, lorsque le radier sera entièrement net ; mais du moment qu'il sera embarrassé, il y aura un regonflement ; il se fera ressentir jusqu'aux roues, quand l'épaisseur de la couche d'eau conduite dépassera 0^{m}70, ce qui arrivera habituellement ; et il gênera leur mouvement, s'il excède cette hauteur de quelques décimètres. On ne peut prévenir cet inconvénient que par une assez forte pente.

D'ailleurs l'aqueduc, ayant 2 mètres de large, avec une hauteur de 0^m78 à la naissance de la voûte et 1^m78 sous la clef, peut débiter un volume d'eau bien supérieur à 1 1/2 mètre cube. Entièrement plein, il en dépenserait 4^m23 ; et sans que l'épaisseur de la tranche excédât une grandeur compatible avec le libre jeu des machines, 0^m78 par exemple, le débit serait encore de 2 mètres cubes.

« La formule de M. de Prony,

$$Q = ab\left(-0{,}0718 + \sqrt{3233\frac{abp}{a+2b} + 0{,}0052}\right)$$

donnerait 2^m1693 mèt. cub.

Celle de M. Eytelwein,

$$Q = ab\left(-0{,}0332 + \sqrt{2736\frac{abp}{a+2b} + 0{,}0011}\right)$$

indiquerait 2^m0408. »

Dans ces formules,

a représente la largeur du canal......	= 2^m
b l'élévation de l'eau dans le canal....	= 0,78
p la pente du canal.................	= 0,015

Quant au canal découvert qui est à la suite de l'aqueduc, on a réduit sa pente à un millième ou à 0^m37.

Ainsi, les 5^m47 de chute totale qu'on a lors des basses eaux sont répartis comme suit :

Chute sur les roues................	2^m20
Chute immédiatement après les roues.	0 70
Pente du canal couvert.............	1 13
Pente du canal découvert...........	0 37
Total...........	4 40

Il reste donc encore à l'extrémité de ce dernier canal, sur le bord de la rivière, une chute de 1^m07.

Dans les eaux moyennes, elle sera d'environ 0^m75. »

Tout cela en théorie est très-exact ; mais en pratique il n'en est pas de même. On a vu, en effet, la transformation qu'a subie la chute ; nous dirons maintenant que la quantité d'eau de un mètre cube et demi, qui ne devait s'élever dans le canal que de 0m62 ou 0m78 au plus, s'y élève, maintenant, à très-peu près, de 1m78, à son débouché dans le canal découvert, c'est-à-dire que cet aqueduc est entièrement plein. Cela démontre clairement que si, avec une hauteur d'eau de 0m78 dans ledit canal, produisant une section d'écoulement de 1m56 carrés, la vitesse moyenne du courant devait être de 1 mètre par seconde, cette vitesse est à peine de 0m48, maintenant que la section tout entière du canal, qui est de 3m13 carrés, est employée pour l'écoulement d'un volume d'eau de un mètre cube et demi par seconde.

L'état de choses prévu par M. d'Aubuisson s'est donc réalisé : le radier du canal de fuite couvert, et principalement le lit du canal découvert se sont encombrés de dépôts de tout genre, l'eau reflue de plusieurs décimètres sous les roues du château d'eau, gêne leur mouvement, ce qui oblige à une dépense d'eau plus grande ; d'où un accroissement de préjudice pour l'usine de la ville, et une situation d'autant meilleure pour l'usine inférieure ; usine à laquelle, chose étrange, la délibération du Conseil municipal du 31 décembre 1834 assure la jouissance de « un mètre cinquante centimètres cubes d'eau par seconde, » volume qui doit lui être livré par la vanne de décharge du château d'eau dans le cas où les roues ne la débiteraient pas. Il n'est fait d'exception à cette clause que pour le cas où les eaux de la Garonne, devenues très-basses, exigeraient que cette vanne fût momentanément fermée.

L'usine dont il s'agit met aujourd'hui en jeu cinq paires de meules à blé, les appareils d'épuration nécessaires et une pompe élevant à 8 ou 9 mètres 80,000 litres d'eau par 24 heures, pour le service des abattoirs de la ville. Ces diverses machines exigent une force motrice de 25 chevaux au moins. Or cette force ne peut être obtenue, en admettant que le volume d'eau concédé soit constamment débité au château d'eau, qu'avec une chute de 2m50 ; de là la tendance de cette usine à sur-élever le niveau.

Le partage de la chute de 5m47 entre l'usine Abadie et le château d'eau a donc créé une servitude d'autant plus fâcheuse pour la ville, que le défaut de profondeur du canal ne permet pas d'effectuer les chasses à l'aide desquelles il serait possible d'enlever une grande partie des dépôts; bien plus défavorablement que le moulin d'aval, l'usine de la ville supporte les conséquences de cet état de choses.

Cela est si vrai, que, le 22 janvier 1866, l'un des jours où nous nous sommes livrés aux expériences ci-dessus relatées, ayant fait ouvrir toutes les vannes de décharge du moulin Abadie, et obtenu près du barrage de cette usine un abaissement du niveau de 1m53, la hauteur des eaux, au-dessous des roues du château d'eau, est restée la même qu'avec la chute de 2m13 que nous avions mesurée à ce barrage. A l'extrémité aval de l'aqueduc couvert, et au point où ce dernier débouche dans le canal découvert, l'eau n'avait baissé que de 0m30 au-dessous de la voûte de l'aqueduc, sur le radier duquel existait encore par conséquent une hauteur d'eau de 1m78 moins 0m30, soit 1m48, tandis que le tirant d'eau sous les roues, sur ce même radier, était de 0m90; différence, 0m58. Il s'ensuit que pendant que la pente du radier, sur 750 mètres de longueur de l'aqueduc, était, ainsi qu'on l'a vu plus haut, de 1m13, la pente, à la surface de l'eau, se trouvait réduite à 1m13, moins 0m58, c'est-à-dire 0m55 (1).

Plus bas, au contraire, et à quelques dizaines de mètres de distance en amont de l'usine Abadie, le courant se déprimait brusquement; sa vitesse était très-grande, mais ne produisait aucun effet sur le fond de la partie supérieure du canal, où l'eau restait à peu près morte, et comme si elle eût été arrêtée par une sorte de barrage. Ce barrage existe, en effet, et il résulte du défaut de profondeur que présente le canal depuis sa création.

---

(1) Quand l'eau atteint le dessous de la voûte de l'aqueduc, ce qui a presque toujours lieu quand marche l'usine Abadie, la pente est alors de 0m55 moins 0m30, soit de 0m25.

Il est évident que les choses ne se seraient pas passées ainsi si, à l'origine, on avait approfondi le canal de fuite, et enlevé cette tranche de tuf de 1m07, ou plutôt de 1m77, au-dessus de laquelle le concessionnaire devait avoir la faculté d'élever les eaux de 1 mètre. On aurait pu alors, même en ne réservant, comme on l'a fait, aux roues du château d'eau qu'une chute de 2m20, avoir aux basses eaux, à partir du fond du ressaut de 0m70, une pente uniforme de 2m57 ou de 2,3 millimètres par mètre, qui eût permis de débiter 4 ou 5 mètres cubes d'eau par seconde, et produire, la nuit, pendant quelques heures, un courant d'eau rapide qui eût déblayé le radier de l'aqueduc et le fond du canal des dépôts de tout genre qui s'y forment, et ne sauraient plus maintenant être enlevés qu'à bras d'homme, à grands frais et avec la perspective de les voir se reformer de nouveau. Donc, pour affranchir les moteurs de l'engorgement qu'on supposait devoir résulter des crues de la Garonne, on s'en était créé un bien plus fâcheux en ce qu'il est pour ainsi dire permanent, et qu'il peut donner lieu, avec le concessionnaire de l'usine d'aval, à des contestations qui n'ont pas attendu à ce jour pour se produire.

Tel a été le résultat de la répartition ainsi faite de la chute de 5m47 dont on disposait. Qu'elle ait été motivée par l'impossibilité de donner au canal de fuite une profondeur plus conforme aux règles de l'art en semblable matière, ou par la crainte des crues de la Garonne, peu importe, les conséquences en sont les mêmes ; elle fait obstacle aujourd'hui à l'organisation de notre nouvelle distribution d'eau la plus conforme aux intérêts de notre ville.

IV.

La crainte de l'influence des crues de la Garonne sur les moteurs de l'ancien château, opposée par M. d'Aubuisson à M. de Prony pour justifier la répartition de la chute qui avait frappé M. le premier inspecteur général des Ponts et chaussées, nous semble aussi bien exagérée. Il importe d'examiner si cette crainte était fondée ; car à cet examen se rattache étroitement la question relative au choix fait par M. Guibal de l'emplacement du nouveau château. Pour plus de clarté, nous admettrons une disposition différente de la chute de 5^{m}47, qui eût été, croyons-nous, bien préférable, et nous prendrons pour base de nos calculs les niveaux constatés par nous le 22 janvier 1866, au Pont par la cote 1^{m}82 de l'échelle, 131,92 audessus de la mer, et par celle de 126^{m}46 au débouché du canal de fuite dans la Garonne, à la même date.

Si, en effet, on eût approfondi le canal de fuite à son débouché dans la Garonne jusqu'à la cote 125^{m}70, ce qui suppose un tirant d'eau de 0^{m}76 à ce point, et qu'on eût donné à ce canal une pente de 0^{m}70, bien suffisante, puisqu'à peine aujourd'hui cette pente est de 0^{m}25 pendant la marche des usines, on eût pu se permettre de placer la partie inférieure des coursiers des roues à 127^{m}16 ; et comme le niveau de la Garonne, à l'entrée du canal d'amenée, était en ce moment à 131^{m}93, la chute totale sur ces roues eût été de 131^{m}93, moins 127^{m}16, c'est-à-dire égale à 4^{m}77, ou plutôt à 4^{m}64, si nous déduisons la perte de 0^{m}12, due à la pente dans le canal d'amenée. C'eût été, certes, une très-belle chute.

Mais on pourrait objecter que les moteurs se fussent trouvés placés trop bas, bien que la pente de 0^{m}70 les eût déjà mis à l'abri d'un grand nombre de petites crues ; examinons ce point et faisons la part de l'engorgement.

Pour cela relevons les roues de 1 mètre, nous avons alors 1^{m}70 pour la pente du canal de fuite, et 3^{m}64 pour la chute sur les roues. Avec cette chute et cette pente on pouvait largement dépenser 3 1/2 mètres cubes d'eau ; ce qui aurait procuré au moins une force de 85 chevaux vapeur, permettant d'élever 182 litres d'eau par seconde à 35 mètres de hauteur, et ce qui est la même chose, d'élever 15,724,800 litres, ou 786 pouces par 24 heures à la même hauteur.

Un tel emploi de la chute de 5^{m}47 eût dispensé, on le comprend, de construire un nouveau château d'eau et épargné à la ville une dépense considérable.

Aurait on eu encore, malgré la pente de 1^{m}70 donnée au canal de fuite à redouter l'effet des crues? Examinons encore : Prenons, par exemple, la crue du 26 septembre 1866, une des plus hautes de ces dernières années Le niveau de la Garonne, au Pont, à cette date, atteignit 4 mètres à l'échelle garonométrique ou 134^{m}10 au-dessus de la mer. Ce même niveau était en aval, à l'extrémité du canal de fuite, à 129^{m}78 : différence ou chute 4^{m}32.

Mais le niveau de la Garonne au débouché du canal de fuite était, le 22 janvier 1866, à 126^{m}46; donc le 26 septembre 1866 les eaux étaient plus élevées à ce même point de la différence existant entre 126^{m}46 et 129^{m}78, c'est-à-dire de 3^{m}32; et comme la pente du canal de fuite depuis son embouchure dans la Garonne jusqu'au bas des roues aurait été dans notre combinaison de 1^{m}70, il s'ensuit que les roues de l'ancien château eussent été noyées par une hauteur d'eau de 1^{m}62.

C'est là, sans doute, un état de choses qui, s'il eût été fréquent, aurait présenté de graves inconvénients, mais des crues de cette hauteur n'ont guère lieu qu'une ou deux fois dans l'année (1). La chute d'eau sur les roues aurait été, d'ailleurs, encore de 2^{m}62 et elles eussent pu continuer leur marche, si, surtout, on les eût faites d'un grand diamètre, d'une grande largeur, et à aubes prolongées comme celles établies à Marly, par exemple, qui fonctionnent parfois avec 2 mètres d'engorgement à l'époque des crues extraordinaires de la Seine. Quant aux faibles crues, les plus fréquentes, celles-là, notre pente de 1^{m}70 en mettait nos roues à peu près complétement à l'abri.

Il n'était donc pas rationnel de sacrifier pendant 363 jours de l'année une force motrice de 85 chevaux en ne se réservant que celle de 25 à 30 chevaux, et cela pour échapper à des éventualités d'une aussi courte durée.

---

(1) Voir dans la VIe série, t. I, p. 133 des Mémoires de l'Académie de Toulouse, notre Mémoire sur le régime de la Garonne et sur ses usines.

Nous ne craignons pas d'affirmer avec tous les hommes compétents dans ces sortes de questions, qu'il y avait là une erreur, s'il n'y avait pas le motif inavoué des difficultés rencontrées pour l'approfondissement du canal, difficultés qui seules pourraient faire accepter aujourd'hui l'onéreux partage constaté maintenant, de la chute de l'ancien château d'eau.

V.

Cette situation n'avait pas échappé à M. Guibal, auquel se posait le même problème; un canal de fuite profond à exécuter pour tirer tout le parti possible de la chute de 5m47. Mais l'expérience était faite. Pour l'exécution d'un canal dont le radier eût été placé à la profondeur voulue, cet ingénieur se trouvait aux prises avec des obstacles plus grands encore que ceux que rencontra l'établissement du canal existant. Que faire alors pour résoudre cette question de 1,000 pouces, c'est-à-dire, cinq fois plus d'eau que n'en fournissait l'ancien château, à élever à une hauteur supérieure de près de 11 mètres, en tenant compte des pertes de charge, à celle à laquelle l'élevait l'usine actuelle?

Il n'y avait qu'un seul moyen à employer, et ce moyen était celui qui, contrairement à l'opinion émise par M. d'Aubuisson, consistait à placer les nouveaux moteurs, au point le plus bas de la rivière, en aval de Toulouse, sans cependant aller choisir ce point à une trop grande distance de la ville.

Nous sommes d'autant plus heureux de reconnaître aujourd'hui combien, en agissant ainsi, M. Guibal était dans le vrai, que séduit par cette théorie émise par M. d'Aubuisson « que, à quelque point qu'on s'établît, la pente des deux canaux (canal d'amenée et canal de fuite) devant en somme demeurer à très-peu près la même, il ne restait que la même chute pour les deux établissements, » il ne nous semblait pas possible que M. Guibal eût obtenu une chute plus grande au point où est placée la nouvelle usine, qu'à l'ancien château.

Un examen plus approfondi des niveaux et des obstacles inhérents aux localités, nous a convaincu, que la théorie de M. d'Aubuisson n'était vraie que relativement, et que dans le cas spécial où se trouve placée la prise d'eau de Toulouse, et son débouché, pour obtenir le maximum de la chute, il fallait entièrement subordonner les plans à dresser aux exigences locales, sous peine de faire fausse route.

Procédant donc tout différemment que ne l'avait fait M. d'Aubuisson, M. Guibal a construit un large canal d'amenée, d'une section totale de 7 mètres, et d'une section d'écoulement de 4 mètres, et au lieu de lui donner en pure perte, une pente de 1m50, il ne lui a donné que 0m75 depuis son entrée sous le cours Dillon où le radier est à la cote de 130m60 jusqu'à son extrémité en aval, à quelques mètres en avant du point où ce canal se divise en deux branches pour conduire l'eau aux deux turbines.

A cette extrémité du canal, le radier est placé par conséquent à la cote 129m85; mais à partir de ce point, jusqu'à la crête du mur de chute, qui précède la chambre des turbines, le radier a été abaissé de 0m30. De telle sorte que la crête dudit mur se trouve à la cote 129m55. Immédiatement après ces deux murs de chute sont les deux chambres des deux turbines. Le niveau normal des eaux au-dessus de leurs distributeurs (1) à la cote d'*étiage* de 132m10 mesurée par celle de 2 mètres à l'échelle du Pont, est de 131m353, et le niveau normal d'aval sous la couronne des turbines étant de 126m633, il s'ensuit que la chute totale pour ces moteurs est de 4m72.

Cette distribution de la chute de 5m47 dont, comme M. d'Aubuisson, disposait M. Guibal, est, on le voit, bien préférable. Il a fallu, il est vrai, creuser une vaste excavation de plus de 10 mètres de profondeur pour établir l'usine tout entière; mais ici, l'emplacement était au bord du fleuve, isolé de toute habitation, et on pouvait facilement se débar-

---

(1) Le dallage de la salle des machines dans le château d'eau étant à la cote 135m632 et le dessous des turbines à celle de 126m632, il s'ensuit que la partie inférieure de ces moteurs est à 9 mètres au-dessous du dallage de l'usine.

rasser des déblais, enfin on n'avait aucun accident à redouter. Si, afin d'avoir la même chute, on eût voulu placer le nouveau château d'eau auprès de l'ancien, il eût fallu creuser, pour le canal de fuite, une tranchée dont le fond aurait été à la cote 125m533 à son débouché dans la Garonne; le canal d'amenée n'a exigé, jusqu'à la chambre des turbines, qu'une tranchée dont on a arrêté le fond à la cote 129m553: différence 4m02. On eût donc été obligé d'enlever en sus des déblais nécessités par l'établissement du canal d'amenée, déblais déjà très-considérables, un volume de terrain représenté par une largeur moyenne de 3 mètres, une hauteur aussi moyenne de 3m65 et une longueur de 1,200 mètres, c'est-à-dire, plus de 13,000 mètres cubes, en descendant progressivement jusqu'à une profondeur de plus de 10 mètres au-dessous du sol des rues parcourues par le canal. Qu'eût-on fait de ces déblais (1), lorsque encore on n'a pu se débarrasser de ceux qu'a occasionnés le canal d'amenée, et qui forment, à l'heure qu'il est, sur les terrains longeant la rive gauche de l'allée de Garonne, un monticule énorme? Evidemment, on ne peut s'empêcher de reconnaître que M. Guibal, en présence de ces difficultés d'exécution, des dangers à courir et de circonstances locales tout-à-fait exceptionnelles, n'ait intelligemment tourné la difficulté, en mettant en pratique au profit de l'usine de la ville, un moyen qui, précédemment, avait uniquement abouti à la création d'une usine privée, celui qui consistait à s'affranchir de l'obligation de porter jusqu'à sa limite extrême et nécessaire, la profondeur du canal, qui eût été un canal de fuite. L'impossibilité de celui-ci dans des conditions rationnelles lui étant démontrée, il a fait un canal d'amenée exigeant une bien moindre profondeur; mais dès ce moment, la place du nouveau château était marquée, il ne pouvait être construit ailleurs qu'au point où on le voit maintenant.

---

(1) On en eût bien fait rentrer une partie dans les tranchées, mais non la totalité.

Nous avons entendu exprimer la crainte que la chute de 4m72 que s'est ainsi procurée l'ingénieur de la ville, ne soit précaire, tant à cause de la faible pente donnée au canal d'amenée, que du placement des turbines en un point trop rapproché des basses eaux ; ce qui, aux moindres crues, exposera ces moteurs à être noyés.

En ce qui concerne la pente de 0m75 donnée au canal d'amenée, on n'a à concevoir aucune crainte, si, ainsi que nous l'avons dit plus haut, on a le soin d'élargir la section du canal aux points où seront placées les grilles destinées à arrêter les corps flottants ou autres ; on évitera ainsi les dépressions du niveau résultant des nombreuses contractions de la veine fluide qui doivent nécessairement se produire entre des barreaux très-rapprochés, l'on assurera la régularité du débit bien suffisant que peut permettre cette pente de 0m75.

Dans le canal de fuite de l'ancien château, bien que la pente du radier soit de 1m50 sur 1120 mètres, et que cette même pente dût exister à la surface du courant, avec le tirant d'eau proportionnel au débit de un mètre cube et demi effectué par les roues, l'observation démontre que par suite du remous causé par la retenue de l'usine Abadie, cette pente à la surface du courant se trouve presque constamment réduite à 0m25, et cependant l'eau s'écoule ; seulement la vitesse du courant, qui, dans le cas d'un tirant d'eau normal de 0m78, devrait être de 1 mètre, n'est plus que de 0m48 par seconde, lorsque à son débouché dans le canal découvert, l'aqueduc couvert est plein jusqu'à la voûte. Il en aurait été de même, si l'on eût encore augmenté la pente en relevant les moteurs ; cette augmentation eût été toute au profit de l'usine concédée ; car il est de règle sur tous les cours d'eau du monde, que l'usinier supérieur ne se plaint de l'usinier inférieur que lorsque celui-ci fait refluer les eaux au point de noyer ses roues. Or, plus le premier élève ses moteurs plus on voit le second élever sa retenue ; et il le peut, tant qu'il n'est pas démontré que son entreprise doive gêner le mouvement des roues de son voisin d'amont. Donc, tout ce que perd le premier en vue d'échapper à l'engorgement, il le donne à son voisin d'aval. C'est ainsi que la hauteur du ressaut de 0^m70 ménagé sous les roues de l'ancien château, une grande partie de la pente de 1^m50 et le défaut de profondeur de 1^m07 du canal de fuite devaient inévitablement être mis à profit par une usine quelconque ou être perdus.

M. Guibal s'est bien gardé d'agir ainsi; il n'a sacrifié de la chute que ce qui est indispensable. La grande section de près de 4 mètres de son canal d'amenée, peut parfaitement, avec la pente de 0^m75, et 1^m25 à 1^m50 de vitesse moyenne du courant suivant le niveau de la Garonne en amont, permettre de dépenser 5 mètres cubes d'eau (1); à ce point de vue, la pente est donc bien suffisante. Approfondir davantage le canal pour l'augmenter eût été exposer des frais tout à fait inutiles.

Quant à la crainte relative à la position des moteurs, nous ferons remarquer que les crues de la Garonne indiquées par la cote de 2 mètres à l'échelle de l'Embouchure qui seules peuvent atteindre les turbines et non ralentir sérieusement leur mouvement, n'ont lieu que pendant une faible partie de l'année (2); d'un autre côté, si le niveau s'élève en aval, il s'élève aussi en amont, et comme ces moteurs peuvent marcher noyés, il s'ensuit qu'il s'établit le plus généralement une sorte de compensation qui doit réduire à un nombre de jours tout à fait insignifiant, celui des chômages complets.

---

(1) La formule de M. de Prony, citée plus haut, nous donne un chiffre plus élevé.

(2) Les cotes de l'échelle de l'Embouchure, observées par nous pendant cinq ans, de 1858 à 1862 inclusivement, ont été :

de 0^m86 à 1^m29	pendant 829 jours	=	165,8 jours par an.
1^m30 à 1^m69	» 348 »	=	109,6 »
1^m70 à 2^m09	» 289 »	=	56,4 »
2^m10 à 2^m50	» 83 »	=	16.5 »
2^m52 à 4^m10	» 46 »	=	9,2 »
			7,5 observations douteuses.
Total égal........	1788 jours		365 jours.

Voir pour les détails notre travail sur le *Régime de la Garonne*, VIe série, t. I, p. 404 des Mémoires de l'Académie de Toulouse.

Ainsi prenons, par exemple, la crue du 8 octobre 1866 indiquée par la cote 4 mètres à l'échelle de l'Embouchure ! cette crue élevait le niveau des eaux de la Garonne à 2m57 au-dessus de la partie inférieure des turbines, c'est-à-dire, atteignait la cote 129m78 au-dessus de la mer à ce point, mais en amont, au Pont, la cote était à 134m10 ; donc la chute ou différence de niveau de l'amont en aval était encore égale à 134m10, moins 129m78, moins la pente de 0m75 du canal d'amenée, c'est-à-dire à 3m57. Les turbines auraient donc pu fonctionner avec cette crue, une des plus fortes de ces dernières années, ainsi que nous l'avons déjà fait observer.

VI.

Cela admis comme incontestable, que pour utiliser dans les meilleures conditions la chute de 5m47, et se procurer la force nécessaire à la distribution de 1,000 pouces avec une pression égale à celle d'une colonne d'eau de 35 mètres de hauteur, il fallait forcément placer la nouvelle usine au point où elle a été construite ; qu'on ne pouvait faire arriver à cet établissement, pour l'alimenter, les eaux de la prairie des Filtres par une conduite incrustée dans le radier du canal de fuite de l'ancien château, il devenait urgent de faire choix d'un autre moyen. Ce moyen, on le trouve indiqué dans les conclusions du rapport de M. Dupuit au Conseil général des ponts et chaussées, à la date du 9 mars 1860. On y lit en effet :

« Art. 3. Les eaux de la galerie filtrée seront conduites à la nouvelle usine dans un petit aqueduc de 0m60, placé au-dessus du premier (1).

» Art. 4. Elles seront élevées dans cet aqueduc au moyen d'un système de pompe mis en mouvement par les roues hydrauliques actuelles. »

---

(1) Le canal d'amenée.

Cette combinaison, on le sait, est celle qui a été définitivement adoptée. Les nouvelles pompes à substituer à celles du château d'eau d'Aubuisson ont été commandées à M. Farcot ; elles sont exécutées et livrées.

Il y a donc aujourd'hui la force de la chose jugée, du fait en quelque sorte accompli ; et nous aurions terminé ici la tâche que nous nous étions imposée, si nous n'avions à parler de deux propositions qui se sont produites, et qui ont eu toutes deux pour objet la conservation dans son état actuel de l'ancien château.

Que ce soit par respect pour la mémoire de l'illustre et principal organisateur du système qui, pendant quarante ans, a alimenté la population d'une eau fraîche, limpide et des plus salubres ; que ce soit sous l'impression de ce sentiment de reconnaissance qu'inspire à ceux qui ont su les apprécier le souvenir des services rendus, qu'une partie du public n'accepte qu'avec une certaine répugnance la transformation projetée ; qu'il y ait aussi cette crainte vague d'insuccès qui accueille presque toujours les conceptions nouvelles de l'intelligence humaine, ces motifs n'en sont pas moins légitimes. Mais si, d'une part, ces sentiments méritent d'être respectés, si les convenances commandent qu'on ne repousse pas sans examen des observations qui ont leur source dans des appréhensions plus ou moins fondées, l'on ne saurait non plus méconnaître que l'insuffisance, aujourd'hui constatée, de l'ensemble de notre ancien établissement hydraulique, l'impossibilité d'accroître sa puissance en raison des nouveaux besoins de la cité, justifient avec non moins de force la solution proposée par les hommes de science, qui n'avaient, eux, en définitive, à juger la question qui leur était soumise qu'avec les seuls éléments tirés de l'état de choses existant et de celui qui était à créer.

Quand on lit avec attention les remarquables rapports des 3 janvier et 9 mars 1860, présentés par M. Dupuit au Conseil général des Ponts et chaussées, on est forcé de reconnaître que la question relative à notre nouvelle distribution d'eau a été, dans l'intérêt de la ville de Toulouse et à tous les points de vue, l'objet de l'examen le plus sérieux et le plus consciencieusement approfondi. Les déductions de l'éminent rapporteur sur tous les points de cette question si controversée sont sages, éclairées, et dénotent une parfaite connaissance de la situation difficile soumise à l'appréciation du corps savant aux lumières duquel la ville avait recours.

L'opinion du Conseil, manifestée au reste sous la forme d'un simple avis, avait une grande autorité sans doute, mais n'était nullement obligatoire. Ce corps éminent n'entendait pas plus imposer à l'ingénieur de 1860 ses décisions, que M. de Prony, premier inspecteur général des Ponts et chaussées, un des plus savants mécaniciens et hydrauliciens de l'Europe, ne pouvait vouloir imposer à M. d'Aubuisson de distribuer sa chute d'eau d'une manière plus rationnelle, et surtout plus conforme aux intérêts de la ville ; et il reste pour nous démontré que si une proposition qui aurait pu concilier à la fois les désirs du public, les exigences techniques et les intérêts de notre ville, se fût produite, il en eût été tenu compte. Malheureusement, les moyens indiqués pour arriver à la réalisation de cette transaction étaient ou inadmissibles ou peu étudiés, et dès lors sans force pour faire accueillir la modification du projet arrêté, et dont la prompte exécution se justifiait par des besoins de plus en plus urgents.

Certes, nous voudrions, nous aussi, pouvoir conserver intacte l'œuvre d'un homme qui avait consacré à son succès une partie de sa vie si bien remplie ; et ce n'était pas seulement par un juste sentiment d'admiration pour ses travaux scientifiques, rangés parmi les plus estimés, que nous avons cherché, avec une persistance qui a dû bien des fois s'arrêter devant des obstacles invincibles à résoudre dans le sens de cette conservation, l'alimentation du nouveau château ; il y avait encore, indépendamment des intérêts de notre ville natale, qui nous tiennent à cœur et plaident aussi en faveur de l'ancien établissement, un souvenir d'affection personnelle pour l'homme lui-même ; car nous ne pouvons oublier avec quelle bienveillance, alors que son très-jeune voisin, le familier intime de sa maison , il daignait nous initier aux premiers éléments des sciences qu'il possédait si bien.

Mais tout cela doit céder devant des considérations d'un ordre plus élevé, et que domine de toute sa hauteur la question d'intérêt général.

Examinons donc , et ainsi que nous l'avons fait jusqu'ici pour tout ce qui précède, c'est-à-dire sans parti pris et sans arrière-pensée d'aucune sorte, la valeur des modifications qu'a suggérées le désir de conserver notre ancien établissement hydraulique.

VII.

On a proposé deux moyens principaux : le premier consisterait à affecter la nouvelle usine à la distribution dans la ville des eaux de la Garonne , que ses pompes peuvent aspirer directement dans le canal d'amenée sans aucun appareil intermédiaire. On conserverait ainsi l'ancien château pour la distribution des eaux filtrées.

Disons tout d'abord que cette idée de distribuer à Toulouse les eaux du fleuve paraît toute naturelle , quand on a vu à Nantes les eaux de la Loire, à Marseille celles de la Durance, à Paris les eaux de l'Ourcq être distribuées à ses habitants , et s'agiter longuement dans la capitale la question relative à la dérivation des eaux de la Somme , de la Soude, de la Dhuis, et plus récemment encore de celles de l'Yonne , etc.

Les dispositions prises dans le nouveau château pour puiser dans le canal d'amenée des eaux non filtrées ont semblé , en outre , à beaucoup de personnes avoir été prises dans l'intention d'alimenter la ville au moyen de ces eaux dans le cas où l'on ne trouverait pas une suffisante quantité d'eau potable dans la prairie des Filtres, dispositions qui , au reste , existent à l'ancien château , et y ont été établies dans le même but. Mais on est forcé de renoncer à l'idée de recourir à une semblable extrémité, tranchons le mot, quand on connaît la qualité des eaux de notre fleuve.

Il résulte, en effet, des observations longues et minutieuses auxquelles nous nous sommes livré, que les eaux de la Garonne perdent fréquemment leur limpidité; elles sont en moyenne, pendant 179 jours de l'année, à l'état *louche*, *un peu trouble, trouble, ou très-trouble*, et le plus souvent tellement chargées de limon, qu'elles en deviennent pour ainsi dire opaques. Il n'est pas possible de distribuer de telles eaux. Elles n'auraient pas seulement pour grave inconvénient de détériorer l'intérieur des corps de pompe et la surface des pistons, mais encore de former, dans les conduites, des dépôts limoneux tels, que toute distribution deviendrait ultérieurement impossible (1). Il faudrait donc suspendre cette distribution quand

---

(1) Prenant six années au hasard, nous formons le tableau suivant, dans lequel on trouvera pour chaque année, mois par mois, le nombre de jours pendant lesquels la limpidité des eaux de la Garonne a été plus ou moins troublée.

	1848	1849	1850	1851	1852	1853
Janvier.....	23 j.	11 j.	23 j.	20 j.	8 j.	21 j.
Février.....	12	2	11	14	13	18
Mars........	21	1	5	17	8	21
Avril.......	13	25	13	13	20	13
Mai.........	19	13	10	26	21	29
Juin........	30	5	24	16	23	29
Juillet......	6	12	25	7	21	10
Août.......	10	9	19	11	16	14
Septembre..	12	12	9	10	9	11
Octobre....	11	7	16	8	2	11
Novembre...	3	18	9	20	8	15
Décembre...	1	16	5	7	11	8
Totaux..	151 j.	131 j.	169 j.	169 j.	160 j.	200 j.

On voit que ces six années donnent pour moyenne annuelle 163 jours, pendant lesquels les eaux de la Garonne sont plus ou moins chargées de parcelles

les eaux seraient troubles, ce qui présenterait des inconvénients de plus d'un genre et de grandes difficultés pratiques ; car il est souvent presque impossible de saisir le moment où l'eau commence à devenir sale, et d'apprécier celui où elle cesse de l'être.

Mais le plus grave de tous les inconvénients serait, sans contredit, de distribuer à la population, dans certaines circonstances, des eaux essentiellement insalubres.

Les principaux affluents de la Garonne, en amont de Toulouse, traversent tous, en effet, des centres populeux où leurs eaux se chargent plus ou moins de matières organiques (1). Presque à son arrivée sous nos murs, notre fleuve en reçoit encore une assez grande quantité, des dépotoirs de matière fécale, établis sur la rive gauche, précisément au-dessus des points où devrait puiser son eau le nouveau château. Ces diverses matières organiques, décomposées sur les rives aux basses eaux, sous l'influence d'une température élevée, reprises ensuite et dissoutes quand le niveau se relève, peuvent, même très-diluées, sinon causer promptement la mort, du moins introduire dans l'organisme des germes d'infection, définis et justement redoutés par les hygiénistes.

Un grand nombre d'animaux trouvent annuellement la mort dans le fleuve, qui très-souvent aussi sert de lieu de sépulture à leurs cadavres ; nous en avons compté une année plus

---

limoneuses. On remarque également que pendant les quatre mois de juin, juillet, août et septembre, où une eau abondante et saine est le plus nécessaire, la moyenne des jours d'eau plus ou moins sale est de 87 sur 122, soit deux jours et demi d'eau trouble sur un d'eau claire.

Voir, pour plus amples renseignements, 6e série, t. II, pag. 343 des Mémoires de l'Académie de Toulouse, *nos Observations sur les eaux limoneuses de la Garonne.*

(1) Nous avons vu, et l'on peut voir encore, la Pique, l'Ariége, le Salat, l'Arrize, affluents de la Garonne et leurs petits affluents, recevoir les matières fécales provenant des nombreux ouvriers des usines situées sur leurs rives. Les eaux de teinture plus ou moins chargées de sels délétères, de matières grasses ou autres, les eaux ménagères des habitations, les détritus de tout genre, végétaux ou animaux, ont tous, la plupart du temps, pour réceptacle final ces divers cours d'eaux.

de trois par jour en moyenne, de chats, de chiens, de porcs, d'ânes, de chevaux même, de volatiles ou de leurs débris, arrêtés aux grilles de nos moteurs, et ce n'est là encore que la plus minime partie de ceux qui sont charriés par le fleuve.

Ces dégoûtantes épaves arrivent presque toujours dans un état de décomposition avancée, et répandent une odeur insupportable. Il s'en dégage des miasmes tellement putrides, qu'il nous souvient, en assistant à l'enlèvement d'un énorme chien en putréfaction qui obstruait nos grilles, d'avoir été subitement atteint, avec les ouvriers chargés de cette opération, d'une gastro-entérite violente, qui ne céda qu'à des moyens énergiques, après avoir assez longtemps persisté. Ici, évidemment, l'intoxication avait eu lieu par les voies respiratoires, comme elle aurait eu lieu aussi sûrement par les voies digestives, si une certaine quantité d'eau ainsi infectée avait pu être prise en boisson. Et que l'on se garde bien de croire que nous exagérions, quand nous avançons qu'à certains moments, et surtout à l'époque des grandes chaleurs, ces eaux sont d'une insalubrité redoutable; nous pourrions prouver que nous ne sommes pas seuls de cette opinion. Il est plus sage de se garder d'y avoir confiance et d'en faire à Toulouse sa boisson habituelle.

Tous les brasseurs de Toulouse savent bien que leur bière se corrompt promptement quand elle est fabriquée avec les eaux de la Garonne, et que pour pouvoir obtenir une bière qui se conserve, ils sont obligés d'employer les eaux de notre château d'eau. Nous pourrions citer des noms à l'appui de ce renseignement, mais la notoriété de ce fait nous dispense d'insister.

Comment donc songer à distribuer dans Toulouse 1,000 pouces d'une telle eau? Sans doute elle pourrait bien servir à l'arrosage, au lavage des ruisseaux, mais non aux besoins usuels, ni à la boisson; et quand il est démontré que les 200 pouces d'eau de l'ancien château, c'est-à-dire, 32 litres par tête, ne peuvent plus suffire à une population de 127 mille habitants, qu'on peut lui livrer immédiatement 63 litres, et plus tard

162 litres par tête, d'une eau fraîche, pure et salubre, est-il possible de persister dans l'idée de distribuer à cette population, habituée dès longtemps à boire une des meilleures eaux qui existent, celles de la Garonne, froides en hiver, chaudes en été, rapidement altérables et malsaines? Si l'on s'est bien pénétré des considérations qui précèdent, on comprendra que poser la question en ces termes, c'est la résoudre.

VIII.

Il a été parlé souvent de la possibilité d'employer à Toulouse, pour les eaux de la Garonne, la filtration artificielle, afin de suppléer à l'insuffisance des eaux fournies par notre alluvion, il en avait été question du temps de M. d'Aubuisson; depuis, cette même question a été encore agitée, il est donc nécessaire de l'examiner. Dans ce travail, qui incidemment touche à tous les points relatifs aux eaux publiques, un tel examen ne sera pas sans utilité, surtout s'il peut parvenir à détruire les illusions que conservent encore dans notre cité quelques personnes à ce sujet.

Les filtres qui fournissaient à la ville de Toulouse une partie des eaux dites *clarifiées*, consommées par ses habitants avant l'établissement des fontaines publiques dues à la générosité de M. Laganne, étaient l'objet d'une exploitation privée. Le produit des appareils de clarification, en petit nombre, créés par quelques particuliers, principalement sur le canal de fuite du Moulin du château, étaient très-restreints, et fournissaient fort peu à la consommation. La plus grande partie des eaux distribuées aux habitants par des porteurs attitrés, au moyen d'un tonneau roulant traîné par un cheval et d'une capacité de (200 pégas) 660 litres, était tirée de puits, légalement autorisée pour la vente, et creusée dans l'alluvion diluvien, situé entre le canal de Brienne et le canalet. Ces eaux, d'une qualité bien supérieure à toutes les autres, étaient élevées au moyen de pompes dans un réservoir, au-dessous duquel on remplissait le tonneau par la bonde, à l'aide d'un robinet, et pour le prix de 5 fr. Un de ces puits très-abondant, et qui procurait annuellement à son propriétaire un revenu de 15 à 20,000 fr. existe encore.

Dans les établissements de filtration artificielle, l'eau passait à travers quatre couches de gravier et de sable, ayant chacune 1^{m}30 d'épaisseur. Un mètre carré de ces couches supposées placées les unes sur les autres, ne clarifiaient que 20 mètres cubes, soit un pouce par vingt-quatre heures; les eaux de ces filtres n'étaient pas parfaitement pures, et bien qu'on ne les alimentât pas avec les eaux de la Garonne quand elles étaient troubles, les couches filtrantes avaient besoin d'être souvent lavées, ce qui nécessitait des frais qui, avec ceux de premier établissement, faisaient ressortir l'eau potable à un prix élevé.

Le filtre proposé plus tard par M. Raynaud, architecte, pour compléter, au besoin, l'alimentation du château d'eau, devait fournir un pouce d'eau par chaque 5 mètres carrés de surface, et coûter 500 fr. à établir. Ce filtre, par la combinaison de ses couches de gravier, de sable et de charbon, devait fournir une eau meilleure, mais pas plus que les autres, il ne pouvait procurer une grande quantité d'eau, et telle que celle qui est nécessaire à une distribution un peu importante. Pour une quantité de mille pouces, la dépense de premier établissement serait de 500,000 fr., et les lavages obligés des couches filtrantes bientôt obstruées par le limon, constitueraient des frais annuels considérables.

On a proposé souvent d'établir des filtres le long du cours Dillon, en pratiquant une prise d'eau à la chaussée Vivent, et en versant ces eaux près du Pont, pour établir un courant semblable à celui qui existe dans la Garonne, en aval de cette chaussée. En théorie, l'idée paraît acceptable, mais elle l'est moins au point de vue pratique. En effet, depuis la prise d'eau de l'ancien château, point où devraient être versées les eaux à filtrer jusqu'à la chaussée Vivent, où elles devraient être prises, la distance est de 850 mètres; cette distance obligerait, pour avoir une surface filtrante de 5,000 mètres carrés nécessaire pour mille pouces, à donner au canal ou aqueduc dans lequel seraient disposées les couches filtrantes, devant avoir au moins 5m20 d'épaisseur, une largeur de 6 mètres. Un tel canal, en supposant que la filtration s'y opérât aussi bien que dans nos galeries actuelles, ce qui est plus que douteux, coûterait plus d'un million. Il serait, en outre, exposé à rester à sec, en cas d'accident arrivé à la chaussée Vivent; et de plus, ce qui tranche la question, les eaux, à cause des niveaux et des pentes obligés, ne pourraient se verser directement dans l'aqueduc d'alimentation du nouveau château. Il faudrait une force motrice supplémentaire pour les élever dans la cuvette circulaire, où vient s'ouvrir cet aqueduc. Que gagnerait-on? rien, sinon de se trouver dans une situation pire avec une dépense triple. L'emploi d'un tel moyen pourrait sourire, si notre alluvion ne contenait dans son sein un inépuisable réservoir d'eau.

On connaît l'impuissance, quand il s'agit d'obtenir de grandes quantités d'eau, des filtres Smith Fonvielle, Souchon, employés à Paris. Le filtre Souchon, qui semble le plus généralement préféré, produit environ 230,000 litres par vingt-quatre heures et par mètre carré de surface, soit 11 pouces et demi environ, quand il est en bon état, et seulement 150,000 litres ou 7 pouces et demi quand il a besoin d'être nettoyé, ce qui doit avoir lieu toutes les quatre heures lorsque les eaux sont chargées de limon, et seulement de dix en dix heures quand elles sont à peu près claires (1).

---

(1) Le filtre Souchon qui fonctionne depuis 1839 dans le pavillon de la pompe Notre-Dame, se compose de plusieurs caisses en bois, ouvertes par le haut, et dont le fond est percé pour laisser s'écouler l'eau dans un réservoir après la filtration, et de là dans des tuyaux de distribution. Dans chaque caisse sont disposés des cadres métalliques parfaitement ajustés contre les parois, de manière à ce qu'il ne passe pas d'eau entre. Le premier cadre, à partir du fond des caisses, est garni d'une serge, et les autres d'une toile métallique. Entre le premier et le second, se trouve pressée une couche de laine, entre le second et le troisième une autre couche, et ainsi de suite, jusqu'à une certaine hauteur, où les couches cessent d'être comprimées. Ces dernières couches sont appelées couches flottantes. Leur nombre varie selon

On comprend les frais d'établissement, les frais de main-d'œuvre, auxquels donnerait lieu la filtration de 1,000 pouces, avec de tels filtres. On comprend aussi pourquoi l'eau filtrée est si chère à Paris, ainsi que nous l'avons fait connaître dans la première partie de ce travail. Cette eau, d'ailleurs n'est pas fraîche en été, et la filtration ne lui enlève pas toujours, même en interposant du charbon dans les couches, les principes insalubres qui résultent de la dissoluti.n des matières organiques en décomposition. Il est certains moments où les couches charbonneuses entièrement saturées ne produisent plus aucun effet, bien qu'on les renouvelle une fois par semaine, comme dans le filtre Fonvielle.

Ces inconvénients, ces complications, ces frais qui ne dispensent pas de l'emploi d'un moteur pour élever l'eau et la verser sur les filtres, ne permettent de songer à de tels moyens de se procurer de l'eau filtrée que dans des circonstances exceptionnelles, comme à Paris, à Marseille, à Berlin, par exemple, et dans d'autres villes où l'eau filtrée naturellement fait défaut.

La ville de Toulouse, répéterons-nous, possède des réservoirs en quelque sorte inépuisables d'une eau excellente; ces

---

l'état plus ou moins trouble de l'eau. Quand les eaux sont très-limoneuses, il en faut jusqu'à cinq; quand, au contraire, elles sont à peu près claires, il n'en faut que trois. Le filtrage se fait à travers cet appareil, à une pression de 0m75 environ de hauteur, 7 kil. 500 par décimètre carré. Ce système de filtre, quoique facile à nettoyer, exige pourtant beaucoup de soin, et est d'un entretien assez dispendieux, la laine ayant besoin d'être renouvelée fréquemment, car elle est entraînée par petits brins avec l'eau filtrée. Cet effet est surtout désagréable quand l'eau doit être employée aux usages de la cuisine.

Le filtre Smith, composé de couches d'éponges et de charbon n'a pas cet inconvénient, mais il ne produit que 3,000 litres par mètre carré et par vingt-quatre heures.

Les couches filtrantes du filtre Fonvielle sont contenues dans un vase clos, ce qui permet de les faire traverser par l'eau sous une pression élevée, et d'obtenir par conséquent à surface égale un produit plus grand que celui des autres. Et comme la pression peut s'exercer, soit au-dessus, soit au-dessous des couches filtrantes, il en résulte la possibilité de nettoyer le filtre sans déplacement de ces couches, d'où une économie assez considérable de main-d'œuvre.

filtres sont d'une simplicité admirables ; ils fonctionnent sous terre sans le concours de la main de l'homme ; l'eau s'y maintient à une température toujours égale, ce qui la fait paraître très-fraîche en été et beaucoup moins en hiver. Lorsqu'une ville est aussi richement dotée, elle n'a pas à songer à clarifier les eaux de la rivière. Ce que doit faire la ville de Toulouse, c'est de compléter au plus tôt ses magnifiques galeries de filtration, afin de ne pas priver plus longtemps la population de la jouissance de cette richesse que la Providence lui a si généreusement départie.

Puisque nous avons été amené par notre sujet, à parler une fois de plus, de cette question si intéressante des filtres, qu'il nous soit permis de dire un mot du système adopté récemment à Béziers en vue d'utiliser les filtrations naturelles de la rive gauche de l'Orb, sur laquelle est assise cette ville (1).

Ce système consiste en une série de puits creusés sur les points où l'on suppose que doivent se trouver les veines d'eau les plus abondantes ; ils peuvent, par conséquent, être ou ne pas être équidistants, être alignés ou non. Au-dessus ou le long de ces puits, et à une profondeur qui peut n'être pas très-grande au-dessous du sol règne un tuyau de fonte horizontal ou incliné suivant le cas, d'une section convenable, présentant un nombre de tubulures égal au nombre des puits. A chacune de ces tubulures est adapté un autre tuyau plongeant verticalement au fond des puits, dans l'eau qui a pénétré dans l'intérieur par les parties perméables de ses parois. Maintenant, si les pompes de l'établissement hydraulique que ces puits doivent alimenter, sont aspirantes et foulantes, et qu'elles soient mises en communication avec le tuyau longitudinal qui parcourt le périmètre occupé par les puits, l'eau est aspirée directement par les espèces de suçoirs

(1) Pendant longtemps une pompe à feu a élevé l'eau de l'Orb, dans un réservoir situé sur la terrasse de la cathédrale, d'où la vue plane sur tous les environs ; ce réservoir alimentait les fontaines publiques.

qui plongent dans ces réservoirs et peut être refoulée à la hauteur nécessitée par les besoins de la distribution urbaine. Tel est le nouveau système de filtres adopté à Béziers.

Ce système séduit au premier abord par sa simplicité, mais cette simplicité n'est que relative, et nous n'en aurions pas parlé, si l'on n'avait proposé de l'appliquer d'une manière générale, et notamment de le substituer à notre système de galeries pour la continuation de nos filtres. On comprend, en effet, que l'emploi de ce moyen n'est réellement avantageux, au point de vue de la dépense, que dans le cas où les sources sont trop distantes les unes des autres, et que pour réunir leur produit on serait obligé de construire des portions de galeries inutiles; mais quand on possède, comme à Toulouse, un réservoir immense et continu d'eau filtrée, c'est un puits continu, si l'on peut s'exprimer ainsi, qui est nécessaire; et ce puits, c'est une galerie souterraine, dont le radier soit la couche filtrante elle-même, afin que l'eau cédant à la pression des eaux de la rivière dont le niveau est plus élevé, puisse pénétrer à l'intérieur par le radier et par la double paroi perméable de cette galerie. L'emploi des puits dans ce cas ne présenterait aucun avantage et coûterait beaucoup plus cher.

Ainsi, par exemple, pour avoir en puits l'équivalent des 264 mètres de double paroi filtrante qui constitue la première partie des galeries Guibal, c'est-à-dire 528 mètres, il faudrait 84 puits de 2^{m}70 de diamètre extérieur; à cause de l'épaisseur de 0^{m}35 de la maçonnerie, le diamètre intérieur ne serait que de 2 mètres. Or, en supposant que ces puits, dont le développement extérieur serait bien de 528 mètres, fussent alignés et séparés par un intervalle de 0^{m}50, ils occuperaient un espace de 268 mètres de longueur, c'est-à-dire un peu plus que la longueur de la galerie filtrante précitée; et comme dans notre alluvion, au-dessous d'une couche de terre végétale ou de limon, d'une épaisseur s'élevant progressivement de 3 à 4 mètres de l'aval à l'amont existe un banc de gravier d'une épaisseur à peu près égale, il s'ensuit que des puits n'y pourraient être creusés isolément ; il faudrait forcément pour les établir sans étançonnements dispendieux, afin de se garantir des éboulements, ouvrir une tranchée d'une longueur égale à celle exigée par une galerie de 2m70 de largeur extérieure, dimension de celle construite par M. Guibal (1) ; il faudrait aussi le même cube de maçonnerie ; beaucoup plus, si on élevait l'orifice des puits jusqu'au niveau du sol. On n'aurait donc rien gagné de ce côté.

Mais chaque puits devant livrer isolément son produit à la conduite principale, à moins de les faire communiquer par le bas avec des tuyaux en fonte, ainsi que l'a fait M. d'Aubuisson pour les onze puits de son deuxième filtre, moyen qui a eu un mauvais résultat pour la qualité de l'eau, il faudrait, indépendamment de la conduite principale qui devrait avoir ici, jusqu'au cours Dillon 324 mètres de longueur, 84 tuyaux plongeants, en fonte, de 6 mètres de longueur, soit 504 mètres ; 50 mètres de tuyaux de plus seraient en outre nécessaires pour franchir le cours Dillon. On arrive ainsi à une longueur de près de 900 mètres de tuyaux pour atteindre jusqu'aux corps de pompe.

Une canalisation maçonnée, dans laquelle on devrait pouvoir manœuvrer à l'aise, serait encore indispensable pour recevoir la conduite horizontale et les raccords des tuyaux plongeants. Toutes ces constructions occasionneraient des frais considérables qui peuvent être calculés à l'avance, et qui sont évités par l'emploi du système de galerie si simple, si

---

(1) La section verticale de la tranchée nécessitée par la construction de la première partie des galeries Guibal, a 6m25 de hauteur totale et présente deux figures de trapèze régulier, l'un supérieur, l'autre inférieur. Le premier à sa base s'ouvrant à l'extérieur au niveau du sol, a 14m40 de largeur, et son sommet au niveau de l'extrados de la voûte de la galerie, a 9m40 de largeur. La hauteur est de 4 mètres. Le second trapèze à cause d'une banquette de 1 mètre laissée en saillie au bas de chaque talus de la première tranchée n'a que 7m40 de largeur à sa grande base, et 2m70 au fond sur lequel est établi le radier de la galerie. La hauteur de ce second trapèze est de 2m35. La surface totale de ces deux figures est donc de 60 mètres carrés. Soit 60 mètres cubes de déblai par mètre courant de galerie.

sûr employé par M. d'Aubuisson et après lui par M. Guibal, et qui convient si bien à la nature de notre alluvion filtrante.

Pensant en avoir assez dit sur ce point important, nous ne pousserons pas plus loin cet examen qui nous paraît amplement suffire à l'intelligence de la question que nous venons de traiter.

IX.

Les considérations qui précèdent au sujet de la distribution des eaux de la Garonne, étant, à notre point de vue, péremptoires et devant faire écarter l'adoption de cette combinaison, il ne nous reste qu'à examiner les autres moyens proposés pour la conservation du château d'eau d'Aubuisson. Nous ne nous occuperons que de ceux qui nous paraissent le plus pratiquement réalisables.

Ces moyens sont au nombre de trois. Ils consisteraient :

1° Dans l'aspiration directe par le nouveau château de l'eau fournie par la galerie Guibal ;

2° Dans l'établissement de moteurs et d'appareils hydrauliques supplémentaires, pouvant alimenter la nouvelle usine à concurrence de 1,000 pouces d'eau filtrée, élevée du puisard de cette galerie, et versée, à la hauteur de 5 ou 6 mètres, dans la cuvette circulaire construite sous le sol autour de l'ancien château ;

3° Enfin, dans une disposition qui permettrait à l'ancien château transformé, une double fonction : celle d'élever, à l'aide de nouvelles pompes, 1,000 pouces d'eau à 5 ou 6 mètres de hauteur, pour l'alimentation du nouveau château, et, quand cette alimentation n'aurait pas lieu, d'élever 200 pouces seulement à 24 mètres de hauteur, c'est-à-dire dans la cuvette actuelle.

Nous allons examiner ces divers moyens.

La première combinaison est simple ; elle pourrait être réalisée, en mettant les corps des nouvelles pompes en communication avec le puisard dans lequel la galerie Guibal verse ses eaux, au moyen d'un tuyau de fonte d'une section suffisante pour perdre le moins de charge possible.

L'expérience démontrant que l'on peut aspirer l'eau à 1,000 mètres de distance avec une vitesse de 1 mètre par seconde, sans autre perte de charge que $0^{m}0005$ par mètre, ou $0^{m}50$ pour un tuyau de 1,000 mètres, il est facile de déterminer la dimension de ces tuyaux, qui devraient être au nombre de deux, un pour chaque appareil, composé, comme on sait, de deux corps de pompe.

Nous avons vu, en effet, que chaque turbine fait 50 tours par minute ; que sur son axe est fixé un pignon de 50 dents actionnant une roue de 156 dents, dont l'arbre porte à chaque bout une manivelle de $0^{m}50$ de rayon. Le bouton de cette manivelle, qui s'articule avec une bielle articulée elle-même avec la tige du piston de la pompe qui lui correspond, décrit, à très-peu près, 16 circonférences de 1 mètre de diamètre en 60 secondes, ce qui veut dire que le piston, à chaque demi-circonférence décrite par le bouton, étant tiré et poussé tantôt en avant, tantôt en arrière, on a 32 courses de piston de 1 mètre de longueur chacune en 60 secondes, et dans le corps de pompe 16 aspirations et 16 refoulements s'effectuant avec une vitesse de :

$$\frac{32^{m}03}{60} = 0^{m}53 \text{ par seconde.}$$

La quantité d'eau à aspirer par chacun des quatre corps de pompe pour fournir à la distribution de 1,000 pouces en 24 heures, ou, ce qui est la même chose, 20 millions de litres d'eau en 86,400 secondes, étant de 57 litres 75 par seconde, il s'ensuit que le diamètre absolu du corps de pompe doit être de $0^{m}373$ environ. Ce diamètre donne pour la surface de sa section transversale $0^{m}1092$ carrés, qui, multipliés par la vitesse de $0^{m}53$ du piston par seconde, produit une aspiration égale à un peu plus de 57,75 décimètres cubes ou 57 litres 75 par seconde.

Les pompes horizontales du nouveau château étant aspirantes et foulantes, comme on vient de le voir, les choses se passent de la manière suivante : pour un quart de révolution des deux manivelles, lequel a lieu pendant une demi-seconde, le piston de chaque corps de pompe a aspiré d'un côté 57 litres 75 d'eau, et en a refoulé une égale quantité de l'autre ; de telle sorte que pendant cette demi-révolution des deux manivelles, les deux corps de pompe concourant simultanément et au même moment au double effet de l'aspiration et du refoulement, ont aspiré et refoulé 115 litres 50 en une seconde entière ; c'est l'équivalent de 500 pouces ou de 10 millions de litres en 24 heures.

On comprend facilement, d'après ces explications, que si les deux corps de pompe dont se compose un appareil n'avaient qu'un tuyau d'aspiration qui leur fût commun, et de même diamètre, l'eau aspirée à concurrence de 115 litres 50 par seconde devrait y circuler, non plus avec la vitesse de 0^{m}53 par seconde qu'elle prend dans chaque corps de pompe isolément, mais avec celle de 1^{m}06 qui résulte de l'action simultanée des deux pistons, c'est-à-dire avec une vitesse double.

Le constructeur des appareils du nouveau château ayant adapté un tuyau d'aspiration distinct à chaque corps de pompe, et d'un diamètre égal à celui de ces derniers, la vitesse de l'eau y reste la même que celle engendrée par la course d'un seul piston, soit de 0^{m}53 par seconde. Mais dans le cas d'une aspirtaion directe dans le puisard des nouvelles galeries, il faudrait forcément, pour ne pas avoir quatre tuyaux de 1,200 mètres de longueur, sacrifier une partie de la charge, et n'avoir que deux tuyaux dans lesquels l'eau prendrait une vitesse de 1^{m}06 par seconde pour une aspiration de 115 litres 50 dans le même temps. Avec cette vitesse, un tuyau de 0^{m}40 de diamètre suffirait pour cette quantité d'eau ; mais sa longueur de 1,200 mètres causerait une perte de charge qui ne serait pas moindre de 4^{m}00, soit 8^{m}00 pour les deux tuyaux, et pour l'aspiration de 231 litres d'eau par seconde.

Cette perte de charge est à considérer. Toutefois, elle n'est pas le seul inconvénient que présenterait la combinaison dont il vient d'être parlé ; il en est un autre que nous croyons devoir signaler. Il résulterait de ce que la force des nombreux appareils doit avoir été calculée pour le cas d'une résistance devant faire équilibre à une puissance dynamique capable d'élever 1,000 pouces d'eau à 28^{m}72 de hauteur au-dessus du niveau de l'eau, dans les bâches d'aspiration du nouveau château, niveau lui-même de 4^{m}420 plus élevé que celui de l'eau dans le puisard des nouvelles galeries, et non pour une résistance qui serait exprimée, dans le cas de l'aspiration directe, non plus par une charge de 28^{m}72, mais par celle de :

$$28^{m}720 + 4^{m}420 + 8^{m} = 41^{m}140$$

et cela indépendamment des excédants de charge causés par les pertes résultant de la distribution des eaux dans la ville qui ne sont pas compris dans le chiffre de 28^{m}72, et que l'on peut bien évaluer à 8 mètres au moins.

Ainsi, dans le cas actuel, on aurait une charge de 6^{m}72 seulement, tandis que, dans le cas d'une aspiration directe, cette même charge deviendrait 49^{m}140. La force nécessaire dans le premier cas est de 113 chevaux vapeur ; elle devrait être de près de 152 chevaux dans le second cas. Les appareils auraient donc à résister à un effort plus grand de 39 chevaux à celui pour lequel ils ont été établis. Les 156 dents en bois de la grande roue, dont l'épaisseur est juste ce qu'elle doit être, ne seraient peut-être pas assez fortes pour supporter cet accroissement de résistance, et dans tous les cas elles s'useraient beaucoup plus rapidement.

Si, dans le principe, on avait adopté pour le nouveau château le système d'alimentation dont il vient d'être parlé, on aurait pu consacrer la somme que doivent coûter les pompes nourricières achetées et la transformation de l'ancien château à renforcer un peu les organes qui se seraient trouvés trop faibles. Il est trop tard aujourd'hui.

Quant à la dépense, elle eût été beaucoup plus considérable, et cette considération aurait peut-être fait hésiter à employer le moyen proposé dans le cas où on y aurait songé.

Il eût fallu, en effet, une longueur de tuyaux de 0^{m}40 de diamètre, égale à celle des tuyaux actuels de refoulement. Or cette longueur, pour la double conduite placée à l'intérieur du canal d'amenée, est, en y comprenant les emboîtements, de 2,672 mètres. Ces tuyaux de 0m40 auraient pesé 150 kil. le mètre, soit au total 400,000 kil., qui, à raison de 25 fr. les 100 kil., seraient revenus à 100,000 fr.

Il eût encore fallu construire au-dessus de la voûte du canal d'amenée un autre conduit voûté en maçonnerie, d'assez grande dimension, pour pouvoir y placer à l'aise les tuyaux sur des consoles de pierre ou autres. Il est vrai qu'on n'aurait pas eu à construire le petit aqueduc qui doit conduire les eaux filtrées à l'usine nouvelle, et cette économie, jointe à celle que l'on aurait pu faire sur la transformation de l'ancien château, inutile dans ce cas, aurait peut-être réduit à un chiffre acceptable l'excédant de dépense occasionné par l'exécution des travaux nécessités par l'aspiration directe. Aujourd'hui, cette dépense serait, on le comprend, beaucoup plus considérable, rien n'ayant été disposé dans ce but. Mais ce ne serait pas là l'objection la plus sérieuse à opposer à une telle combinaison; celle tirée de la faiblesse relative des appareils installés est bien mieux justifiée.

On ne peut donc guère s'arrêter plus longuement à l'examen de ce moyen de conservation de l'ancien château, qui a contre lui les difficultés, sinon les impossibilités que présentent toujours, en mécanique et en hydrodynamique, les modifications à apporter à des appareils construits avec des proportions et suivant un système approprié ou combiné en vue d'un résultat déterminé et calculé à l'avance.

X.

Le second moyen proposé pour conserver intact ou à peu près l'ancien château, aurait cet avantage de ne toucher en rien au principe qui a servi de base au système adopté. Il consisterait, avons-nous vu, dans une combinaison comprenant l'établissement d'un moteur auxiliaire, capable d'élever jusqu'à la cuvette circulaire souterraine, c'est-à-dire à 5m118 au-dessus du niveau de l'eau, dans le puisard des nouvelles galeries les 1,000 pouces que doit conduire au nouveau château le petit aqueduc construit au-dessus de la voûte du canal d'amenée.

Cette idée d'alimenter le nouveau château au moyen de moteurs autres que ceux du château d'eau actuel, est si simple, qu'il est grandement à regretter qu'on ne s'y soit pas arrêté tout d'abord. Sa réalisation n'aurait pas seulement évité des discussions toujours pénibles, mais elle aurait eu encore cet immense avantage de permettre l'alimentation de la nouvelle usine, sans causer la moindre interruption dans le service des fontaines. Les travaux nécessaires pour l'installation des moteurs et des pompes nourricières pouvaient s'exécuter sans toucher au système d'Aubuisson, sans interrompre en quoi que ce soit l'exécution de la nouvelle usine, et le jour où les appareils d'alimentation et de distribution eussent été terminés, une simple fermeture et l'ouverture de robinets-vannes, eût permis de substituer dans notre réseau de conduites actuel, les eaux du château d'eau Guibal à celles de l'ancien château; qui lui-même, avec quelques modifications, eût pu concourir très-utilement à l'alimentation de la cité, tout en demeurant une réserve précieuse en cas d'accidents imprévus survenus aux nouveaux appareils.

Était-ce l'emplacement qui manquait? Non; entre l'ancien château et le nouveau canal d'amenée existe un espace suffisant pour recevoir les moteurs supplémentaires et le bassin d'alimentation pour les eaux motrices prises dans les deux canaux d'amenée de l'ancien et du nouveau château. Ces moteurs eussent été deux roues hydrauliques de même système que celles actuelles, mais construites suivant les règles de la science moderne; elles auraient mis en jeu des pompes d'un plus grand diamètre qui pouvaient parfaitement être installées dans l'emplacement indiqué si elles eussent été combinées dans ce but.

Était-ce la force motrice qui faisait défaut? C'est ce qui a été avancé dans différentes circonstances, sans trop chercher à vérifier si le fait était vrai. Examinons ce point capital.

Il est certain que si l'on eût entendu, en créant des moteurs supplémentaires, laisser subsister l'usine Abadie, la force motrice eût été complétement insuffisante, nous en avons donné la preuve dans la troisième partie de ce travail. Mais il ne faut pas se faire illusion, soit que l'on conserve exclusivement, les moteurs actuels, soit que dans le but proposé, on en construise de nouveaux, cette usine doit être supprimée; car elle a été et sera encore, tant qu'elle subsistera, une cause grave d'amoindrissement de la force motrice disponible et de dégradation des appareils hydrauliques de l'établissement de la ville. Il n'est donc possible de raisonner sur la question qui fait l'objet de cet examen, que dans l'hypothèse de la suppression de la retenue de l'usine dont il s'agit et de l'enlèvement des dépôts qui encombrent la partie inférieure du canal de fuite découvert, et même celle du canal couvert. Différemment, on n'aura pendant une vingtaine d'années que doit durer encore cette concession, qu'une force motrice souvent insuffisante, surtout dans l'été, des chances d'accidents ou des difficultés pour les niveaux sans cesse renaissantes.

Cela admis que pour la sécurité des organes de l'établissement municipal et l'intégrité de sa puissance dynamique, la retenue de cette usine doit disparaître, passons aux chiffres à l'aide desquels nous allons essayer de démontrer la possibilité d'une combinaison jugée irréalisable jusqu'ici.

Si le château d'eau d'Aubuisson était conservé et que l'on se décidât à construire des moteurs auxiliaires d'une force égale, il faudrait que son canal de fuite pût débiter un volume d'eau suffisant pour fournir d'abord la force de 20 à 24 chevaux qu'emploient les anciens moteurs, y compris celle absorbée par les résistances passives, et la force nécessaire pour élever 1000 pouces, ou 231 litres d'eau par seconde à 5^{m}118 de hauteur. Cette dernière étant d'environ 16 chevaux, on a en tout 40 chevaux.

Maintenant supposons le barrage de l'usine Abadie radicalement supprimé, le canal de fuite découvert, déblayé et approfondi même un peu, ce qui n'est pas absolument impossible, et l'on obtiendrait de ce canal de fuite, avec le tirant d'eau de $0^{m}90$ qui y règne habituellement, et une vitesse moyenne du courant de $1^{m}67$ par seconde, un débit d'environ 3 mètres cubes par seconde (1).

On ne trouvera pas exagérée cette vitesse de $1^{m}67$, si l'on se rappelle que la formule de M. de Prony, citée plus haut, indique un débit de $2^{m}1693$ pour une hauteur d'eau de $0^{m}78$ seulement et une vitesse moyenne de $1^{m}40$ environ du courant par seconde. Or, nous avons également vu que les roues du château d'eau d'Aubuisson marchent habituellement avec cette hauteur d'eau de $0^{m}90$ au-dessus de leurs ressauts, et de $1^{m}48$ (2) au-dessus du radier de l'aqueduc couvert à son débouché dans le canal découvert, ce qui suppose, relativement à la section d'écoulement de l'eau résultant de cet état de choses, une vitesse du courant qui est à peine de $0^{m}29$ à $0^{m}32$, suivant que le débit est de $1^{m}35$ ou de $1^{m}50$ cub. par seconde (3). Dans ce cas, la différence du niveau d'amont au niveau d'aval, à la surface de l'eau, n'est plus que de $0^{m}25$, tandis qu'il a été donné $1^{m}13$ de pente au radier. Si donc, au débouché de l'aqueduc couvert dans le canal découvert, le tirant d'eau, par suite de la supression de la retenue du moulin Abadie, devient égal à celui de $0^{m}90$ existant sous les roues de l'ancien château, l'eau cédant alors à l'influence de la pente tout entière de $1^{m}13$ donnée au radier, acquiert une vitesse moyenne proportionnelle, et le débit augmente à son tour dans la même proportion.

---

(1) Rappelons que le canal de fuite a 2 mètres de largeur, $0^{m}78$ de hauteur des pieds droits, et depuis la naissance de la voûte jusqu'à la clef, 1 mètre; total $1^{m}78$ de hauteur; on aurait donc $2^{m} \times 0^{m}90 \times 1^{m}67 = 3$ mètres cubes.

(2) Nous ne tenons pas compte ici d'une hauteur de $0^{m}30$ de gravier qui recouvre le radier du canal de fuite couvert à son débouché, et qui fait qu'en réalité le niveau de l'eau s'élève de $1^{m}78$ au-dessus de ce radier, c'est-à-dire jusqu'à la clef de la voûte, et la dépasse même parfois.

(3) La surface de la section transversale tout entière du canal est de $4^{m}70$ carrés.

Cette vitesse que l'eau doit acquérir dans le canal de fuite, pour que les roues fonctionnent bien, s'induit de la vitesse de ces roues elles-mêmes.

Pour fonctionner, en effet, d'une manière normale, ces roues doivent faire six tours et demi par minute; or, leur diamètre étant de 6^m50, et leur circonférence de 20^m41, on a pour leur vitesse à cette circonférence, par seconde, 2^m21. L'eau sort donc de la roue avec une vitesse égale, supérieure, comme on le voit, à celle de 1^m67, suffisante pour débiter 3 mèt. cub. avec une hauteur d'eau de 0^m90 au-dessus du ressaut.

Nous aurions pu nous en tenir à ces calculs rigoureusement exacts pour établir la possibilité de ce débit. Mais nous avons voulu, pour plus de certitude, avoir recours à une expérience directe, dont voici le résultat sommaire (1).

Après avoir fait, le 22 janvier 1866, ouvrir, au moulin Abadie, toutes les vannes de décharge et tout ce qui, dans les conditions peu favorables de la retenue de cette usine, pouvait livrer passage à l'eau affluente, nous n'avons pu obtenir qu'un abaissement du niveau de 1^m53 au-devant de cette retenue, et cela parce que les dormants du barrage, élevés de près de 1 mètre au-dessus du niveau de l'eau dans le bief d'aval, empêchaient le raccord, par une pente uniforme, de la surface de l'eau en amont avec celle de l'eau dans ce bief.

Ne pouvant faire mieux en vue d'un résultat plus concluant, nous nous sommes transporté au château d'eau d'Aubuisson, dont les moteurs fonctionnaient à leur vitesse de régime, c'est-à-dire à six tours et demi par minute. Là, nous avons fait ouvrir entièrement la vanne de décharge de l'établissement; cette vanne a 0^m78 de hauteur sur 0^m78 de largeur; l'eau du réservoir s'y tenait à 1^m24 au-dessus du centre; elle dépensait donc, si le coefficient de 0^m67 lui était applicable, ce que nous croyons, 2 mètres cubes d'eau par seconde.

(1) Nous donnerons à la fin de ce travail la relation exacte des expériences auxquelles nous nous sommes livré, ainsi que les plans qui doivent en faciliter l'intelligence.

L'ouverture de cette vanne a eu pour résultat de faire descendre de six tours et demi à quatre tours le nombre des révolutions des roues par minute.

Cet état de choses se maintenant, et la vanne de décharge étant toujours levée, nous avons fait ouvrir complétement les vannes motrices des roues, de manière à obtenir leur maximum de débit. L'effet de cette ouverture a été de faire passer la vitesse de quatre tours des roues, à celle de quatre tours et demi par minute, c'est-à-dire d'accroître fort peu leur vitesse.

Il n'était pas possible, dans les conditions du niveau de la Garonne, le jour de cette expérience, niveau qui était indiqué par la cote 1^{m}82 à l'échelle du Pont, d'obtenir une dépense d'eau plus considérable; mais elle était bien suffisante pour l'objet que nous nous proposions, celui de mettre les roues dans les plus mauvaises conditions de fonctionnement possibles; nous y avions réussi, puisque leur vitesse était descendue de six tours et demi à quatre tours et demi, et que leurs ressauts se trouvaient surchargés par une hauteur d'eau de 1^{m}46.5, laquelle devenait 1^{m}41 sur le radier, à l'origine du canal de fuite. Mais aussi, le volume d'eau débité s'était accru dans une proportion considérable. En effet, indépendamment de la dépense de 2 mètres cubes effectuée par la vanne de décharge, les vannes motrices des deux roues ouvertes en plein dépensaient, de leur côté, avec une lame d'eau de 0^{m}45 d'épaisseur, ayant par conséquent une vitesse moyenne d'écoulement de 2^{m}98 par seconde, et une largeur de 1^{m}51, un volume d'eau de 0^{m}85 cub., soit 1^{m}70 cub. Nous avions donc obtenu une dépense totale de 3^{m}70 cub., volume d'eau que devait débiter le canal de fuite à ce moment.

Les roues cependant continuaient, malgré le ralentissement de leur mouvement, à tourner régulièrement à quatre tours et demi, et à refouler dans la cuvette une quantité d'eau qui, dans ce cas, n'était plus que de 188 pouces environ.

Remarquons, en passant, que cet état de choses le plus défavorable qu'il fût possible d'établir pour les moteurs, puisque l'eau débitée par la vanne de décharge placée entre les deux roues, allait couper le courant des eaux venant de ces roues, et augmentait ainsi le remous, qui eût été beaucoup plus faible si cette masse d'eau eût pu être dépensée par ces dernières; remarquons, disons-nous, que ce volume d'eau, presque triple de celui de 1m35 environ, nécessaire au jeu de ces moteurs, ne les avait pas ralentis dans la proportion de son accroissement, ce qui est déjà une sérieuse présomption qu'un débit de 3m70 cub. serait très-possible, sans diminution sensible de la vitesse des roues, si elles seules eussent dépensé cette masse d'eau.

Mais voyons ce qui se passait en aval. Au moulin Abadie, le niveau de l'eau qui était, avec la dépense de 1m35 cub., de 1m53 au-dessous du couronnement du barrage en amont, était montée à 1m42; différence, 0m110. C'était une différence bien insignifiante, en comparaison de l'accroissement du volume d'eau débitée au château d'eau. Cela s'explique par la largeur du débouché que nous avions fait ouvrir à l'eau au moulin d'aval, au moyen de l'enlèvement d'un grand nombre de planches qui formaient bâtardeau, et contrariaient son écoulement. Mais, à une centaine de mètres en amont de l'usine, là où la section du canal est moindre, le courant était littéralement étranglé par d'énormes dépôts de vieilles maçonneries ou de gravier. Au-dessus de ce point, formant en quelque sorte barrage, et à partir du débouché de l'aqueduc couvert où l'eau se tenait à 0m30 au-dessous de la voûte, la vitesse du courant était de 1m56, tandis qu'elle atteignait jusqu'à près de 3 mètres en aval, où elle formait un véritable torrent. Qu'on approfondît donc de 0m60 seulement cette partie du canal, ce qui suffirait pour raccorder, par une pente uniforme, le radier de l'aqueduc couvert avec le lit du canal de fuite de l'usine Abadie jusqu'à la Garonne, et qu'on enlevât les 0m30 de gravier ou de vase qui se sont déposés sur ce radier, et aussitôt le tirant d'eau de 1m18, constaté dans ce moment au débouché du canal couvert, descendrait au-dessous de 0m90, en même temps que la vitesse de l'eau atteindrait près de 2 mètres par seconde.

On peut estimer, sans crainte d'erreur, que cette vitesse s'établirait sur toute la longueur du canal, et que dès lors sa largeur de 2 mètres au plafond avec une hauteur d'eau uniforme de 0^m90 depuis les roues jusqu'à la rivière, pourrait, sans faire redouter un engorgement nuisible aux roues, dépenser au moins 3 mèt. cub. d'eau par seconde.

Nous avons tracé, et nous mettons sous les yeux de l'Académie les profils longitudinaux de l'aqueduc couvert et du canal découvert, celui des inflexions de la surface des courants, dans ces diverses expériences que nous avons renouvelées plusieurs fois et qui ont toujours donné les mêmes résultats.

En conséquence, si le canal de fuite peut débiter 3 mèt. cub. sans que la marche des moteurs en soit affectée, on a, à l'ancien château, aux basses eaux, c'est-à-dire avec un niveau de la Garonne indiqué par la cote 1^m82 à l'échelle du Pont, une chute de 2^m20 environ, produisant une force brute de près de 88 chevaux. En admettant que les moteurs n'en utilisassent que la moitié, on pourrait encore disposer, dans ce cas, d'une force effective de 44 chevaux, c'est-à-dire presque le double de celle qui est nécessaire pour élever 250 pouces d'eau à 24 mètres de hauteur.

Mais comme pour un appareil nourricier, qui n'élèverait 1000 pouces en 24 heures, ou 231 litres par seconde, qu'à 5^m118, on n'aurait besoin que de 16 chevaux ou bien 20 chevaux, en tenant compte des frottements, on aurait aux basses eaux une force de 44 chevaux, bien suffisante pour mouvoir les anciens moteurs et les nouveaux.

XI.

Cela admis, que l'on possède l'emplacement et la force motrice, l'établissement de moteurs supplémentaires et la conservation du château d'eau d'Aubuisson deviennent possibles. Bien mieux, en admettant que cet établissement auxiliaire fût disposé avec des pompes semblables à celles qui vont être installées dans l'ancien château, et qu'elles fussent comme lui pourvues de tuyaux d'ascension, d'une cuvette et de tuyaux de descente communiquant avec les conduites actuelles placées sous le trottoir du Pont, les deux établissements identiquement organisés pourraient à un moment donné, c'est-à-dire si des réparations obligeaient à arrêter les deux systèmes du nouveau château, distribuer de 4 à 500 pouces d'eau dans la ville.

Cette combinaison est celle qui a le troisième rang parmi les propositions qui se sont fait jour en vue de la conservation de l'ancien château; et puisque nous en parlons, examinons-la tout de suite, nous n'aurons pas à y revenir.

Nous avons vu que les pompes Farcot, qui doivent être substituées aux pompes actuelles de $0^m27,10$ ont 0^m40 de diamètre, et qu'elles sont en nombre égal, c'est-à-dire au nombre de huit. Pour élever 1,000 pouces ou 231 litres d'eau par seconde, chacune doit donc pouvoir fournir le huitième de 231 litres, soit 28 litres 875 en une seconde; mais comme ces pompes verticales sont à simple effet, et que dès lors il n'y en aura jamais que quatre qui aspireront au même moment, la capacité des corps de pompe doit être telle que chacun puisse loger au moins 57 litres 750 pendant une seconde. La surface du piston étant exprimée par

$$1/4\ 0^m40^2 \times 3,1416 = 0^m1256$$

il s'ensuit que la vitesse dudit piston devrait être de 0^m46 par seconde pour aspirer ces 57 litres 750 dans le même temps (1). Mais comme les roues hydrauliques actuelles ne font que 6 tours et demi par minute; que le bouton de la manivelle qui s'articule avec la bielle est à 0^m54 du centre de l'axe de la roue; que l'articulation de cette même bielle avec le balancier est plus rapprochée du centre d'oscillation de cet organe que de son extrémité libre, il en résulte que la course du piston des anciennes pompes est de 1^m156 pour un diamètre de ces pistons de $0^m27,10$. Avec cette course, les quatre pistons, en

(1) En effet, $1/4\ 0^m40^2 \times 31416 \times 0^m46 = 57^l750$ environ.

six aspirations et demie pour chacun en une minute, aspirent 3,472 litres 20 ou 57 litres 87 par seconde, soit 250 pouces en 24 heures. La surface des pistons, relative à $0^m27,10$ de diamètre étant de 0^m05765, leur vitesse est exactement de $0^m25,08$ par seconde. Telle est la marche des appareils de l'ancien château et la quantité d'eau qu'ils élèvent chaque jour, à moins que quelques soupapes, fonctionnant mal, ne laissent redescendre l'eau dans les puisards ou n'aspirent pas, ce qui a effectivement lieu pour quelques-unes, et réduit la quantité d'eau élevée à environ 200 pouces.

Dans le cas de la nouvelle organisation, pour que chacun des quatre pistons des pompes Farcot aspirant en même temps élevassent le quart de 231 litres, soit 57 litres 750 d'eau par seconde, ou 1,000 pouces en 24 heures avec cette même vitesse de 0^m2508, il faudrait que leur diamètre fût égal à 0^m5420 environ (1). Cette dimension n'ayant pas été donnée au piston, on devra nécessairement excentrer les boutons des manivelles qui commandent les bielles d'une quantité proportionnelle à la différence existant entre la vitesse actuelle de 0^m2508 des pistons des anciennes pompes et celle de 0^m46 par seconde, exigée par les pistons de 0^m40 de diamètre des nouvelles pompes, ce qui sera facile.

Maintenant, si l'on voulait disposer ces mêmes pompes de 0^m40 de diamètre de manière à élever 250 pouces à 24 ou 33 mètres de hauteur, peu importe, avec les tuyaux d'ascension actuels, dont le diamètre est de $0^m27,10$, et qui seraient raccordés par une culotte en fonte, à branches coniques, avec les nouvelles baches; dans ce cas, pour que la même force motrice fût suffisante, la vitesse des pistons par seconde ne devrait plus être que le quart de celle qu'exigeront ces pompes pour élever 1,000 pouces à 5^m118.

Ce résultat serait encore facilement obtenu par un rapprochement convenable du bouton de la manivelle du centre de

(1) On a en effet pour le volume C engendré par le piston

$$C = 1/4\ 0^m5420^2 \times 3141 \times 0^m2508 = 57 \text{ lit } 915.$$

l'axe des roues hydrauliques. La contraction de la veine fluide dans la culotte diminuant progressivement de section, absorberait peut-être un peu plus de force motrice, mais on arriverait toujours à se donner celle nécessaire en ralentissant, dans la proportion voulue, la vitesse des pistons; tout en conservant aux moteurs celle qui correspond à leur plus grand effet utile, mais en sacrifiant une partie des 250 pouces à élever dans la cuvette.

Ainsi, par exemple, supposons qu'avec la même force de 20 chevaux qui est nécessaire pour élever 1000 pouces d'eau à 5ᵐ118 de hauteur on voulût en élever une partie dans une cuvette placée à 33 mètres : Quelle serait cette quantité? La quantité d'eau qui atteindrait la cuvette ne serait plus que de 155 pouces, 36 litres par seconde ou 3 millions de litres par 24 heures, et la vitesse du piston avec les mêmes corps de pompe de 0ᵐ40 de diamètre ne devrait plus être que de 0ᵐ0725 par seconde au lieu de 0ᵐ46 nécessaire pour 1,000 pouces.

On trouvera peut-être considérable la réduction de la quantité d'eau élevée, au moyen de cette disposition des appareils. Mais il ne faut pas perdre de vue que notre évaluation repose sur la base d'une force motrice résultant des basses eaux de la Garonne, c'est-à-dire sur un niveau de 1ᵐ82 à l'échelle du Pont. Tandis que le niveau moyen de chaque année bien plus élevé (1) assure à l'ancien château, moyennant

---

(1) D'après M. d'Aubuisson, la hauteur moyenne des eaux de la Garonne, constatée pendant 2,802 jours d'observation, du 1er mai 1822 au 31 décembre 1829, a été de 2ᵐ30.

Il résulte de nos observations, du niveau de la Garonne à l'echelle de l'écluse Saint-Pierre, que le niveau moyen du fleuve a été :

En 1858........	2ᵐ11	En 1861........	2ᵐ048
1859........	2ᵐ16	1862........	2ᵐ09
1860........	2ᵐ248		

La moyenne de cinq années est de 2ᵐ13 environ. Et comme la pente de la Garonne du Pont à l'écluse Saint-Pierre est d'environ 0ᵐ15, on a 2ᵐ28 au Pont, c'est-à-dire à très-peu près le même niveau que celui indiqué par M. d'Aubuisson.

Voir VIe série, t. I, p. 82 des Mémoires de l'Académie de Toulouse, notre *Etude sur la Garonne*.

la suppression de l'usine Abadie, une force d'au moins 50 chevaux, capable d'élever 113 litres d'eau à 33 mètres de hauteur par seconde, soit près de 10 millions de litres d'eau en 24 heures ou 500 pouces. Admettons qu'un cinquième de la force soit absorbé par le frottement des organes, il resterait encore 400 pouces, ou le double de la quantité d'eau dont dispose en ce moment la ville de Toulouse; quantité dont certes ne jouissent pas encore beaucoup de villes importantes.

XII.

Si l'on a bien compris les explications qui précèdent, on peut se représenter deux châteaux d'eau entièrement semblables et tels que nous venons de les décrire, pouvant, chacun, envoyer au nouvel établissement, 1,000 pouces d'eau, en ne les élevant qu'à 5m118 de hauteur, ou n'en élever que 200 pouces à 33 mètres, soit 400 pouces pour les deux; de telle sorte, que, si l'un d'eux était simplement employé à l'alimentation du château d'eau Guibal, l'autre pourrait fonctionner en même temps et ajouter 200 pouces de plus aux 1,000 pouces distribués par le premier, si, comme nous n'en doutons pas, on les trouvait dans la prairie des Filtres (1).

Une telle organisation de notre nouvelle distribution d'eau présente des avantages tellement évidents qu'il est à peine nécessaire d'insister. Si elle était adoptée, elle calmerait toutes les craintes, car alors la sécurité serait entière; elle réunirait toutes les sympathies, parce qu'elle conserverait en la complétant l'œuvre d'un de nos plus éminents compatriotes, et couronnerait dignement, en assurant son entier succès, la grandiose conception de M. Guibal.

Craindrait-on la dépense? Etablissons-en le plus haut chiffre.

Une annexe de l'ancien château disposée comme on vient de le voir, coûterait, savoir :

---

(1) On a compris qu'aux basses eaux, c'est-à-dire avec le niveau de la Garonne de 1m80 à l'échelle du Pont, chacun des deux châteaux n'élèverait que 150 pouces environ dans la cuvette, soit 300 pouces pour les deux ou 75 pouces par roue hydraulique.

Pour le bâtiment, y compris ses coursiers, ses puisards, etc.	100,000 fr.
Pour les machines et les appareils hydrauliques.	90,000
Pour la construction du bassin d'alimentation et la portion du canal de fuite à construire	30,000
Total.	220,000

A ce chiffre de 220,000 fr., il faudrait ajouter le prix d'acquisition de l'usine Abadie, les frais de démolition du barrage de cette usine, de curage du canal, etc., dépenses et frais, qui, si l'on tient compte du produit de la revente du matériel industriel de l'usine à acquérir, ne porterait guère la totalité de cette dépense, au delà de 300,000 fr. Ce serait peu en comparaison du résultat obtenu, et jamais sacrifice pécuniaire n'eût été mieux justifié.

Faisons remarquer, en outre, que l'acquisition du moulin Abadie permettrait d'utiliser ses bâtiments à l'établissement d'un atelier de réparation, au logement d'une partie du personnel de l'usine de la ville, et que dès lors celle-ci économiserait les 40,000 fr. que devraient coûter ces ateliers, dont les frais de construction figurent pour ce chiffre dans le devis dressé pour la nouvelle distribution d'eau. Un petit moteur, une turbine, par exemple, pourrait être installée dans ces bâtiments pour faire mouvoir les tours ou autres machines qui devraient servir aux réparations. Un filet d'eau dérivé du nouveau canal d'amenée suffirait pour procurer à ce moteur, la très-faible force nécessaire à ces travaux. Il n'y a donc pas lieu de considérer comme un obstacle sérieux à la réalisation de la combinaison proposée, le surcroît de dépense qu'elle occasionnerait; elle ne serait qu'une très-faible partie de la dépense totale et constituerait un placement à cent pour cent des deniers de la ville.

XIII.

Serait-on arrêté par les difficultés d'exécution que pourrait rencontrer la construction de l'annexe dont il s'agit, et les agencements divers qui deviendraient indispensables, toutes choses dont nous mettons le plan d'ensemble sous les yeux de l'Académie? Mais ces difficultés sont celles que l'on rencontre dans toute construction de la nature de celle qui nous occupe, et qu'on surmonte facilement. Aucun des travaux à exécuter ne présentera les dangers auxquels ont exposé ceux déjà accomplis, soit pour l'ancien, soit pour le nouveau château. L'opération qui, en apparence, exigerait le plus de soin et d'attention, serait celle qui obligerait à franchir en dessous le canal d'amenée des eaux motrices de l'ancien château, afin de conduire, au moyen d'un aqueduc ou d'un conduit en fonte, les eaux filtrées de la galerie Guibal aux puisards de l'annexe. Mais ce canal n'a, comme on sait, que 2 mètres de largeur; son radier repose sur le tuf, un tuf compacte et résistant, qui peut être fouillé sans crainte des éboulements. Ce travail, d'ailleurs, pourrait se faire la nuit, après avoir fermé la vanne de garde du cours Dillon, afin de diminuer le poids de la partie du canal à franchir. De ce côté donc encore, point d'empêchement sérieux ou de difficultés approchant de celles qu'on a eu à surmonter dans la traversée en souterrain de la promenade du cours Dillon pour l'établissement de la tête du canal d'amenée de l'usine Guibal, et surtout de celles qui ont surgi quand il s'est agi de creuser, à 0^{m}30 de distance des maisons de la rue Bonaparte, les profondes tranchées exigées pour la continuation de ce canal.

Les maçonneries pour les coursiers des moteurs, les massifs pour supporter les axes des roues et les pompes, la portion du canal de fuite à construire pour évacuer les eaux motrices dans l'ancien canal, devraient sans doute être fondées à une profondeur qui ne serait guère inférieure à 8 mètres au-dessous du sol, et partie entre l'ancien château, le nouveau canal d'amenée et le mur ouest du cours Dillon; mais ces travaux seraient plutôt confortatifs que nuisibles à la solidité des ouvrages existants. On ne doit concevoir aucune crainte sur les conséquences de leur exécution, qui aurait lieu d'ailleurs à ciel ouvert et sans aucune espèce de danger pour les ouvriers qui y seraient occupés. Le seul inconvénient que présenterait l'établissement des ouvrages dont il s'agit, serait d'entamer légèrement la cuvette circulaire en béton construite au-dessous du sol, autour de l'ancien château, et qui doit recevoir les eaux filtrées qu'élèveront les pompes nourricières ; mais il peut y être facilement obvié en construisant les massifs de maçonnerie, ainsi qu'on peut s'en convaincre sur les lieux.

Aucune objection grave ne nous semble donc pouvoir être opposée à l'adoption du système dont nous indiquons l'application pratique, et qui nous paraît devoir concilier le plus avantageusement qu'il soit possible les désirs d'une notable partie de la population et les exigences nouvelles qu'impose son accroissement.

Cette combinaison aurait, nous le répétons, cet avantage qu'elle n'arrêterait en rien l'exécution du projet conçu par M. Guibal, et approuvé par le Conseil général des Ponts et chaussées, toujours disposé à accepter ce qui est bon et pratique, et qui, à ce point de vue, accueillerait favorablement, bien sûr, l'idée que nous venons de développer.

Du moment qu'il serait décidé que, loin de détruire le château d'eau d'Aubuisson, on le modifie de la manière la plus avantageuse, en tirant tout le parti possible des dispositions adoptées par son auteur, ceux qui tiennent à cette œuvre, remarquable à plus d'un titre, verraient sans aucun regret substituer les pompes Farcot à celles que leur impuissance rend désormais inutiles pour le but qu'on se propose, et qu'il eût fallu d'ailleurs modifier, même dans le cas où l'on aurait conservé à cette usine sa destination primitive ; car on n'a pas oublié que le fond du puisard de la galerie Guibal est à plus de 2 mètres au-dessous du fond des puisards du château d'eau d'Aubuisson, et que, dès lors, il eût fallu forcément approfondir ceux-ci et allonger les tuyaux d'aspiration des pompes de la même quantité, sans quoi ces puisards fussent restés à sec, et eussent rendu impossible toute distribution d'eau filtrée par cette usine.

Il ressort évidemment de ces explications, qu'il y aurait un certain avantage à exécuter immédiatement la construction du bâtiment, des moteurs et des appareils hydrauliques de l'annexe dont il s'agit. Du moment, en effet, que ces travaux seraient terminés, et que cet établissement supplémentaire pourrait alimenter le nouveau château, celui-ci pourrait tout aussitôt pourvoir à la distribution dans la ville des eaux filtrées fournies par la nouvelle galerie, et cela sans qu'on se fût aperçu un seul instant du changement qui se serait opéré, par conséquent sans aucune espèce d'interruption dans le service des fontaines et des concessions, point excessivement important. Et comme, dans ce cas, l'ancien château resterait privé d'eau filtrée, on pourrait procéder à l'approfondissement des puisards et à la mise en place des nouveaux appareils hydrauliques.

Si, au contraire, l'on commence par la transformation de l'ancien château en appareil nourricier, bien que l'on n'agisse que sur l'un des deux systèmes existants, il n'en est pas moins vrai que pendant un temps dont il n'est guère possible de calculer la durée, des cas imprévus pouvant se présenter, la quantité d'eau distribuée dans la ville sera réduite de moitié, c'est-à-dire à 100 pouces, car on ne peut pas reporter sur l'autre moteur la force non utilisée par celui arrêté, attendu que les roues ne peuvent jamais, sans risque d'accident, dépasser la vitesse de six tours et demi par minute.

Cette considération, il faut bien le répéter, prend une grande importance quand on connaît les besoins de la population, ses impatiences lorsque l'écoulement de quelques bornes-fontaines est momentanément suspendu ou qu'une concession particulière est privée d'une partie des eaux qui lui sont nécessaires.

Peut-être préférerait-elle attendre quelques mois encore avec ses 200 pouces que de jouir un peu plus tôt des 400 pouces qui peuvent lui être distribués, mais seulement après être restée dans un état de pénurie pendant un temps qui peut lui paraître relativement très-long.

Pour nous, si nous avions à choisir, nous préférerions le premier moyen; il est plus sûr, et serait, croyons-nous, le plus généralement accepté, parce que l'on a l'habitude de l'état de choses existant, et qu'on le supporte, tandis que la privation même temporaire de la moitié de ressources déjà très-insuffisantes, serait on ne peut plus vivement sentie.

Ces observations n'ont quelque valeur, on le comprend, que dans l'hypothèse où la combinaison proposée serait prise en considération; dans le cas contraire, la réduction à 100 pouces, pendant un temps plus ou moins long, de la quantité d'eau distribuée, est obligée, à moins que, par les machines du nouveau château, on envoyât dans la ville de l'eau de la Garonne, ce qui pourrait ne pas être possible à cause de l'état fréquemment trouble de ces eaux.

XIV.

Résumons ce long travail, qui aura atteint son but si l'on y trouve quelques renseignements utiles à la question qui en fait l'objet. On en peut déduire les principes généraux suivants :

Il n'y a pas de règle absolue dans le choix des moyens que l'expérience des siècles et la science moderne offrent aux populations urbaines pour se procurer des eaux publiques.

Le besoin d'une eau abondante, suivant la loi d'accroissement des grandes cités, les moyens d'y pourvoir, doivent être multiples, comme le sont les conditions locales de chaque centre de population à desservir. Il est rare que les cités naissantes s'en préoccupent tout d'abord, et ce n'est guère généralement, dans le passé, qu'à un état avancé de leur développement qu'elles songèrent à se donner ce précieux agent de bien-être et de salubrité.

Rome, qui ne connut jamais, pendant la plus grande partie de sa glorieuse existence, qu'un seul moteur pour lui fournir l'eau dont elle sentait vivement le besoin, ne put jouir du bienfait d'un premier aqueduc que 441 ans après sa fondation.

Mais son enceinte et son peuple grandissant, en l'an 849, sous le règne si court de l'empereur Nerva, la cité reine du monde comptait neuf aqueducs versant dans son sein, indépendant des eaux nécessaires aux lavages des rues, à l'arrosage, aux bains, aux naumachies, les eaux fraîches, limpides, pures et salubres des abondantes sources *Appia*, *Julia*, *Virginalis*, et surtout les eaux si renommées sous ce rapport des sources *Cœrulea* et *Curtia*.

Pendant longtemps, les contrées que le peuple romain avait soumises à sa domination, ne jouirent que par lui, et à l'aide des mêmes moyens qui lui avaient si bien réussi, des avantages que procurent les eaux publiques. Mais plus de vingt siècles s'écoulent, et les fureurs de la guerre venant en aide à l'action destructive du temps, comme tant d'autres, la plupart des monuments hydrauliques élevés par le génie de Rome, en vue du bien-être de ses nombreux tributaires, n'existent plus. Celui-ci gît ignoré et perdu sous le sol muet qui le recouvre; celui-là qui osa défier par sa grandeur et sa force l'aveugle furie des barbares, déchaînée contre tout ce qui trahissait un germe de civilisation, ne présente plus maintenant que des tronçons informes ou de magnifiques restes mutilés.

Un découragement profond, où la crainte semblait succéder à ces grands ébranlements qui ont fait tant de ruines; un long temps s'écoule pendant lequel, à de rares intervalles seulement, de royales munificences viennent attester quelque souci du bien-être matériel des populations urbaines. Les besoins renaissent cependant sous l'influence d'assez longues périodes de calme et de paix qui permettent un nouvel essor de l'intelligence et du génie jusque-là comprimés. L'industrie, guidée par la science, fécondée par la liberté, a su découvrir deux agents puissants de force dynamique, l'eau d'abord, la vapeur ensuite. Les progrès de la mécanique ne tardèrent pas à procurer les moyens d'en faire une application générale; ceux de l'hydraulique de l'hydrodynamique, de la physique industrielle, permettent de le faire avec méthode et succès. On n'en est donc plus réduit, pour la création et l'alimentation des fontaines publiques, au seul système des aqueducs qui ne donnait pas toujours une complète satisfaction aux besoins des populations agglomérées. Il est rare, en effet, de trouver réunies sur un même point des sources d'eau assez abondantes pour fournir à la consommation d'une grande cité. Ces eaux n'arrivent pas non plus toujours dans le réservoir qui les recueille avec une charge suffisante pour pouvoir les distribuer sur tous les points d'un vaste périmètre, les faire jaillir en fontaines ou les élever pour les besoins domestiques ou industriels à des hauteurs même restreintes ; il faut multiplier les aqueducs, et c'est cette nécessité, qui, indépendamment de l'ignorance où l'on était des moyens mécaniques d'élever l'eau, explique le grand nombre de ces monuments qui avaient dû être successivement construits à Rome.

Un si grand exemple avait cependant été donné sous ce rapport par l'antiquité, qu'il réagissait encore à la fin du dernier siècle sur l'esprit des administrateurs des grandes villes d'Europe, au sein desquelles s'agitait la questiou du choix à faire entre les divers moyens alors connus de créer des fontaines publiques abondamment pourvues d'eau. Beaucoup de villes durent à leur hésitation qui se perpétuait et n'aboutissait qu'à des discussions stériles, de rester privées, pendant bien longtemps du bienfait de ces eaux qui n'attendaient, pour venir répandre dans des quartiers mal sains la fraîcheur et la santé, qu'uue décision qu'arrêtait sans cesse l'attrait de ces canalisations souterraines, si simples de construction et d'entretien, que l'on opposait aux machines compliquées et coûteuses, dont, en France, la machine de Marly présentait un exemple, certes, peu fait pour être imité.

Mais peu à peu le progrès dans sa marche rapide laissa loin derrière lui les idées d'un autre âge; on finit par savoir distinguer entre les avantages relatifs à chaque système, et par comprendre que si dans certains cas les aqueducs devaient être préférés, généralement les machines avaient une puissance que ceux-ci n'avaient pas, ou qu'ils perdaient dans leur trajet, à cause de la pente exigée par l'eau pour se mouvoir depuis son point de départ jusqu'au point d'arrivée, placé au-dessous du premier à une distance presque toujours très-considérable. C'était un grand pas qui était fait pour arriver à la solution la plus propre à donner satisfaction aux intérêts que ces questions comprennent.

Toulouse, ville libre, alliée de Rome, mais restée longtemps sous sa domination, ne pouvait échapper à l'influence de ses souvenirs. Une vague tradition rappelait qu'un aqueduc supporté par huit cents arcades avait conduit dans ses murs quelques sources éparses sur les coteaux voisins. Sur divers autres points, des restes d'aqueducs, enfouis, oubliés, détruits en partie, peut-être par les Cimbres, les Vandales ou les Wisigoths, avaient été découverts et révélaient à l'aide de quels moyens notre antique cité avait pu se procurer des eaux vives et pures. Aussi, lorsqu'il s'agit, il y a près de deux siècles et bien plus tard encore, « de déterminer le moyen le plus avantageux de conduire dans la ville de Toulouse une quantité d'eau suffisante aux besoins domestiques, aux incendies, à l'arrosement des rues, des places, des quais et des promenades (1), » se forma-t-il au sein des assemblées chargées du soin de résoudre cette importante question, deux partis que l'on pourrait appeler le parti des aqueducs, et le parti des machines.

Des projets dans les deux sens surgirent à l'infini, tour à tour présentés, repoussés par les assemblées, ou retirés par leurs auteurs. C'était l'esprit des vieilles cités, s'affirmant dans toute la force de ses habitudes, de ses préjugés ou de ses craintes, et luttant contre les aspirations de la science, et la marche du progrès. C'était peut-être aussi, comme le fait remarquer M. d'Aubuisson, « ce sentiment assez commun, même chez l'homme de talent, qui le porte presque à souhaiter que le bien ne soit pas fait s'il n'est pas fait par lui. »

---

(1) Question posée par l'Académie des Sciences de Toulouse en 1780 et pour la solution de laquelle devait être accordé un prix de 1000 francs.

Quoi qu'il en soit, toujours sûre d'elle, et en dépit des oppositions les plus vives, la science l'emporte. Grâce à la générosité d'un de ses citoyens, aux efforts de quelques hommes de génie, et à l'énergie de son premier magistrat, Toulouse voit enfin, comme dans plusieurs grandes villes d'Europe, s'élever dans son sein le premier monument de haute utilité publique, dû à cette féconde alliance de la science et de l'industrie qui devait plus tard étonner le monde de ses merveilleuses créations. Et, chose étrange, tandis que le système qui l'emportait était l'objet, de son temps, des attaques les plus acharnées, soit à Toulouse soit à Paris où elles faillirent le faire échouer, on a vu, un demi-siècle plus tard, ce même système donner lieu à des protestations non moins vives, lorsqu'il s'est agi d'y toucher.

La justice vient tard quelquefois, mais elle vient, et l'œuvre de d'Aubuisson et d'Abadie, malgré des erreurs inséparables de la réalisation de toute idée nouvelle, portait trop l'empreinte de leur commun génie, pour qu'elle ne s'imposât pas plus tard à la reconnaissance publique.

C'était bien là, en effet, sauf les proportions qui ne sauvegardaient pas l'avenir, et une aliénation regrettable d'une partie de la force motrice, le meilleur système à adopter. Où aurait-on trouvé, en effet, une source qui pût fournir 58 litres d'eau par seconde, d'une eau aussi pure, aussi fraîche, aussi salubre, que celle que renferme la prairie des Filtres, une eau pouvant jaillir à huit mètres au-dessus du sol de la place Rouaix, l'un des points les plus élevés de la ville? Combien d'aqueducs n'aurait-il pas fallu pour réunir plusieurs de ces sources, formant cette quantité d'eau, en supposant qu'à proximité on les eût trouvées assez abondantes, ce qui est douteux?

Plusieurs fois les Capitouls administrateurs de la cité avaient essayé, mais sans aucun succès, de restaurer les anciens aqueducs; ils y avaient renoncé.

Pouvait-on songer à dériver les eaux de la Garonne, pour les amener dans Toulouse, ainsi que cela était proposé? Mais les eaux de la Garonne à Muret, point qui semblait obtenir la préférence, ne sont guère plus saines ni moins troubles qu'à

Toulouse ; on ne pouvait vouloir donner cette eau à boire à la population ; il eût fallu la filtrer artificiellement, et l'on sait ce que vaut ce mode de filtration des eaux. D'ailleurs, à quelle altitude à leur arrivée aurait-on obtenu le niveau de ces eaux après qu'elles auraient eu perdu en chemin une charge de 25 à 30 mètres? A quelques mètres à peine au-dessus du sol de la ville. Et puis un ou plusieurs aqueducs, conduisant n'importe quelles eaux à Toulouse n'aurait pas dispensé de réservoirs, et de l'établissement d'un réseau de conduites, de distribution qui à elles seules n'ont pas coûté moins de 450 à 500 mille francs pour 58 litres d'eau par seconde seulement.

Evidemment, la situation topographique de Toulouse ne permettait pas l'emploi de ce moyen de lui procurer l'eau nécessaire à sa consommation, et l'on peut dire que M. d'Aubuisson, frappé de cette situation, avait admirablement résolu le problème de son alimentation en eau potable.

Le 25 mai 1825 jour de la fête du Souverain, après plusieurs siècles d'attente, si l'on compte le temps consacré à l'étude de la question des fontaines à Toulouse, la population put jouir d'un spectacle nouveau pour elle. L'eau jaillissait à 24 mètres de hauteur, retombant en magnifiques cascades, dont l'aspect apportait la conviction chez les plus incrédules. Chacun payait un juste tribut d'éloges aux auteurs de l'œuvre qui excitait un si grand étonnement, bien que les grands travaux qui s'exécutaient depuis trois ans ne fussent ignorés de personne.

Trente années s'écoulent pendant lesquelles le chiffre de la population est plus que doublé. Le château d'eau d'Aubuisson, n'offre plus maintenant qu'une ressource restreinte ; il apparaît, en présence des besoins nouveaux qui se révèlent chaque jour plus pressants, comme un simple essai de distribution d'eau, un provisoire en quelque sorte, ou un spécimen réduit de ce que désormais l'on pouvait attendre du concours de la science et de l'industrie pour assurer le bien-être des populations urbaines.

Il faut donc songer à de nouveaux projets. Tout le monde est d'accord sur ce point ; mais on est loin de l'être sur le hoix du moyen le plus propre à atteindre le but désiré. lors, et trait pour trait se reproduisent les mêmes faits, les nêmes oppositions, les mêmes critiques qui accueillirent le rojet d'Aubuisson et Abadie, maintenant l'objet d'une faveur eut-être exagérée, et qu'on opposait au nouveau système fficiellement adopté.

Il ne faut ni s'étonner ni se plaindre d'un tel retour de l'opinion, de telles oppositions; dans la lutte éternelle, de ce qui fut le passé contre ce qui s'appelle le progrès, un sentiment instinctif de crainte vague domine l'homme de tous les temps et de tous les lieux, et le porte tout d'abord à repousser, tantôt ce qu'il ne connait pas bien, tantôt ce qui lui paraît devoir froisser ses intérêts ou s'écarter des conceptions si diverses de son génie.

Le projet de M. Guibal, système nouveau et largement conçu dut subir cette suprême épreuve.

En face d'une situation difficile, un problème cependant était posé, et quel problème! Trouver 1,000 pouces d'eau, là où l'on en supposait à peine 200, et les élever, non plus à 8 mètres comme l'avait fait M. d'Aubuisson, mais à 16 mètres au-dessus de la place Rouaix, qui, ainsi que nous l'avons dit, est un des points culminants de notre cité.

On proposait plusieurs solutions. Eh bien, nous-même, qui ne partagions pas complétement les idées de notre regretté confrère, après nous être placé au même point de départ, après avoir considéré le terrain hérissé d'obstacles sur lequels M. Guibal avait à édifier son œuvre, et examiné de près l'œuvre elle-même, nous avons été invinciblement amené à cette conviction, que, à part quelques dispositions cynématiques que nous n'y voudrions pas voir, et qu'il a dû peut-être subir, le projet de cet ingénieur, au point de vue du but que se proposait l'administration municipale, est le seul à l'aide duquel il pouvait tirer le parti le plus avantageux d'une position difficile, répétons-le, et dont les ressources étaient à peine soupçonnées avant lui.

Cette appréciation, nous le savons, n'a d'autre valeur que

celle d'une opinion personnelle ; mais qu'on suive avec soin l'examen auquel nous avons soumis ce projet, qu'on vérifie nos calculs, et l'on sera bien près d'accepter notre manière de voir, surtout si l'on comprend l'importance de la modification dont nous avons parlé, et à laquelle il est regrettable que l'auteur du projet n'ait pas songé, ou qu'il ait craint de proposer à cause du surcroît de dépense qu'elle devait occasionner, ou bien peut-être encore parce qu'il ne la croyait pas possible.

Quoi qu'il en soit, M. Guibal n'avait pas défendu son œuvre comme il pouvait le faire. Pourquoi? Etait-ce parce que, assuré de son succès, il comptait que le moment venu de la mettre à l'épreuve, justice lui serait rendue? ou plutôt n'était-ce pas parce que le temps lui manquait pour soutenir une polémique qui devenait chaque fois plus ardente? C'est possible. Quand on a examiné le volumineux dossier relatif à notre nouvelle distribution d'eau, qu'on s'est rendu compte du temps qu'ont dû prendre les diverses études d'une question si complexe; les calculs, les plans, les travaux préparatoires qu'elle a exigés, on ne s'étonne plus que l'ingénieur de la ville, après avoir sommairement expliqué son projet, sûr de l'appui de l'administration éclairée par les lumières de la science, fort de l'approbation d'un corps dont la compétence est hors de doute, n'ait pas cru nécessaire de vulgariser davantage l'idée dont il poursuivait la réalisation. S'il l'eût fait, il n'eût pas manqué de la faire généralement accepter. La logique des chiffres est irrésistible, et elle est trop bien comprise à notre époque pour qu'on se laisse aller à négliger un tel moyen de conviction.

Comme celui de M. Guibal, le projet de M. Abadie, conçu et exécuté avec le concours de M. d'Aubuisson, avait été l'objet d'une critique acerbe, que n'avait même pu désarmer complétement son succès.

Aussi, l'ingénieur sur lequel reposait en quelque sorte toute la responsabilité de cette grande entreprise, considérée alors comme très-hasardeuse, dut-il présenter un exposé complet de la question des fontaines, qui était aussi une sorte de réfutation des objections ayant cours de son temps. Si, dans ce travail remarquable, empreint du génie de son auteur, et qui jette un si vif éclat sur notre Recueil académique, certaines des dispositions adoptées ne se trouvent pas suffisamment justifiées, on y trouve du moins un historique fidèle et intéressant des faits qui avaient précédé ou accompagné l'exécution du projet, des explications pour le savant et l'homme du monde, une modeste sincérité et toujours une excessive modération ; enfin des détails techniques on ne peut plus instructifs.

Peut-être M. Guibal eût-il un jour, à l'exemple de son illustre devancier, complété les explications sommaires contenues dans son Mémoire du 14 mars 1859 sur le projet qu'il présentait à cette époque, et modifié plus tard, ainsi qu'on l'a vu ; mais une santé altérée, des souffrances cruelles, qu'aggravaient encore les travaux de sa charge, des contrariétés pénibies que lui suscitait une critique qui, bien que consciencieuse, n'en était pas moins vive, et qui pour lui n'a trouvé un terme que dans une fin prématurée, n'ont laissé pour défense à cet ingénieur, à ce confrère estimé, que son œuvre elle-même. Nous n'avons pas la prétention de l'avoir défendue ; mais nous croyons avoir présenté, dans l'intérêt de cette défense, quelques éléments en dehors desquels il n'est pas possible de juger la question dont il s'agit, et qui eussent pu passer inaperçus. Ayant, répétons-le, étudié avec le plus grand soin cette question au point de vue technique, prêté aux objections auxquelles a donné lieu l'exécution du projet définitivement adopté la plus grande attention, en nous aidant de données puisées dans une longue expérience, nous nous serions cru coupable de nous taire.

M. Guibal, aux qualités qui distinguent l'ingénieur de mérite, joignait un esprit très-pratique. Il possédait une conscience droite, et nous pouvons le dire, nous qui avons connu sa délicatesse, un noble cœur. Ces titres, qui lui avaient valu l'honneur de faire partie de notre Académie, suffiraient, à défaut de l'immense service qu'il a rendu à notre cité, pour justifier l'hommage tardif, mais justement mérité, que nous sommes heureux de pouvoir rendre ici à sa mémoire.

XV.

CONCLUSION.

L'intérêt qui domine en ce moment la question relative à nos fontaines est, on l'a compris, celui de la population attendant impatiemment une solution quelconque. Il faut donc que l'exécution de la grande entreprise qui doit donner satisfaction à ses besoins se poursuive sans aucune interruption, et se termine promptement, afin d'en pouvoir retirer tout le fruit.

La certitude que l'on trouvera dans la prairie des Filtres ou l'îlot Vivent une quantité d'eau supérieure à 1,000 pouces ne pouvant être ébranlée par aucune preuve qui soit scientifiquement ni pratiquement démontrée, et se trouvant, au contraire, fortifiée par le fait accompli, les inductions les plus rationnelles tirées du résultat obtenu et de la nature des lieux, il faut exécuter sans retard et dans leur entier les nouvelles galeries à construire. Elles peuvent l'être sur un périmètre de près de 400 mètres dans la prairie des Filtres, et de 170 mètres au moins dans l'îlot précité, qui la précède en amont. La ville possède déjà 264 mètres de galerie filtrante produisant 400 pouces ; ce serait un total de 800 mètres de galerie. Avec un tel filtre, un long avenir d'abondance en eau potable est assuré à notre cité.

Le canal d'amenée, les moteurs, les machines, le bâtiment, en un mot le nouvel établissement hydraulique tout entier est terminé ou se termine ; il n'y a pas à s'en occuper.

Mais ce qui doit être l'objet d'une non moins grande célérité dans l'exécution des travaux, c'est évidemment le placement des conduites de grand diamètre (1), devant remplacer les anciennes, et la construction d'un réservoir qui, s'il est unique, doit contenir au moins dix mille mètres cubes d'eau.

Si la modification dont nous avons parlé, et qui intéresse

(1) Ces conduites auront 0m50 de diamètre ; les anciennes n'ont, comme on sait, que 0m27.

si fort la conservation de l'ancien château, était adoptée, et nous le désirerions grandement, elle devrait être exécutée aussi sans retard; car elle doit on ne peut plus avantageusement concourir à assurer la continuité d'un service qui, on le comprend, ne doit jamais être interrompu, et augmenter de 155 à 160 pouces l'alimentation de la ville.

Quelque rapide qu'en soit l'exécution, ces travaux, il ne faut pas se le dissimuler, exigeront encore beaucoup de temps pour être terminés; mais ils en exigeraient un bien plus long encore si l'on n'y affectait que les ressources pécuniaires dont la réalisation ne peut avoir lieu qu'en douze annuités, ce qui serait, croyons-nous, nuisible aux intérêts de la ville et à ceux de la population.

Bien qu'ici la question cesse d'être académique et devienne purement municipale, il n'est pas inutile, croyons-nous, de l'examiner à ce point de vue, en nous autorisant des exemples que nous fournit le Recueil des travaux de notre Société, si souvent consultée par les administrateurs qui se sont succédé dans notre ville.

Nous avons dit qu'en exécution de la loi du 24 juin 1865, la ville de Toulouse pouvait inscrire au budget de ses recettes annuelles pendant dix ans, le produit de 8 centimes additionnels aux quatre contributions directes, pour parer aux frais de sa nouvelle distribution d'eau, et à l'expiration de ces dix années, la totalité des 20 centimes pendant deux ans.

C'est donc du 1er janvier 1365 au 31 décembre 1875, à raison de 102,000 fr. environ pour les 8 centimes, une somme de . . . . 1,020,000 fr.

Et pour les deux années à courir du 1er janvier 1876 au 31 décembre 1877 à raison de 255,000 fr. par an pour les 20 centimes. . . 550,000

Total. 1,570,000

Il résulte de cette situation, ou que l'emploi partiel de cette somme au fur et à mesure des échéances, ne permettrait que des travaux scindés, et par suite improductifs ou à peu près, ou bien qu'il faudrait attendre pendant douze années la réalisation complète du projet. Or, il n'est pas nécessaire de démontrer que quel que soit de ces deux moyens celui que l'on choisisse, il sera toujours très-désavantageux pour la ville.

Il vaudrait donc bien mieux, en vue de faire jouir immédiatement la population du bienfait des eaux qu'il est possible de lui donner, imiter l'exemple de la ville de Besançon, qui n'a pas hésité à pourvoir par un emprunt aux frais d'établissemnt de ses fontaines.

Ainsi, en supposant que la ville de Toulouse contractât un emprunt de 1,500,000 fr. dans le même but, il lui suffirait de payer pendant douze années une annuité déterminée(1),

---

(1) Nous établissons l'annuité à payer, en nombre ronds, de la manière suivante :

ANNUITÉ composée des excédants des centimes additionnels sur les intérêts à payer et de la somme fixe de 47500 francs à inscrire au budget annuel pendant onze ans et de celle de 48000 francs la dernière année.		ANNUITÉ à payer.	RESTES à retenir et à ajouter pour former les sommes rondes.	
1re année...........	74500f "	74000f		500f "
2e année.............	78222 50	78000		222 50
3e année.............	82136 25	82000		136 25
4e année.............	86245 05	86000		245 05
			Total....	1101 80
			A déduire.	444 80
5e année.............	90355 20	91000	Reste....	657 00
Partie des restes à ajouter...	444 80			
6e année.............	95082 94	95000		82 94
7e année.............	99847 09	100000	Total....	739 94
Partie des restes à ajouter...	152 91		A déduire.	152 91
			Reste....	587 03
			A déduire.	170 50
8e année.............	104829 50	105000	Reste....	416 53
Partie des restes à ajouter...	170 50			
9e année.............	110070 94	110000		70 94
			Total....	487 47
			A déduire.	425 50
10e année............	115574 50	116000	Reste....	61 97
Partie des restes à ajouter...	425 50			
11e année............	274353 03	274000		353 03
12e année............	288585 "	289000	Total....	415 00
Solde des restes à ajouter....	415 "		A déduire.	415 00
			Reste....	000 00
Total....		1500000		

pour s'être entièrement libérée du capital et des intérêts de cet emprunt. Cette annuité qui résulte de la combinaison du capital, des intérêts et de l'amortissement exigerait que pendant douze année la ville inscrivît sur son budget ordinaire une somme de 47,500 fr. pendant onze ans, et celle de 48,000 la dernière année pour s'être entièrement libérée en capital et intérêts de l'emprunt de 1,500,000 fr.

Au moyen de ce supplément de dépense qui serait bientôt amplement compensé par le produit des concessions demandées de tout côté, la ville jouirait immédiatement, ou du moins dans un court délai, de la quantité d'eau que lui assurent les travaux considérables qu'elle a entrepris et qui sont en grande partie exécutés.

Nous pourrions chiffrer les bénéfices énormes qu'ont su se procurer plusieurs des villes dont nous avons parlé et qui sont placées dans une position bien moins avantageuse que la ville de Toulouse; mais nous ne pousserons pas plus loin ces calculs, et nous dirons en terminant : Que mieux que le système hydraulique conçu par M. Guibal, aucun autre ne pouvait pour la ville de Toulouse réaliser les vœux de Napoléon Ier, de M. Laganne et d'Arago dont nous avons pris la formule pour épigraphe, et certainement un jour, lorsque les préventions ou les craintes auront fait place à une juste appréciation de cette œuvre, le nom de l'Ingénieur qui en a tracé les plans, l'administration de M. de Campaigno qui, comme celle de M. de Bellegarde en 1821, a fait réussir cette magnifique entreprise, les administrations qui l'auront continuée ou achevée, enfin les hommes éminents par leur savoir qui ont concouru à son succès, seront l'objet de la reconnaissance publique

Nous aurions été heureux de joindre à ce travail les plans que nous avons dressés de toutes les parties importantes de notre ancienne et de notre nouvelle distribution d'eau ; ces documents qui ont servi à notre étude auraient beaucoup facilité l'intelligence de descriptions toujours un peu confuses quand il s'agit de questions techniques ; mais ce travail pour être complet, a atteint, malgré nous, des proportions telles que nous avons dû forcément en ajourner l'insertion dans ce recueil.

Ces plans comprennent :

1° Coupe longitudinale suivant leur axe et coupe transversale des filtres d'Aubuisson et des galeries Guibal ;

2° Plan de la prairie des Filtres, du canal de fuite et de l'îlot Vivent, avec l'indication du tracé des anciens filtres, de la partie exécutée des nouvelles galeries, et de celle qui doit les compléter ;

3° Coupe longitudinale, dans un sens parallèle à l'axe du fleuve, de la prairie des Filtres, du canal de fuite, de l'îlot Vivent, et des nouvelles galeries, indiquant la profondeur du sol géologique, sa forme, ses dépressions, sa pente, la hauteur du terrain diluvien filtrant, de la couche limoneuse qui le recouvre, et la position du radier des nouvelles galeries au-dessus du tuf ;

4° Plan de la Garonne depuis la chaussée Vivent jusqu'au Pont de Pierre, du quai de Tounis, de la prairie des Filtres, du cours Dillon et de l'ancien château ;

5° Coupe transversale du quai de Tounis, de la Garonne, de la prairie des Filtres et du cours Dillon, suivant une ligne partant du quai de Tounis et passant par l'extrémité en amont de la nouvelle galerie Guibal, indiquant les positions relatives de cette dernière et des filtres d'Aubuisson dans la masse filtrante au-dessus du sol géologique du lit de la Garonne et de la prairie, et au-dessous du niveau de la Garonne indiqué par la cote $1^{m}95$ de l'échelle du Pont correspondant à celle de $132^{m}05$ au-dessus de la mer ;

6° Coupe en élévation du château d'eau d'Aubuisson et de ses appareils hydrauliques suivant une ligne perpendiculaire et transversale à l'axe des roues motrices, parallèle à l'axe des puisards de cette usine, et du puisard de la galerie Guibal ;

7° Coupe longitudinale du canal d'amenée du nouveau château et des canaux d'amenée et de fuite de l'ancien château, depuis la prise d'eau en amont du Pont jusqu'à la nouvelle usine, et à leur débouché dans la Garonne en aval de la chaussée du Bazacle avec l'indication de l'altitude des points extrêmes ;

8° Coupe transversale de ces canaux sur divers points et notamment aux points où dans son parcours le canal d'amenée du nouveau château croise le canal de fuite de l'usine d'Aubuisson dans lequel il s'incruste en quelque sorte ;

9° Plan du parcours de ces canaux depuis leur point de départ jusqu'à leur extrémité en aval, indiquant leur distance du pied des maisons auprès desquelles ils passent dans les diverses rues ou allées qu'ils suivent ;

10° Vue et coupe en élévation des appareils hydrauliques du nouveau château, suivant une ligne passant par les deux grands réservoirs d'air comprimé, le corps de pompe, et *par arrachement*, par les tuyaux, les bâches d'aspiration de l'eau filtrée, l'axe des turbines et de leurs distributeurs ;

11° Vue et profil en élévation des mêmes appareils suivant une ligne perpendiculaire à l'axe des manivelles des pistons, parallèle au plan de la grande roue dentée en bois de 156 dents, de la tige des pistons, des corps de pompe et de l'arbre des turbines ;

12° Deux profils longitudinaux des canaux d'amenée et de fuite du château d'eau d'Aubuisson suivant une ligne parallèle à leur axe, passant par l'usine Abadie et son canal de fuite, avec l'indication des niveaux relatifs obtenus dans les deux expériences des 20 et 22 janvier 1866 ; le niveau de la Garonne correspondant le 20 janvier à la cote 1m82, et le 22 janvier à celle de 1m83 de l'échelle du Pont, 131m92 et 131m 93 au-dessus du niveau de la mer ;

13° Nivellement de la Garonne en amont et en aval de la chaussée du Bazacle, le 26 septembre 1866, jour de crue où son niveau s'éleva à 4m00 au Pont, à 3m90 à l'écluse Saint-Pierre, 134m35 et 134 mètres au dessus de la mer ; à 4 mètres à l'échelle de l'Embouchure, soit 129 mètres au-dessus de la mer; niveaux rapportés à la position relative des ouvrages appartenant soit à l'ancien, soit au nonveau château;

14° Deuxième nivellement effectué le 8 octobre 1866, avec les hauteurs de la Garonne ci-après :

Au garonomètre du Pont	2m52	132m62	au dessus de la mer.
A l'écluse Saint-Pierre. .	2 35	132 45	»
A l'Embouchure........	1 52	»	»

15° Plan indiqnant le parcours des diverses conduites de distribution des eaux dans les différents quartiers de la ville de Toulouse, et les points où existent actuellement des fontaines monumentales, des jets d'eau, des abreuvoirs ou des bornes fontaines, et emplacement projeté du grand réservoir devant contenir 10,000 mètres cubes d'eau ou dix millions de litres (1);

---

(1) La nouvelle distribution des eaux dans la ville de Toulouse présente une question intéressante pour l'ingénieur. Il s'agit, en effet, de répartir dans les divers quartiers, le plus avantageusement qu'il soit possible dans l'intérêt de la ville et dans celui des habitants, un volume d'eau de 1000 pouces et plus. La détermination du diamètre des conduites principales, des conduites secondaires et des branchements, l'évaluation des pertes de charge résultant de la présence d'un réservoir, des nombreuses érogations nécessitées par l'alimentation des fontaines monumentales, des bornes fontaines et des concessions, donnent généralement lieu à des études préliminaires qui exigent une grande attention, et ne sont pas sans offrir quelquefois des difficultés que la théorie ne peut pas toujours résoudre. Disons cependant que les travaux de M. d'Aubuisson sur le mouvement de l'eau dans les conduites, ceux de M. de Prony, auteur de la formule qu'il a déduite de la discussion, des expériences de Couplet, de Dubuat et de Bossut, et à l'aide de laquelle le célèbre ingénieur a donné une table qui en facilite l'application, table imprimée dans l'ouvrage de Genieys et dans le Traité de M. Dupuit; enfin, l'excellente table de M. Mary, ancien directeur des travaux de canalisation de la ville de Paris, donnant les vitesses et les volumes débités par seconde sous différentes charges et avec des diamètres variables, et, en ce qui concerne plus particulièrement notre ville, les dispositions réalisées et existantes pour une distribution de 200 pouces, sont de nature à faciliter beaucoup des études préparatoires qui devront comprendre l'ensemble et les détails d'une opération importante

16° Plans de détail de quelques parties importantes des appareils hydrauliques ou des moteurs ;

---

en ce sens que de son succès dépendent l'économie des deniers communaux, celle de la force motrice, et la facile circulation de l'eau dans le vaste réseau de conduites qu'elle doit parcourir pour atteindre ses ramifications les plus éloignées.

Ne pouvant insérer dans ce volume le résultat de nos études personnelles à ce sujet, nous extrairons de ce travail quelques indications sommaires qui suffiront pour en faire comprendre l'objet.

On sait que M. d'Aubuisson avait réparti ses 200 pouces de la manière suivante :

2 bornes fontaines au château d'eau, à 1 pouce 1/2 chacune.	3 pouces.
49 *id.* *id.* dans les divers quartiers, à 1 p. chaque.	49
26 *id.* *id.* *id.* *id.* à 2 p. *id.*...	52
1 *id.* *id* à 0,50......	00,50
1 abreuvoir place Saint-Michel.	2
1 *id.* place du Chairedon....................	1
1 *id.* place Arnaud-Bernard....................	1
1 fontaine place d'Assezat....................	2
1 *id.* place de la Trinité..	6
1 jet d'eau place des Carmes....................	8
1 fontaine projetée place Saint-Barthélemy..............	3
1 gerbe au Boulingrin..	30
1 fontaine place Rouaix....................	3
1 *id.* place Saint-Georges....................	6
1 *id.* place Saint-Etienne....................	6
1 *id.* place Dupuy....................	4
1 *id.* place Louis-Napoléon....................	4
Concession aux casernes....................	1,50
Id. aux hospices....................	3
Réserve pour concession aux particuliers..............	15
Total....................	200 pouces.

Une chose qui frappe tout d'abord dans cette répartition des 200 pouces qui constituent l'alimentation actuelle de la ville, c'est la faible quantité d'eau réservée aux concessions particulières. On avait attribué, au contraire, 92 1/2 pour cent des 200 pouces aux fontaines publiques, sans pour cela pourvoir d'une manière plus efficace au lavage des rues et à l'arrosage ; car l'eau qui s'écoule d'une manière continue par une borne fontaine débitant 1 pouce en vingt-quatre heures, ne représente que 23 centilitres environ par seconde, quantité tout à fait insuffisante pour laver convenablement les ruisseaux, à moins d'augmenter, dans une proportion inadmissible et peu profitable, le nombre des fontaines.

Mais une telle distribution était obligée, et résultait du système même adopté par M. d'Aubuisson. En supposant, en effet, qu'on eût, ainsi que cela

17° Plan de l'annexe et des moteurs proposés, en vue de la conservation du château d'eau d'Aubuisson ;

---

se pratique aujourd'hui dans plusieurs grandes villes, adopté les bornes fontaines à jet intermittent, qu'on n'aurait absolument rien gagné. Il faut, pour profiter des avantages qu'offre cette combinaison, posséder un réservoir dans lequel l'eau non employée puisse être recueillie et gardée en réserve pour, à un moment donné, être utilisée pour un lavage à grande eau des ruisseaux, ou le service des concessions. L'absence d'un réservoir, dans le système actuel de nos fontaines, laisse donc s'écouler, à peu près en pure perte, une notable partie des eaux élevées par les moteurs.

D'un autre côté, les pertes de charge, avec un tel système, sont continues ; elles ont lieu pendant la nuit comme pendant le jour ; elles font obstacle, d'ailleurs, à ce que le réseau de distribution puisse être étendu au delà de certaines limites assez restreintes, surtout si, comme dans le cas qui concerne notre ville, la cuvette de distribution, à cause de l'insuffisance de la force motrice, n'a pas été placée à une hauteur en rapport avec l'extension toujours probable de ces limites, quand il s'agit d'un centre important de population.

Néanmoins on a pu, en diminuant le débit de quelques bornes et celui des fontaines principales, en multiplier le nombre ; mais on a eu la malheureuse idée, en vue d'une économie toujours mal entendue en pareil cas, de brancher sur les conduites principales des conduites beaucoup trop faibles ($0^{m}050$), eu égard à leur grande longueur, de telle sorte que si l'on voulait les prolonger, l'eau pourrait à peine jaillir au-dessus du niveau du sol. Certains points éloignés du château d'eau qui, avec des tuyaux de $0^{m}080$ eussent pu être alimentés, sont restés, pour cette cause, privés d'eau, alors que le *trop plein* de la cuvette ramenait dans les puisards une partie de celle qu'élevaient les moteurs, et qui restait arrêtée en chemin par le frottement qu'elle éprouvait contre les parois de tuyaux de trop faible section. Aujourd'hui toutes ces conduites, la plupart en tuyaux Chameroy, devront être changées.

M. d'Aubuisson, sur 12,834 mètres de conduites que comprend son réseau de distribution, avait placé une longueur de 5085 mètres de ces tuyaux, de 50 millimètres, et plus tard, lorsqu'on a dû les prolonger, ou qu'on en a placé de nouveaux, on a eu le tort de les mettre de la même dimension. Il en est résulté une distribution d'eau d'une sensibilité telle, que parfois un simple jet d'urinoire un peu trop fort, ou l'ouverture d'un robinet du plus faible débit, suffisent pour arrêter l'écoulement de plusieurs bornes fontaines ou de quelques concessions.

L'abaissement moyen au-dessous de la place Rouaix, des 92 points sur lesquels, du temps de M. d'Aubuisson, ces conduites amenaient l'eau, était de $2^{m}224$. Les points les plus bas au-dessous du sol de cette place, étaient : les hospices, $10^{m}84$; le château d'eau, $9^{m}72$; la place Saint-Cyprien, $9^{m}78$; la place du Chairedon, $9^{m}48$; Tounis, $8^{m}66$; la place Arnaud-Bernard, $6^{m}23$.

Le point le plus bas de la rue Matabiau, $5^{m}24$; la place Saint-Raymond, $5^{m}80$; la rue Saint-Charles, $5^{m}84$; le point le plus bas de la place du Capitole, $3^{m}94$; la rue Pargaminières, $3^{m}45$ et la place Saint-Pierre, $3^{m}08$.

18° Relation des expériences sur le débit du canal de fuite du château d'eau d'Aubuisson, faites les 20 et 22 jan-

---

Sur ces divers points, et ceux qui sont de 3 mètres et même de 2 mètres au-dessous du niveau de la place Rouaix, l'eau arrive facilement, mais il n'en est pas de même de ceux qui sont au même niveau ou à peu près, et qui joignent l'éloignement à l'élévation de leur position; la charge y est presque nulle.

La détermination par M. d'Aubuisson des hauteurs relatives de ces 92 points divers, servira utilement à l'établissement du réseau de conduites de notre nouvelle distribution d'eau. Il n'y a plus qu'un travail de répartition à opérer, et pour cela la position des nouveaux quartiers, les besoins plus ou moins grands des diverses agglomérations industrielles devront être pris en grande considération.

Dans plusieurs villes de France et de l'étranger, on s'est réservé, comme à Besançon, par exemple pour les concessions, 75 pour cent du volume d'eau dont on dispose, tout en se ménageant les moyens d'augmenter la quantité de celle qui est affectéeau service public.

Ce résultat ne peut être obtenu, on le comprend, qu'en employant des conduites d'assez grande section ; les plus faibles ne devraient pas avoir moins de 0m080.

Ce point mérite un examen d'autant plus sérieux, que notre distribution d'eau aura à subir une perte de charge assez considérable. La double conduite de 0m50 qui vient du nouveau château, devra, en effet, à son arrivée sur la place du Pont, suivre deux directions pour atteindre le réservoir. L'une, celle de gauche, devra se détourner presque à angle droit pour se diriger vers la place du Capitole, la place Louis-Napoléon, le boulevard Saint-Aubin, la place Dupuy, etc.; elle n'aura pas moins de 4,000 mètres de longueur, depuis l'usine Guibal, jusqu'au réservoir. L'autre conduite, celle de droite, qui suivra la place d'Assézat et les places de la Trinité, de Rouaix, de Saint-Etienne, Dupuy, la rue de Castres au delà du canal du Midi, pour gagner le réservoir qui devra être situé sur la rive gauche de cette rue, aura environ 3,500 mètres de développement, soit en totalité 7,500 mètres au moins. A 1 millimètre de perte de charge par mètre, c'est déjà une perte totale de 7m50, à laquelle il faut ajouter celle résultant du frottement de l'eau dans les diverses conduites, constituant le réseau. Cette perte peut être grandement atténuée par l'adoption de fontaines à jet intermittent, et l'intervention aux heures du lavage à grande eau des ruisseaux, des eaux du réservoir; mais l'expérience démontre qu'une grande économie de force, et une plus facile distribution des eaux résultent de l'emploi de tuyaux à grande section. On ne pourvoit pas ainsi seulement aux besoins du présent, mais aussi à ceux de l'avenir. A cette condition seulement, il sera possible, sur tous les points de la cité, par les nombreuses bouches qui devront être établies, de lancer à la hauteur de 16 mètres au-dessus du niveau de la place Rouaix, les eaux du nouveau château, avantage immense pour les cas d'incendie, et qui impose l'obligation de se l'assurer à tout prix.

vier 1866, avec le concours de M. Hepp, à la direction duquel est due la bonne exécution d'une partie des plans de M. Guibal, et celui de son intelligent conducteur, M. Moynet, chargé, depuis l'origine, de condnire les travaux de construction des nouvelles galeries de filtration, du canal d'amenée des eaux motrices, des maçonneries de l'usine, etc.

TABLE DES MATIÈRES.

PREMIÈRE PARTIE.

SECONDE PARTIE.

TROISIÈME PARTIE.

NOUVEAU CHATEAU D'EAU.

QUATRIÈME PARTIE.

FIN DE LA TABLE.

www.ingramcontent.com/pod-product-compliance
Ingram Content Group UK Ltd.
Pitfield, Milton Keynes, MK11 3LW, UK
UKHW020116200726
13856UKWH00002B/576